Raum und Natur 5

Die Ansprüche
der modernen Industriegesellschaft an den Raum, 5. Teil

VERÖFFENTLICHUNGEN
DER AKADEMIE FÜR RAUMFORSCHUNG UND LANDESPLANUNG

Forschungs- und Sitzungsberichte
Band 81
Raum und Natur 5

Die Ansprüche
der modernen Industriegesellschaft
an den Raum

(5. Teil)

Forschungsberichte des Ausschusses „Raum und Natur"
der Akademie für Raumforschung und Landesplanung

GEBRÜDER JÄNECKE VERLAG · HANNOVER · 1974

Zu den Autoren dieses Bandes

Horst Falke, Prof. Dr., 65, Leiter des Geologischen Instituts der Universität Mainz.

Otto Sickenberg, Prof. Dr., 72, Geologischer Oberrat i. R. am Niedersächsischen Landesamt für Bodenforschung, Ordentliches Mitglied der Akademie für Raumforschung und Landesplanung.

Helmut Jäger, Prof. Dr., 51, Vorstand des Geographischen Instituts der Universität Würzburg, Ordentliches Mitglied der Akademie für Raumforschung und Landesplanung.

Hans Horst, Dr., 75, Regierungsbaurat a. D., Korrespondierendes Mitglied der Akademie für Raumforschung und Landesplanung.

Ernst Schönhals, Prof. Dr., 65, Direktor des Institus für Bodenkunde und Bodenerhaltung der Justus-Liebig-Universität Gießen.

ISBN 3 7792 5075 6
Alle Rechte vorbehalten · Gebrüder Jänecke Verlag Hannover · 1974
Gesamtherstellung: Druckerei Gustav Piepenbrink OHG, Hannover
Auslieferung durch den Verlag

INHALTSVERZEICHNIS

                                                                                        Seite

Horst Falke, *Mainz*	Zur Geologie des Modellgebietes	1
Otto Sickenberg, *Hannover*	Die Lagerstätten der mineralischen Rohstoffe im Modellgebiet ..	21
Helmut Jäger, *Würzburg*	Die Industrie der „Steine und Erden" und ihr Zusammenhang mit Siedlungen, Bevölkerung und Wirtschaft (1850—1914)	55
Hans Horst, *Koblenz*	Hydrographie des Modellgebietes	67
Hans Horst, *Koblenz*	Zur Wasserwirtschaft des Modellgebietes	97
Ernst Schönhals, *Gießen*	Die Böden des Rhein-Neckar-Gebiets, ihre Veränderung durch Eingriffe des Menschen und ihre Erhaltung und Verbesserung ..	127

Mitglieder des Forschungsausschusses „Raum und Natur"

Prof. Dipl.-Ing. Friedrich Gunkel, Berlin, Vorsitzender
Prof. Dipl.-Met. Hans Schirmer, Offenbach, Geschäftsführer
Prof. Dr. Ernst Wolfgang Buchholz, Stuttgart
Prof. Dr. Klaus-Achim Boesler, Berlin
Dr. Hans Horst, Koblenz
Prof. Dr. Arthur Kühn, Hannover
Prof. Dr. Otto Sickenberg, Hannover
Dr. Fritz Schnelle, Offenbach
Prof. Dr. Joachim Heinrich Schultze, Berlin
Prof. Dr. Friedrich Zimmermann, Braunschweig

Der Forschungsausschuß stellt sich als Ganzes seine Aufgaben und Themen und diskutiert die einzelnen Beiträge mit den Autoren. Die wissenschaftliche Verantwortung für jeden Beitrag trägt der Autor allein.

Zur Geologie des Modellgebietes*

von

Horst Falke, Mainz

I. Einleitung

Die Geologie des Oberrheingrabens zwischen Kirchheimbolanden—Heppenheim im Norden und Diedelskopf südlich Neustadt—Nußloch im Süden läßt eine Aufgliederung in drei Abschnitte zu, 1. in die westliche Grabenschulter der Haardt (= östliche Hälfte des Pfälzer Waldes) und der Pfälzer Mulde, aufgebaut aus dem paläozoischen Grundgebirge, diskordant überdeckt von Perm und Buntsandstein; 2. in die tertiäre und quartäre Grabenfüllung über permo-triassischem Untergrund mit ihrer westlichen Erweiterung nördlich Grünstadt—Frankenthal als Mainzer Becken; 3. in die östliche Grabenschulter des kristallinen Bergsträßer Odenwaldes und der sich südlich anschließenden Kraichgausenke mit ihren mesozoischen Sedimenten (s. Geologische Karte).

Der Gesteinsaufbau und die Tektonik in diesem Gebiet werden zuerst durch die Beschreibung von drei Profilen dargestellt (Abb. 1—3). Das nördlichste von ihnen verläuft von Kirchheimbolanden im Westen über Worms nach Heppenheim im Osten, das mittlere von Bad Dürckheim über Ludwigshafen-Mannheim nach dem Ölberg südlich Schriesheim und das südliche vom Kalmit bei Diedelskopf über Speyer nach Nußloch. Anschließend erfolgt eine zusammenfassende Übersicht über die Geologie des gesamten Raumes.

Infolge der vorhandenen Aufschlüsse kann sie ohne größere Schwierigkeiten für die westliche und östliche Grabenschulter wiedergegeben werden. Dies trifft leider nicht auf die zwischenliegende Grabenfüllung zu. Hier stehen nur wenige, bisher veröffentlichte Unterlagen zur Verfügung. Deshalb kann die Darstellung der Geologie dieses Abschnittes durch die Profile und den Text nur mit Vorbehalt und in großen Zügen erfolgen.

Im Hinblick auf die zuletzt genannte Tatsache gilt mein besonderer Dank Herrn Dr. DOEBL, Landau, von der Wintershall A.G., wie Herrn Dr. WIRTH, Bruchsal, von der Elwerath, für die zurückliegenden Diskussionen und darüber hinaus Herrn Dipl.-Geol. BERTHOLD, Mainz, für seine Mitarbeit bei der Erstellung aller notwendigen Unterlagen.

II. Schichtabfolge und Tektonik im Modellgebiet, dargestellt durch drei Querprofile

Um einige wichtige Einzelheiten hervorzuheben, wird die Zusammensetzung der Schichten und ihre Tektonik zuerst anhand von drei Profilen aufgezeigt. Sie verlaufen spießwinklig zu dem NNE—SSW streichenden Oberrheingraben und schneiden in seine jeweils zugehörigen Randzonen ein. Ihre Beschreibung kann sich bei den relativ noch ge-

---

*) Siehe auch die Geologische Karte am Schluß des Bandes.

ringen Kenntnissen über die geologisch-tektonischen Verhältnisse in der Grabenfüllung selbst und bei dem erforderlichen Maßstab dieser Profile nur auf die Wiedergabe ihrer wesentlichsten geologischen Grundzüge beschränken. Dies betrifft vor allem das Jungtertiär und Quartär wie die nicht immer eindeutig belegbare Bruchtektonik.

1. Das Profil Kirchheimbolanden—Heppenheim (Abb. 1)

Im Westen setzt das Profil in der Pfälzer Mulde ein. Sie tritt bei dem geringen Widerstand ihrer Sedimentfüllung gegen Ausräumung in diesem Abschnitt der Grabenrandzone zugleich als Senke in Erscheinung. Infolgedessen hebt sie sich nicht gegenüber dem sich östlich anschließenden Grabenanteil morphologisch ab, sondern im Gegenteil, sein Hügelland aus tertiären Schichten liegt etwas höher als sie selbst.

Ihre Sedimente bestehen aus terrestrisch entstandenen, roten, milden bis sandigen Tonsteinen. Ihnen sind meist geringmächtige Bänke aus grob- bis feinkörnigen Sandsteinen, häufig mit karbonatischen Bindemitteln, zwischengelagert (FALKE 1954, 1966)**). Das Material dieser Sandsteine ist teilweise schlecht gerundet und sortiert. Hier und dort weisen sie eine Schrägschichtung auf. Sie zeigen somit an, daß sie zumindest örtlich im strömenden Wasser entstanden sind. Der Gesamthabitus dieser Wechselfolge läßt darauf schließen, daß sie über einen mehr flächenhaften, unter Beteiligung einer sehr wechselnden Wassermenge und häufig plötzlich erfolgten Transport zur Ablagerung gekommen ist, wie er für Gebiete mit längeren Trocken- und kurzen Regenperioden sehr charakteristisch ist. Für derartige klimatische Verhältnisse spricht auch das gelegentliche Auftreten von Gips in den roten Tonsteinen. Diese Schichtserie als sog. „Rötelschiefer", deren Mächtigkeit maximal mehr als 800 m betragen dürfte, werden dem Oberrotliegenden, in ihren hangendsten Partien schon dem Zechstein zugerechnet, für den letztgenannten Fall jedoch mit Vorbehalt, da sie bisher keine Fossilien, wenn auch manchmal Lebensspuren, geliefert haben.

Nach Osten schließt sich über eine bedeutsame, ostwärts fallende Störungszone der Anteil des Oberrheingrabens an, der als sein westliches Appendix zu dem Südabschnitt des Mainzer Beckens gehört. Er läßt sich hier insofern in zwei Abschnitte gliedern, als westlich von Worms über eine Bruchstaffel (s. Abb. 1) noch innerhalb des Mainzer Beckens eine Vorsenke (= Wormser Senke) zum eigentlichen, ostwärts gelegenen Graben entstanden ist (FALKE 1964). Die Übergangszone zwischen den beiden zuletzt genannten Einheiten tritt morphologisch hier nicht mehr so prägnant hervor, wie es weiter nördlich, z. B. am Niersteiner Horst, der Fall ist.

In dem Gebiet zwischen der oben schon erwähnten Westrandstörung des Mainzer Beckens und der Wormser-Senkungszone liegt über den im Untergrund anstehenden, zuvor geschilderten „Rötelschiefern" mit großer Schichtlücke ein ca. 250 m mächtiges, marines Tertiär. Es dürfte auch hier wie an anderen Stellen im Mainzer Becken örtlich mit prämitteloligozänen, noch terrestrischen Ablagerungen der verschiedensten Korngrößen beginnen. Sie sind stellenweise für eine lokale Wasserversorgung von Bedeutung. Darüber setzt als Ausdruck einer marinen Transgression infolge einer Beckenabsenkung eine mittel- und oberoligozäne Abfolge ein. Sie läßt sich hier in den Rupelton, Schleichsand, Cyrenenmergel und die Süßwasserschichten aufgliedern.

Der mitteloligozäne, etwa 60—100 m mächtige Rupelton als Becken-, mit seinem Unteren, z. T. konglomeratführenden Meeressand als Küsten-Fazies besteht aus grauen bis dunkelgrauen, in seinem mittleren Abschnitt häufig bituminösen Tonen bis Ton-

---

**) Vgl. Literatur am Schluß dieses Beitrages.

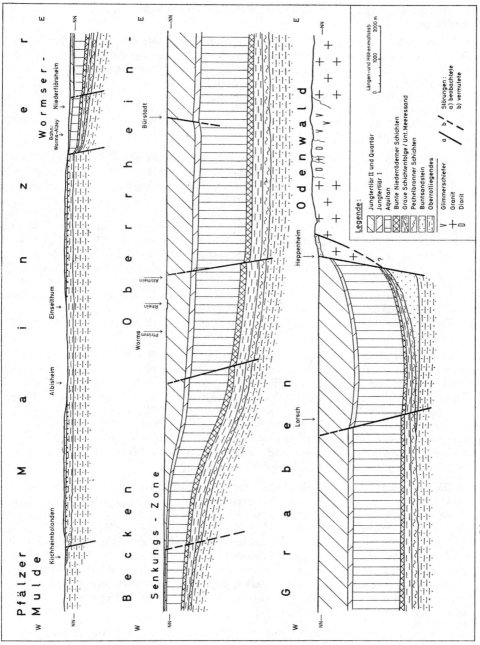

Abb. 1: Gesteinsaufbau und Tektonik im Profil Kirchheimbolanden—Heppenheim

mergeln. Sie weisen sich durch ihre vorherrschende Mikro- und Fisch-Fauna als marin entstanden aus.

Unter Beibehaltung einer vorwiegend grobsandigen Küstenfazies = Oberer Meeressand geht er durch zunehmende Aufnahme von Feinsand in die nächstjüngeren Schichten des 50—70 m mächtigen Schleichsandes über. Er baut sich überwiegend aus schwach feinsandigen und glimmerhaltigen Mergeln von blau- bis hellgrauer Farbe auf. Hierbei kann örtlich der Sandgehalt bis zur Bildung von kalk- und glimmer-führenden Sandsteinen führen. Die Fossilführung an Mollusken, Foraminiferen, Ostracoden usw. beweist in ihrem vielfach örtlichen Wechsel das Vorhandensein einer Flachsee, in der sich allmählich Brackwasserverhältnisse einstellten.

Sie erreichten z. Z. des darüber liegenden, etwa im Durchschnitt 20 m mächtigen Cyrenmergel, benannt nach der Brackwassermuschel *Cyrena convexa,* ihren Höhepunkt. Seine grüngrauen bis graugelben, z. T. kalkreichen Mergel können durch Ansteigen des Feinsandgehaltes den Charakter des Schleichsandes annehmen. Sie sind dann sehr schwer von ihm zu trennen. Über ihnen folgen, der ehemaligen Küste im Westen benachbart, Sande als fluviatile Einschwemmungen, graugrüne bis weinrote Tone limmischer Entstehung und weiter beckenwärts örtlich Riffkalke, die sich aus Algen, eingeschwemmten Muscheln und Landschnecken = Landschneckenkalken zusammensetzen und wahrscheinlich nicht nur das höhere Chatt, sondern auch das Aquitan vertreten. Es handelt sich also um limnische bis limnisch-brackische Schichten, womit, beginnend mit dem Rupelton, der erste marin-brackisch-limnische Zyklus in der tertiären Abfolge des Mainzer Beckens abgeschlossen wird. In ihm dokumentieren sich tektonische Bewegungen, die nach einer Absenkung eine zunehmende hebende Tendenz aufweisen, die an der Wende Oligozän/Miozän ihren Höhepunkt erreicht.

Über dieser alttertiären Schichtabfolge setzt in unserem Profil als Folge einer erneuten Absenkung und damit verbundenen, marinen Transgression das sog. Kalktertiär ein (s. geol. Karte). Es ist morphologisch bei seiner mehr oder weniger horizontalen Lagerung als Plateaubildner, hydrogeologisch infolge seiner Klüftigkeit als ein gewisses Wasserreservoir über den stauenden Mergeln im Untergrund und wirtschaftlich als Rohstofflieferant für die Zementherstellung wichtig. In dem hier dargestellten Profilabschnitt besteht es infolge einer inzwischen erfolgten Abtragung noch aus den liegenden Cerithien- und aus einem unterschiedlichen Anteil von den darüberstehenden Corbicula-Inflata-Schichten. Es umfaßt eine Mächtigkeit, die zwischen 30 m und 50 m schwankt.

Die Cerithienschichten mit ihrer überwiegend marinen Fauna führen an der Basis sandiges, z. T. wiederaufgearbeitetes Kalkmaterial, darüber hinaus unregelmäßig geschichtete, teilweise oolithische Kalke und Kalksande mit mergeligen bis mergelig-sandigen Einschaltungen. Demgegenüber besteht der verbleibende Teil der im Hangenden folgenden brackischen Inflata = Corbicula-Schichten aus gut geschichteten Kalken in Wechsellagerung mit Mergeln, die wie bei den Cerithienschichten ostwärts an Zahl und Mächtigkeit zuzunehmen scheinen. Diese Abfolge stellt den Beginn wie mittleren Abschnitt des zweiten marin-limnischen Zyklus im Mainzer Becken dar. Auf ihrer verkarsteten Kalkoberfläche liegen hier und dort plio-pleistozäne, terrestrische, meist fluviatile Kiese, Sande und Tone, vorwiegend aber Löß aus der Würmeiszeit.

In der sich an diesen Profilabschnitt ostwärts anschließenden Wormser-Senkungszone ändern sich die bisher geschilderten Verhältnisse. Infolge einer offensichtlich schon zur Schleichsandzeit einsetzenden und während der Sedimentation bis in das Jungtertiär anhaltenden, stärkeren Absenkung ähneln sie schon mehr jenen in der eigentlichen Grabenzone, indem die Mächtigkeit der Schichten wie ihr Ton- und Mergelanteil zunimmt und sich außerdem zusätzliche Sedimentabfolgen einstellen.

Über den hier ebenfalls im Untergrund anstehenden Rötelschiefern und möglicherweise eines südlich der Pfrimm angetroffenen Buntsandsteines kann mit dem Auftreten von mittleren Pechelbronner Schichten unteroligozänen Alters und vielleicht noch älteren Ablagerungen gerechnet werden, zumal sie auch am Ostrand des Mainzer Beckens südlich von Mainz wie in der Grabenzone selbst nachgewiesen worden sind.

Darüber folgt die schon zuvor geschilderte marine Abfolge vom Rupelton bis zum Cyrenenmergel als sog. graue Schichtenfolge. In ihrer Zusammensetzung unterscheidet sie sich nicht wesentlich von den gleichalten Sedimenten im eigentlichen Mainzer Becken. Jedoch ist ihre Mächtigkeit größer. Sie beträgt nicht wie dort ca. 150 m, sondern das Doppelte und teilweise noch mehr. Außerdem läßt sie mit Beginn der Schleichsand-Meletta-Zeit eine verstärkte Absenkung erkennen. Sie nimmt noch in der folgenden Zeit der Bunten Niederrödener-Süßwasserschichten zu, indem ihre maximale Mächtigkeit von 40—50 m im Mainzer Becken hier auf 100—150 m ansteigt. Es sind bunte Tonmergel und Mergelsteine mit unregelmäßigen Sandeinschaltungen, die im allgemeinen fossilarm sind, aber in einzelnen Lagen häufig Süßwasserostracoden und Characeen-Oogonien aufweisen.

Im Gegensatz zum Mainzer Becken hält in der Wormser-Senkungszone die Sedimentation und damit die Absenkung über die Grenze Alt-/Jungtertiär hinaus weiterhin an. Jedoch wird das dort zum Absatz gekommene Kalktertiär hier überwiegend durch Tonmergel bis Mergel vertreten. In sie schieben sich hin und wieder Kalkbänkchen ein. Bei Worms treten in den Inflata = Corbicula-Schichten auch Salzablagerungen auf (SCHAD 1964).

Außer diesen und den Cerithien-Schichten mit einer marin-brackischen Fauna stellen sich auch hier die im Hangenden liegenden Hydrobienschichten ein. Sie weisen bei dem Auftreten einer teilweise marinen, vorwiegend aber brackischen Fauna eine ähnliche Zusammensetzung wie die zuvor genannten Sedimentabfolgen auf. Infolge der stattgefundenen Absenkung sind sie nicht nur in relativ großer Mächtigkeit vorhanden, sondern auch, je weiter man ostwärts kommt, um so mehr von einer später erfolgten Abtragung verschont geblieben. Mit ihnen zusammen beträgt die Mächtigkeit dieser faziellen Vertretung des Kalk-Tertiärs ca. 500—600 m.

Es wird von fluviatil-limnischen Ablagerungen des Pliozän wie z. B. den Ocker-Glas- und Klebsanden überlagert, die wie die folgenden altpleistozänen Freinsheimer Schichten in einigen Gruben ausgebeutet werden. Einschließlich der zuletzt erwähnten Sedimente weist die gesamte Abfolge eine wechselnde Mächtigkeit bis maximal 80 m auf. Darüber folgen die jüngerpleistozänen Schotter und Sande eines Alpenrheines und der ihm tributären Flüsse wie Bäche einschließlich des Lösses. Auch ihr Material wird in verschiedenen Gruben gewonnen.

Zwischen Worms und dem Westrand des Odenwaldes bei Heppenheim schneidet das Profil den eigentlichen Graben. Es wird in diesem Abschnitt noch offensichtlich durch eine zwischen Bürstadt und Lorsch gehobene Scholle untergliedert (Abb. 1). Es ist noch nicht geklärt, ob seine Füllung über Oberrotliegendem bzw. einer Rotliegendfazies von möglichem Zechsteinalter und im Ostabschnitt über Buntsandstein mit dem an anderen Stellen des südlichen Oberrheingrabens vorhandenen, eozänen Basistonen beginnt. Auf jeden Fall sind aber die gesamten Pechelbronner Schichten von ihrem liegenden, vermutlich obereozänen bis zu ihrem hangenden, unteroligozänen Abschnitt in einem hier stärker gegliederten Sedimentationsraum nachgewiesen worden (DOEBL 1958, 1967). Sie beginnen mit grauen bis roten Mergeln und Tonsteinen. Sie sind teilweise Dolomit- und Bitumen-führend. Nach ihrer Fossilführung sind sie in einem limnischen bis brackischen Milieu entstanden. Darüber folgen meist graugrüne, z. T. plattige und sandige Mergel mit Kalksandsteinen. Ihre zahlreichen Fossilien weisen sie als Sedimente eines überwiegend marinen bis brackischen Milieus aus. Sie werden ihrerseits durch graue bis bunte, z .T. dolomitische, manchmal Anhydrit- und Gips-führende Mergel bis Tonmergel mit einer brackisch-limnischen Fauna abgelöst. Diese Abfolge weist somit die ersten Zeugen von marinen Vorstößen aus dem südlichen in den nördlichen Grabenbereich auf. Ihre Mächtigkeit kann 200—300 m erreichen (DOEBL 1967).

Über diesen Sedimenten stellt sich die schon charakterisierte, graue Schichtenfolge ein. Sie besteht vom Liegenden zum Hangenden aus dem Foraminiferenmergel, den brackisch-marinen, wohlgeschichteten Tonen der Fischschiefer, der überwiegend brackischen Mergel-/ Sandsteinfolge der Meletta-Schichten und den ebenfalls vorwiegend brackischen Cyrenenmergeln mit gelegentlichen Sandeinschaltungen. Sie erreicht eine Mächtigkeit bis zu 350 m und liegt nahe der Graben-Ostrand-Verwerfung bei Heppenheim z. T. in sandiger Fazies vor. Darüber folgen die bunten Mergel der Niederröder Schichten mit unregelmäßigen Sandsteineinlagen und zahlreichen Süßwasserostracoden. Sie sind ca. 150—200 m mächtig. Somit beträgt die Mächtigkeit des Alttertiärs 700—800 m.

Demgegenüber steigt jene der Cerithien- bis Hydrobienschichten einschließlich auf ca. 1300 m (DOEBL 1967), d. h. um mehr als das Zweifache wie in der Wormser Senkungszone an. Hierbei besteht diese Grabenfazies für die Cerithienschichten überwiegend aus grauen bis grünen Mergeln, selten von Foraminiferen, massenhaft von Ostracoden begleitet. Für die Corbicula-Schichten setzt sie sich aus dunkelgrauen, fossilarmen, z. T. bituminösen und salzführenden (Worms) Tonmergeln mit eingelagerten Kalklamellen zusammen. Für die Hydrobienschichten sind graue bis grüne Tonmergel bis Mergel mit Kalk- und Dolomitbänkchen und ein Reichtum an Foraminiferen in ihrem unteren, an Ostracoden in ihrem oberen Abschnitt kennzeichnend. Auf sie entfällt mit 600—800 m die größte Mächtigkeitszunahme.

Zugleich beweist sie eine starke, anhaltende Senkung des Grabens, die im Gegensatz zu dem sich hebenden Mainzer Becken auch noch in der folgenden Zeit andauert. Dies wird durch das anschließend im Hangenden anstehende Jungtertiär I (150—200 m) belegt, dessen oft buntgefärbte, mergelig-sandige Schichten in einer Restsee zum Absatz gekommen sind. Vor allem spricht aber hierfür das Jungtertiär II = Pliozän mit seinen Kiesen, Sanden, weißlichen wie bunten Tonen und das Quartär mit seinen verschiedenen pleistozänen, meist fluviatilen Schottern, Kiesen und Sanden, dem Löß und Flugsand bis zu den holozänen Hochflutablagerungen: denn die Mächtigkeit dieser gesamten Abfolge beträgt im Westen ca. 150—200 m, im Osten über 800 m (DOEBL 1967). Dieser Unterschied weist zugleich darauf hin, daß besonders in dem östlichen, dem Odenwald benachbarten Abschnitt des Grabens die Senkung zu dieser Zeit am stärksten erfolgte.

Dieser Anteil des Grabens wird durch die auch morphologisch hier stark hervortretende Grabenrandverwerfung von dem sich östlich anschließenden kristallinen Bergsträßer Odenwald getrennt. Letzterer baut sich in Höhe des gezogenen Profiles aus variskisch entstandedenen, älterem Diorit und jüngerem Flasergranit auf. Sie sind als Instrusionen in eine schon zuvor gefaltete und metamorphosierte Schieferhülle eingedrungen. Zwischen diesem Kristallin und dem eigentlichen Graben schaltet sich bei Heppenheim die sog. Vorbergzone dazwischen. In ihren einzelnen, zum Graben staffelförmig abbrechenden Schollen liegt diskordant über dem Kristallin mittlerer Buntsandstein, mitteloligozäner Meeressand mit Pflanzenresten wie pleistozäne Terrassenschotter und Löß (HEIL 1960).

2. Das Profil Bad Dürkheim—Ölberg südlich Schriesheim (Abb. 2)

Dieses Profil liegt schon südlich des Mainzer Beckens. Infolgedessen tritt der Graben mit seiner östlichen und westlichen Schulter schon markanter hervor (s. Geologische Karte). Die zuletzt genannte morphologische Einheit als sog. Haardt fällt bei Bad Dürkheim über NNE—SSW streichende Staffelbrüche in Form einer Verwerfungstreppe zu ihm ab. Morphologisch hebt sie sich deutlich von ihm ab. An ihrem Aufbau beteiligt sich diskordant dem Kulm des Grundgebirges auflagernd, Oberrotliegendes in Waderner (= Fanglomerat-) bzw. in der schon beschriebenen „Rötelschiefer"-Fazies, die z. T. auch den marinen Zechstein vertreten kann. Darüber folgt Buntsandstein. Er bestimmt somit auch die Morphologie dieses Gebietes. Eine geologische Neubearbeitung von ihm steht noch aus. Hiervon abgesehen kann man in dem ausgewählten Profilabschnitt grundsätzlich zwei verschiedene Haupttypen von ihm unterscheiden: 1. Den Haardter Sandstein. Er liegt innerhalb der zuvor geschilderten Störungszone = Westrandverwerfung des Grabens. Er ist durch das auf den Verwerfungen wie Klüften zirkulierende, kohlensäurehaltige Wasser gebleicht worden. In ihm verbirgt sich 2. der noch rotgefärbte mittlere = Haupt-Buntsandstein. Wenn man von dem noch teilweise umstrittenen Vorkommen eines unteren Buntsandsteines (konglomeratischer bzw. mangangefleckter = Tiger-Sandstein) absieht, ist es das vorherrschende Gestein der Haardt. Für ihn sind mächtigere, z. T. konglomeratische und schräggeschichtete, zuweilen quarzitische Sandsteine charakteristisch. Sie wurden früher in zahlreichen und werden heute noch in einzelnen Steinbrüchen als geschätzes Baumaterial gewonnen. Unter ihnen sind besonders die Kristallsandsteine zu nennen, die sich durch eine Quarzneubildung auf älteren Quarzkörnern auszeichnen. Diese Buntsandstein-Abfolge beginnt und endet mit einem Konglomerat. Sie ist ein ausgezeichneter Grundwasserträger und enthält u. a. in ihrem unteren wie mittleren Abschnitt, d. h. an der Basis der sog. Trifels- und der Rehberg-Stufe, einen sehr ergiebigen Quellhorizont.

Der jenseits der oben erwähnten Störungszone beginnende Oberrheingraben setzt morphologisch mit einem noch in sich gestörten Hügelland ein, das man als Vorbergzone bezeichnen darf. Nach den vorliegenden Ergebnissen von Bohrungen setzt sich sein Untergrund über kulmischen Tonschiefern aus Oberrotliegendem und Buntsandstein zusammen. Darüber transgredieren die tertiären Ablagerungen. Sie greifen mit einem Küstenkonglomerat als fazielle Vertretung des liegenden Abschnittes der grauen Schichtenfolge, vielleicht auch noch der älteren Pechelbronner Schichten über. Soweit die vorhandenen Aufschlüsse eine eindeutige Aussage überhaupt zulassen, folgen darüber graue bis graugrüne, geringmächtige Mergel. Sie könnten dem höheren Abschnitt der grauen Abfolge entsprechen. Inwieweit zwischen ihnen und den im Hangenden folgenden Kalken, die sich maßgeblich an der Morphologie der Vorbergzone beteiligen, eine Lücke besteht, kann vorerst nicht entschieden werden. An der Basis dieser Kalke stellt sich häufig eine Sandablagerung ein. Sie ist meist mit aufgearbeitetem Kalkmaterial durchsetzt. Der Sandgehalt, teilweise in Form von Kalksandsteinbänken, kann auch noch in den im Hangenden anstehenden, meist kompakteren Kalken mit zuweilen geringmächtigen Zwischenlagen aus Mergeln angetroffen werden. Ebenfalls ist noch lokal eine konglomeratische Küstenfazies vorhanden. Nach der Literatur (REIS 1910, 1916, 1921), (BUCHER 1913), (STELLRECHT 1964) gehören diese marinen Ablagerungen entsprechend ihrer Faunenführung zu den Cerithien- und Corbicula = Inflata-Schichten. Jedoch müssen zukünftige Untersuchungen hierüber wie über den Aufbau der Schichten im einzelnen noch eine eindeutigere Auskunft geben.

Es ist wahrscheinlich, daß schon am Ostrand dieses Hügellandes in der Teufe die Beckenfazies der Pechelbronner Schichten einsetzt. Jedenfalls sind sie in der anschließenden Grabenzone bis zu ihrer Ostrandverwerfung am Odenwald, der mit dem vorliegenden Profil

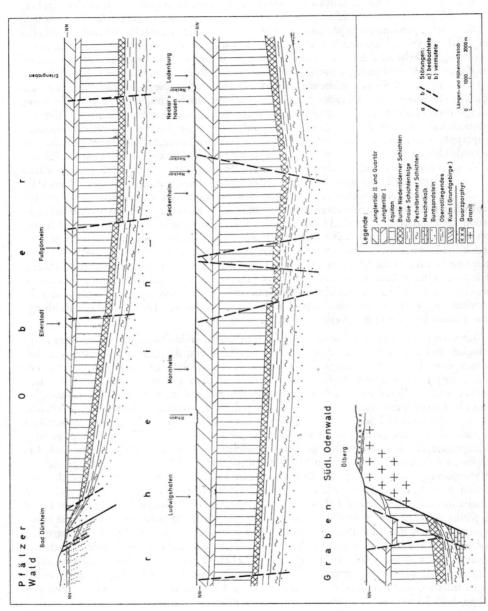

Abb. 2: Gesteinsaufbau und Tektonik im Profil Bad Dürkheim—Ölberg (südl. Schriesheim)

nördlich von Heidelberg erreicht wird, nachgewiesen worden (DOEBL 1967). Sie liegen über dem im Untergrund anstehenden Buntsandstein und unmittelbar in Nachbarschaft der Ostrandverwerfung auf hier erstmalig im Untergrund auftretendem Muschelkalk. Hierbei ist die Möglichkeit nicht auszuschließen, daß noch hier und dort ein eozäner Basiston vorhanden ist und die obereozänen, limmisch bis brackisch, grauen bis grünlichgrauen Lymnäenmergel in Höhe des Profiles auskeilen. Als Absätze eines limnischen bis lagunären Sees könnten auch sie eine gröbere Randfazies hinterlassen haben, wie dies weiter im Süden und für die nächstfolgenden Pechelbronner Schichten zutrifft. In ihrer schon oben geschilderten Ausbildung mit ihrer für die paläogeographische Entwicklung unseres Raumes wichtigen, mittleren, marinen Abfolge kann ihre maximale Mächtigkeit um 400 m schwanken (DOEBL 1967). Sie verzeichnet damit eine Zunahme zu jener im nördlichen Profil. Mit etwa 350—400 m trifft dies nicht im gleichen Umfang auf die im Hangenden anstehende, graue Schichtenfolge mit ihrer unverändert gebliebenen Becken- wie Randfazies zu. Ebenfalls sind für die darüber liegenden Bunten Niederröder Schichten mit ca. 200 m keine nennenswerten Unterschiede in Aufbau und Mächtigkeit gegenüber den Angaben im zuerst beschriebenen Profil vorhanden.

Infolge der Tatsache, daß an der Wende Alt-/Jungtertiär der Südgraben keine, jedoch das nördliche Grabenstück zunehmend stärkere Senkungsimpulse erfuhr, nimmt die nächstjüngere, überwiegend mergelige, bei Heidelberg auch sandige Grabenfazies des Aquitan (Cerithien-, Corbicula- und Hydrobien-Schichten) mit ca. 1500 m (DOEBL 1967) eine hervorragende Stellung im Profil ein. Mit ihrem wiederholten Wechsel von marinen zu brackischen Verhältnissen und einem zunehmenden Süßwassereinfluß am Ende dieser Zeit leiten sie über zu dem Jungtertiär I, über das schon Angaben bei der Darstellung des Profiles Kirchheimbolanden-Heppenheim gemacht worden sind. Die Mächtigkeit des folgenden Jungtertiär II (Pliozän), dessen Beschaffenheit schon zuvor erwähnt wurde, einschließlich des Quartärs, kann mit dem erforderlichen Vorbehalt für die westliche Grabenhälfte auf 100—200 m, für die östliche Grabenhälfte auf 600—800 m geschätzt werden, wobei die Maximalwerte in unmittelbarer Nachbarschaft der östlichen Grabenrandverwerfung liegen und von ihnen ca. 500 m auf das Pliozän entfallen.

Der quartäre Anteil setzt sich nach den Übertage-Aufschlüssen links des Rheines aus seinen Aue- und Hochflutlehmen, Sanden und Tonen wie Torfbildungen eines Altrheines zusammen. Ihnen folgen nach Westen die Schotter der Niederterrasse und, morphologisch von ihnen gut abgesetzt, jene der Hoch- und älteren Terrassen. Sie werden von Löß und Lößlehm vorwiegend der Würmeiszeit überdeckt. Sie legen sich ihrerseits schon am Ostrand der Vorbergzone auf die pliozänen, weißen Sande und die altpleistozänen Freinsheimer Schichten aus Tonen und Sanden. Rechtsrheinisch treten nach den jüngsten Ablagerungen des Rheines ostwärts ebenfalls die Schotter der Niederterrasse und anschließend über ihnen nach einer Flugsand- und Lößzone die jüngstpleistozänen bis alluvialen Schlicke und Decklehme des Neckarschuttkegels auf.

Nach den bisher vorliegenden Unterlagen scheint die tertiäre Grabenfüllung von Westen her über verschiedene Verwerfungen treppenartig zum Zentrum des Grabens abzusinken. In ihm selbst stellen sich einige Spezialgräben und Horste ein, wie auch an der Ostrandstörungszone am Fuß des Odenwaldes eine keilförmig abgesunkene Scholle anzunehmen ist (Abb. 2). Inwieweit einige dieser Störungen noch das Jungtertiär II bis Quartär betroffen haben, kann nicht beantwortet werden, im Gegensatz zu der auch anderen Orts getroffenen Feststellung, daß zumindest während des Alt- — vor allem im Unteroligozän — und älteren Jungtertiärs eine synsedimentäre Tektonik stattgefunden hat (SCHAD 1962, 1964).

Jenseits der oben erwähnten Ostrandverwerfung liegt über einem Biotitgranit Oberrotliegendes. Es beginnt mit einer Breckzie, übergehend in eine feinkörnige, grünliche Arkose und schließlich in verschiedene, rötliche bis gebleichte, z. T. verkieselte Porphyrtuffe (PRIER 1963). Sie werden von einer ca. 150 m mächtigen Quarzporphyrdecke von Oberrotliegendalter am Ölberg südlich Schriesheim überlagert, über der sich noch stellenweise Porphyragglomerate, Arkosen und sandige Tone wie lokal Dolomite des Zechsteins finden.

3. Das Profil Neustadt a. d. Weinstr.—Nußloch (Abb. 3)

Im Gegensatz zu den bisher erläuterten Profilen kommt in der westlichen Grabenschulter dieses geologischen Schnittes infolge ihrer stärkeren Hebung und Einkippung nach Westen nunmehr das Grundgebirge der Haardt im Bereich der Westrandverwerfungszone des Grabens zutage. Es besteht hier aus gefalteten, z. T. metamorph veränderten kulmischen Grauwacken und Tonschiefern (GÜMBEL 1897, SPUHLER 1957, ZAMINER 1957, HENTSCHEL 1957). Diskordant über ihm liegt das Oberrotliegende. Es setzt mit einer Breckzie aus Grundgebirgsmaterial oder mit Quarzporphyr und Melaphyr eines Grenzlagervulkanismus ein. Von ihm und dem Grundgebirge entstammen auch die Komponenten der im Hangenden folgenden Fanglomerate, die der Waderner Gruppe des Saar-Nahe-Gebietes zugeordnet werden können. Sie gehen in rotbraune, feinkörnige, tonige Sandsteine mit gelegentlichen dolomitischen Bindemitteln über. Diese sog. Unteren Rötelschiefer können jedoch, wie der nächstjüngere Untere Sandstein, örtlich sehr geringmächtig sein bzw. fehlen (HENTSCHEL 1957). Nach den nicht überall sicher ausscheidbaren Oberen Rötelschiefern ist jedoch wiederum der rote bis rotviolette, dickbankige Obere Sandstein nachweisbar. Er kann in seinen hangenden Schichten lokal eine Geröllführung aufweisen. Er wird durch einen jüngeren Sandstein abgelöst, der infolge seines Dolomitgehaltes schon, wenn auch mit Vorbehalt, dem Zechstein zugerechnet wird.

Ebenfalls ist die stratigraphische Stellung der ihn überlagernden, tonig-sandigen Schichten noch nicht eindeutig geklärt. Sie wurden bisher der unteren Stufe des Buntsandsteines zugerechnet. Mit seiner schon zuvor beschriebenen mittleren Abfolge ist er auch hier mit einer Mächtigkeit bis zu 400—450 m maßgeblich am Aufbau der Haardt beteiligt.

Auch in diesem Gebiet wird, wie bei Bad Dürckheim, die Grabenrandverwerfung von einer ebenfalls NNE—SSW streichenden und ostfallenden größeren Störung begleitet. Sie vereinigt sich mit ihr nördlich Bad Dürckheim (Abb. 3 u. Geol. Karte).

Unmittelbar östlich der Randverwerfung tritt im Bereich von Diedesfeld die schmale Vorbergzone in Erscheinung, jedoch nicht so markant wie nördlich und südlich dieser Ortschaft. Inwieweit und zu welchen Anteilen die im Süden bei Maikammer zutage tretenden Mergel und Kalke dem Oberoligozän bis Miozän als Randfazies angehören, muß noch durch entsprechende Untersuchungen entschieden werden. Entsprechend der Entwicklung dieses Tertiärs entlang der Bruchstufe der Haardt ist anzunehmen, daß sie auch bei Diedesfeld unter den jungtertiären bis quartären Deckschichten verborgen liegen, die hier hart bis an die Grabenrandverwerfung herantreten.

Dieses Verhalten scheint auch für die älteren Tertiärschichten zuzutreffen. Sie beginnen innerhalb der Grabenzone mit dem wohl noch örtlich vorkommenden eozänen Basiston, gefolgt von den Lymnäenmergeln. Sie liegen in der Westhälfte des Grabens nicht mehr auf Buntsandstein, sondern nunmehr schon auf Muschelkalk und östlich Speyer auf Keuper und Lias (ILLIES 1965). In ihrer unveränderten Ausbildung mit einer mergeligen, z. T. Anhydrit-führenden Becken- und einer sandigen-mergeligen bis sandig-konglomeratischen Randfazies können sie in einer den gesamten Graben einnehmenden Verbreitung eine maximale Mächtigkeit von etwa 100—150 m erreichen (DOEBL 1967). Diese Ausdehnung

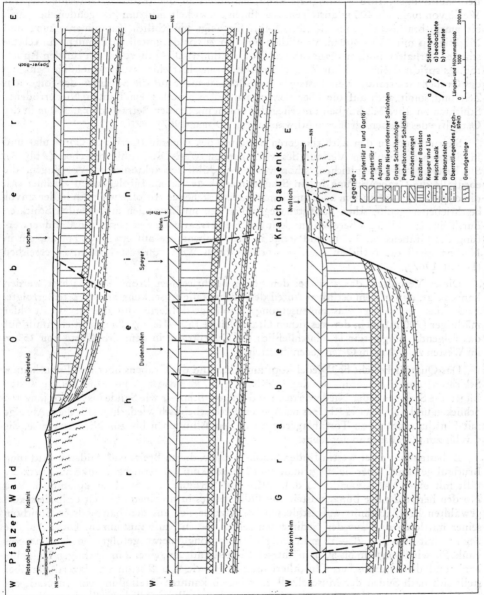

Abb. 3: *Gesteinsaufbau und Tektonik im Profil Rotsohlberg (westl. Neustadt)—Nußloch*

besitzen auch die sie überlagernden Pechelbronner Schichten mit ihren, z. T. konglomeratischen, aber vorwiegend buntgefärbten, mergelig-sandigen Rand- und ihren feinkörnigen Beckenbildungen. Ihre Mächtigkeit kann, besonders in der östlichen Grabenhälfte, auf Werte von mehr als 400 m ansteigen. Aus ihnen entwickelt sich zum Hangenden die marin bis marin-brackische, graue Schichtenfolge. Sie zeigt hinsichtlich Zusammensetzung und Mächtigkeit mit 350—400 m, verglichen mit den zuvor dargestellten Profilen, ein relativ stabiles Verhalten in dem ausgewählten Profilabschnitt. Dies gilt vor allem für den Rupelton. Es spricht dafür, daß zur Zeit seiner Ablagerung hier eine fast gleichmäßige Senkung des Grabens stattfand. Diese Feststellung trifft nicht mehr auf die Schichten der folgenden Zeit und somit auch auf die über der grauen Folge anstehenden Bunten Niederrödener Schichten zu. Ihre Mächtigkeit unterliegt bei einem maximalen Betrag von ca. 300 m in der Osthälfte des Grabens größeren Schwankungen (DOEBL 1967).

Sie sind auch in den nächstjüngeren Schichten des Aquitan (Cerithien-Corbicula- und Hydrobienschichten) im Verlauf des vorliegenden West-Ost-Profiles gegeben (Abb. 3). Sie beruhen auf den gleichen, schon vorher geschilderten tektonischen Vorgängen, die ebenfalls die Grabenfüllung in ein Schollenmosaik zerlegten. Infolgedessen zeichnet sich diese aus Mergel, vor allem auch aus Sandsteinen bestehende Abfolge wie auch in den zuvor beschriebenen geologischen Schnitten gegenüber den im Liegenden anstehenden Schichten durch eine erheblich größere Mächtigkeit aus. Sie beträgt nahe der westlichen Randverwerfung des Grabens ca. 300 m und steigt in der Grabenmitte auf etwa 1000 m an, um in Nachbarschaft der östlichen Randverwerfung einen Wert von fast 1500 m zu erreichen (DEOBL 1967).

Dieses Verhalten, das auch bei den zuvor beschriebenen Profilen beobachtet werden kann, zeigt, daß in dem östlichen Anteil des Grabens die Absenkung am stärksten erfolgte. Auch das in seiner Zusammensetzung schon geschilderte Jungtertiär I ist hier mächtiger (200 m) als in der westlichen Grabenhälfte (50—100 m). Dies trifft ebenfalls auf das folgende Jungtertiär II, einschließlich des Quartär zu, in dem sich Werte von 150 m im Westen zu 450 m im Osten gegenüberstehen.

Das Quartär besteht bei Diedelskopf am Westrand des Grabens über den Freinsheimer Schichten aus Ablagerungen der Hochterrasse, überdeckt von Löß. Nach Osten folgen die Sedimente der Niederterrasse und jüngere Schotter wie Sande bis zu den jüngsten Schlicken und Lehmen des Rheines bei Speyer. Rechtsrheinisch wiederholt sich diese Abfolge mit Einschaltungen von Torfablagerungen in den Alluvionen bis zur Niederterrasse, die sich bis zum Grabenrand ausdehnt.

Er besteht aus einer westfallenden Schollentreppe, die an Breite nach Süden in Richtung Bruchsal gewinnt. Über sie steigt man zum Mesozoikum der Kraichgausenke auf. Letztere fällt mit einer alten, variskisch, d. h. NE—SW verlaufenden Struktur zusammen. Von Norden her reicht der Buntsandstein des Odenwaldes in sie hinein. Soweit er in dem ausgewählten Profilabschnitt aufgeschlossen ist, setzt er sich aus den hangendsten Schichten seiner mittleren und aus den Sedimenten seiner oberen Stufe zusammen. Diese Abfolge beginnt mit dem hier 20—30 m mächtigen Hauptkonglomerat, gefolgt von der Carneolbank. Sie wird von dem bis 50 m mächtigen Plattensandstein, einer 2 m mächtigen Dolomitbank und dem fränkischen Chirotheriensandstein wie den Röttonen überlagert. Darüber stellt sich nach Süden der Muschelkalk in seiner bekannten Dreiteilung ein. In Nachbarschaft des Grabenrandes tritt er bei Leimen und vor allem südlich Nußloch, z. T. unter einer Decke von Löß und mittelpleistozänen Aufschüttungen, in einer Scholle auf. Westwärts schließt sich eine weitere Scholle an, die bei Nußloch einsetzt. Sie enthält, gegenüber Muschelkalk und Buntsandstein abgesunken, vom Liegenden zum Hangenden das Mesozoikum bis zum Keuper und Lias, darüber diskordant Schichten des Alttertiärs. Sie setzen sich aus den Lymnäenmergeln, den Pechelbronner-Schichten, z. T. in konglomeratischer Randfazies, und abschließend aus Rupelton und Schleichsand, d. h. den unteren Gliedern der grauen Schichtenfolge zusammen. Sie wird vorwiegend von alt- und mittelpleistozänen Sanden und Kiesen mit einer dünnen Flugsanddecke überlagert. Die tertiären Sedimente sind geringmächtiger als ihre gleichalten Vertreter westlich der diese Scholle begrenzenden, eigentlichen Grabenrandstörung (Abb. 3). Dies spricht dafür, daß sie auch während des Absatzes dieser Schichten in Bewegung war.

III. Zusammenfassender Überblick über die Geologie des Modellgebietes

Unter Berücksichtigung der oben gegebenen Darstellung und unter Einbeziehung weiterer Unterlagen kann man zusammenfassend über die Stratigraphie wie Tektonik des Modellgebietes folgende Aussagen treffen.

1. Stratigraphie

Die westliche Grabenschulter südlich Kirchheimbolanden baut sich aus Oberrotliegendem bzw. einer Oberrotliegendfazies als mutmaßliche terrestrische Vertretung des Zechsteins auf. Sie tritt bei dem geringen Widerstand dieser Sedimente gegen Erosion und infolge ihrer muldenförmigen Lagerung morphologisch nicht hervor. Dies ändert sich weiter südwärts auf der Höhe von Hettenleidelheim—Grünstadt mit dem Einsetzen von Schollen des Buntsandsteines und Muschelkalkes. Der Buntsandstein liegt hier noch diskordant z. B. bei Stauf auf dem Oberrotliegenden, wobei es noch nicht befriedigend geklärt ist, ob es sich bei seinen liegendsten Schichten noch um unteren oder schon um mittleren Buntsandstein handelt. Letzterer baut überwiegend die hier einsetzende Haardt als nordöstlichen Abschnitt des Pfälzer Waldes auf und bestimmt ihren reichen Formenschatz. Südwärts wird er von dem in seinem Aufbau noch nicht eindeutig festgelegten unteren Buntsandstein unterlagert. In seiner Nordfazies liegt er vorwiegend als rotbrauner konglomeratischer, z. T. auch manganfleckiger Sandstein mit Tonsteinzwischenlagen vor, während er nach Süden in eine mehr tonige Ausbildung (Leberschiefer) übergeht.

Von Bad Dürckheim bis zur Südgrenze des Modellgebietes treten infolge einer stärkeren Hebung der Grabenschulter und ihrer Einkippung nach Westen noch ältere Schichten zutage. Sie beginnen zwischen Neustadt und Diedesfeld nach den in ihnen gefundenen Pflanzenresten mit kulmischen Grauwacken und Tonschiefern. Sie weisen nach Süden eine zunehmende Metamorphose auf. Sie werden diskordant von Oberrotliegendem überlagert. Es setzt mit Melaphyrergüssen und Quarzporphyrvorkommen, z. B. bei Lindenberg nordwestlich Neustadt, als vulkanische Erscheinungen der Zeit der Grenzlagergruppe bzw. mit ihren Abtragungsprodukten vermischt mit Grundgebirgskomponenten ein. Diese Ablagerungen, die nicht überall und zunehmend im südlichen Abschnitt der Haardt vertreten sind, gehen zum Hangenden in die schon früher geschilderte Wechselfolge aus Sandstein und Rötelschiefern eines jüngeren Oberrotliegenden über. Zwischen diesen Sedimenten und dem schon geschilderten unteren Buntsandstein ist vor allem westlich Neustadt eine tonig-sandige Abfolge aufgeschlossen. Sie zeichnet sich durch das Auftreten von Dolomitbänken und Dolomitknollen aus und stellt vermutlich eine terrestrische Vertretung des Zechsteins dar. Somit kann man im Schichtaufbau der Haardt zwei Stockwerke unterscheiden, 1. das paläozoische Grundgebirge, das nach Norden abtaucht, 2. die diskordant darüber folgenden permo-triassischen Deckschichten von Oberrotliegend- bis Buntsandstein-Alter.

In der Grabenzone wird der Untergrund der tertiären Grabenfüllung im Norden des Modellgebietes von Oberrotliegendem gebildet. Es wird im Westen südlich der Pfrimm, im Osten südlich Gernsheim vom Buntsandstein abgelöst und auf der Höhe von Dürckheim bzw. nördlich Heidelberg von Muschelkalk. Die Südgrenze des Modellgebietes reicht noch in der Osthälfte des Grabens in die sich hier anschließende Zone aus Keuper und Lias hinein. Somit überlagern sich von Norden nach Süden innerhalb der Grabenzone stets jüngere mesozoische Schichten (ILLIES 1965).

Hinsichtlich des folgenden Tertiär muß man in dem ausgewählten Grabenabschnitt die Randfazies, besonders am Westrand, und hier auch ab Grünstadt die Ausläufer des sich nördlich anschließenden Mainzer Beckens berücksichtigen.

Abgesehen von dem in seinem räumlichen Verhalten noch weitgehend unbekannten eozänen Basiston nimmt innerhalb des Modellgebietes die Mächtigkeit der nächstjüngeren, limnischen Lymnäenmergel von Norden, wo sie auf der Höhe von Mannheim auskeilen, nach Süden zu (ILLIES 1965). Ihre Randfazies scheint sich in jene der folgenden, überwiegend unteroligozänen Pechelbronner Schichten fortzusetzen, deren Küstenfazies, besonders im Westen, aus Sandsteinen und Konglomeraten mit mesozoischen Geröllkomponenten als Beweis einer kräftigen Heraushebung des Pfälzer Waldes besteht. In sie schieben sich z. T. buntgefärbte Sandsteine und vornehmlich Mergel ein, deren Anteil wie Mächtigkeit beckenwärts zunimmt. Entgegen einer früheren Annahme haben die späteren Bohrungen den Beweis erbracht, daß die limnisch bis marinen Pechelbronner Schichten, wenn auch in geringerer Verbreitung als im Süden, im nördlichen Anteil des Oberrheingrabens vorhanden sind, selbst in das Mainzer Becken vorstoßen. Jedoch nimmt nach Süden ihre Ausdehnung und Mächtigkeit zu.

Das folgende Mitteloligozän greift als mariner Rupelton und marin-brackischer Schleichsand nördlich Grünstadt über lokale ältere tertiäre Schichten terrestrischen Ursprungs und über abgesunkene Schollen aus Oberrotliegendem, Buntsandstein und Muschelkalk in die südlichen Ausläufer des Mainzer Beckens vor. Seine mergelige bis tonige, z. T. auch sandführende Beckenfazies geht hier in eine Küstenfazies der Meeressande über. Letzterer kann am Ostrand der Haardt, zumindest für die Rupelzeit, das hier und dort zutage tretende bzw. erbohrte Küstenkonglomerat mit seiner Meeresfauna zugeordnet werden. Es tritt auch am Ostrand des Grabens in Nachbarschaft der Grabenverwerfung südlich und nördlich von Heidelberg, d. h. am Westfluß des Odenwaldes auf. Zwischen diesen Vorkommen dehnt sich über den Graben hinweg die mergelige, z. T. auch sandige Beckenfazies der unteren und mittleren grauen Schichtenfolge als Foraminiferenmergel und Fisch-Schiefer = Rupelton und als Melettaschichten = Schleichsand aus. Zu ihr gehören ebenfalls als ihre hangenden Schichten die Vertreter des Cyrenmergels, der in den südlichen Anteilen des Mainzer Beckens etwa eine Mächtigkeit von 20 m erreicht. Sie nimmt für die gesamte graue Schichtenfolge innerhalb des Modellgebietes von den Grabenrändern nach der Grabenmitte von etwa 100—150 m auf 400 m zu. Hierbei erfolgt diese Zunahme in Nachbarschaft der Grabenrandverwerfungen sehr schnell. Nn Nord-Süd-Richtung bleibt sie innerhalb der einzelnen Grabenzonen mehr oder weniger konstant. Für die nächstjüngeren Süßwasserschichten unterliegt sie in den südlichen Anteilen des Mainzer Beckens primär wie infolge der an der Wende Alt-/Jungtertiär eingetretenen Hebung und damit verbundenen Abtragung erheblichen Schwankungen. Ihre maximale Mächtigkeit übersteigt hier kaum 30—40 m. Sie erhöht sich aber in der östlich sich anschließenden Wormser Senke auf über 100 m und schließlich in der ostwärts folgenden Grabenzone auf 200—300 m. Dieser Zuwachs ist die Folge einer unterschiedlichen Absenkung der einzelnen

Einheiten zur Zeit der Süßwasserschichten, denen im Graben die Bunten Niederrödener Schichten entsprechen.

Sie hält während der Wende Alt-/Jungtertiär in der Wormser Senkungszone wie im Graben an, während sie im Mainzer Becken zur gleichen Zeit durch eine Hebung unterbrochen wird. Sein durch eine erneute Absenkung abgelagertes, marin-brackisches Aquitan besteht zwischen Kirchheimbolanden und Bad Dürckheim aus einer sandig-kalkigen bis kalkigen Fazies. Ihre Mächtigkeit von maximal 50 m erhöht sich becken-, d. h. grabenwärts bei gleichzeitiger Umwandlung in eine vorherrschende Mergelfazies auf über 1000 m, wobei sie innerhalb des Modellgebietes vor allem in dem östlichen Anteil der Grabenzone einen Wert von fast 1500 m erreicht (DOEBL 1961). Gleichzeitig nimmt sie nach Norden wie nach Süden ab, so daß in dem behandelten Grabenabschnitt eine Zone maximaler Mächtigkeit und damit größter Absenkung vorliegt. Dies trifft ebenfalls für das Jungtertiär I, vornehmlich aber für das Jungtertiär II einschließlich des Quartär zu.

Die östliche Grabenschulter setzt sich im nördlichen Anteil des Modellgebietes aus dem Kristallin des südlichen Odenwaldes zusammen. Es baut sich hier zurücktretend aus metamorphen Schiefern, überwiegend aus variskisch entstandenen, granitischen Intrusionen auf, z. B. der Granit der Tromm. Nach Süden wird er von den Produkten des Rotliegenden überlagert. Sie setzen sich aus Quarzporphyr in Form von Decken und Schlotfüllungen, ihren Tuffen wie Abtragungsprodukten und aus Arkosen zusammen, deren Material dem granitischen Grundgebirge entstammt. Nach Zeugen eines marinen Zechsteins bei Heidelberg folgt darüber in weiter Verbreitung der Buntsandstein des östlichen, d. h. des Buntsandstein-Odenwaldes. Er tritt vornehmlich als oberer Buntsandstein auf dem Nordflügel der sich südlich anschließenden Kraichgausenke zutage. Sie enthält im Bereich der Grabenschulter wie bei Leimbach und südlich Nußloch auch noch Muschelkalk, der ostwärts von Keuper überdeckt wird. Somit kommt man in der östlich des Grabens gelegenen Randzone von Norden nach Süden in stets jüngere Schichten.

2. Die Tektonik

Die zuletzt gemachte Aussage ist schon das Ergebnis tektonischer Vorgänge, denn gegenüber der stärkeren Heraushebung des Odenwaldes im Verlauf der Grabenbildung und der hierdurch bedingten Abtragung der das Kristallin ehemals überlagernden Deckschichten ist die Kraichgausenke zurückgeblieben. Sie entstand über einer variskisch angelegten Struktur. Ihr westlicher Abschnitt steigt über einen rheinisch ausgerichteten und westfallenden Staffelbruch zum Oberrheingraben ab. In die ihm unmittelbar benachbarte eigentliche Grabenrandverwerfung lassen BUBNOFF (1926) und ILLIES (1965) südlich Heidelberg die schon prävariskisch angelegte, ebenfalls NNE-verlaufende Otzbergstörung einmünden. Sie trennt innerhalb des Kristallinen Odenwaldes den Böllsteiner von dem Bergsträßer Odenwald. Die Grabenrandstörung selbst zieht in Nord-Südrichtung weiter und bildet den Westabbruch des Odenwaldes. Sie hat für die bisherigen Absenkungen den Hauptbetrag übernommen.

Im anschließenden Graben selbst liegt er auf seiner Osthälfte, besonders in der dem Odenwald benachbarten Zone, denn hier beträgt die Gesamtmächtigkeit der tertiären und quartären Schichten mehr als 3500 m, allein jene des Pliozän mehr als 500 und jene des Quartär mehr als 300 m. Sie sind der Beweis für sehr junge, erhebliche Absenkungen, die nach der bekannten Erdbebenlinie von Groß-Gerau, jüngsten Nivellementsmessungen zwischen Darmstadt und Heppenheim (MÄLZER 1967) und nach Untersuchungen von BARTZ (1967) im Quartär zwischen Rastatt und Mannheim noch heute andauern. In dem westlich anliegenden, z. T. zentralen Abschnitt des Grabens liegen eine Anzahl von Spezialgräben und Horsten wie Bruchstaffeln vor. Ihre Störungen sind synsedimentär in Bewegung gewesen. Dies kann man an den unterschiedlichen Mächtigkeiten der einzelnen Schichten in der jeweils abgesunkenen zu der jeweils gehobenen Scholle ablesen. Hierdurch ist die Zeit des Aquitan besonders charakterisiert (SCHAD 1964).

Gleiche Erscheinungen kann man im Bereich der Randstaffelbrüche, wenn auch nicht überall, feststellen. Sie sind besonders im Westabschnitt des Grabens zu beobachten. In dem nördlichen Teil innerhalb des Modellgebietes streicht eine nach Osten einfallende Störung in der Höhe von Bad Dürkheim in rheinischer Richtung in das Gebiet von Worms (s. Geol. Karte). Sie bildet die Grenze zwischen dem besonders im Jungtertiär wesentlich stärker abgesunkenen Graben und dem Mainzer Becken. Sie zieht nördlich Worms als deutlich sichtbare Bruchstufe nach NNE. Dieser eigentlichen Westrandstörung des Grabens ist in diesem Abschnitt des Modellgebietes weiter westlich eine gleich ausgerichtete Störungszone zugeordnet. Sie verläuft von Grünstadt in Richtung des Alzeyer-Niersteiner Horstes, in dessen NE-SW-Richtung sie nordwestlich Worms einschwenkt. Sie begrenzt nach Westen die schon früher einmal erwähnte Wormser Senkungszone, die als Vorzone zum eigentlichen Graben verhaltener als er, aber schneller als das Mainzer Becken, zu dem sie gehört, seit der Zeit Chatt-Aquitan abgesunken ist. An der Wende dieses Zeitabschnittes, damit an jener Alt-/Jungtertiär erlebte der westlich sich anschließende Teil des Mainzer Beckens eine kurzfristige Hebungsperiode. Ihr folgte wiederum eine Senkung. Diese Vorgänge kann man an der hier und dort erfolgten Abtragung bzw. Reduzierung der Süßwasserschichten und des Cyrenmergels wie ihrer Überlagerung durch die marinen Schichten des Kalktertiärs = Aquitan feststellen. Infolgedessen weist dieser Abschnitt des Mainzer Beckens eine Zerlegung in einzelne Schollen auf, wie sie für unser Gebiet in der Marnheimer Bucht bei Kirchheimbolanden und dem südlich davon liegenden Eisenberger Becken bei Grünstadt gegeben sind. Westlich dieser Schollentektonik verläuft die schon oben erwähnte Westrandstörung des Mainzer Beckens (Abb. 3 u. Geol. Karte).

Sie schwenkt südlich des Eisenberger Beckens in jene des Oberrheingrabens ein. Ihre Bruchstufe am Ostrand der Haardt stellt über eine Schollentreppe bzw. ein Schollenfeld, in dem die Hebungs- und Senkungsbeträge an den einzelnen Verwerfungen sehr unterschiedlich sind, die Verbindung zu dem stärker abgesunkenen, mittleren bis östlichen Teil des Grabens her. Gleichzeitig greift diese Tektonik westwärts in die Haardt vor. Sie läßt innerhalb des hier anstehenden Buntsandsteins in einem schmalen Streifen ein Mosaik aus Schollen unterschiedlicher Höhenlage entstehen. Im Westen wird diese Zone durch die schon oben erwähnte Störung begrenzt, die südlich über Grünstadt in Richtung Alzey-Niersteiner Horst verläuft und im Osten durch die Westrandstörungszone des Grabens. In diesem Abschnitt der Bruchstufe der Haardt übernehmen aber die um Nord bis Nordwest streichenden Verwerfungen, die schon in der oben erwähnten schmalen Schollenzone der Haardt auftreten, die tektonische Hauptausgestaltung des sich nordwärts anschließenden Randgebietes des Grabens. Somit muß man im Bereich der westlichen Grabenschulter zwei Abschnitte innerhalb des Modellgebietes unterscheiden, 1. die in ihren Hauptstörungen rheinisch ausgerichtete Zone zwischen Diedelkopf und Bad Dürckheim mit einer morphologisch noch scharf hervortretenden Bruchstufe im Verlauf der Westrandstörungszone des Grabens, 2. das Gebiet zwischen Bad Dürckheim und Kirchheimbolanden-Worms. In Höhe des zuerst genannten Ortes findet eine Aufspaltung der zuvor vorherrschenden rheinisch ausgerichteten Störungszone insofern statt, als nunmehr die auch schon vorher, aber nur zurücktretend vorhandene, um Nord bis Nordwest streichenden Störungen ebenfalls eine Hauptfunktion übernehmen, indem sie die Westrandstörungszone des Mainzer Beckens bilden. Sein hier vorhandener Südabschnitt liegt als ein nach Süden weisender Keil zwischen der o. a. Störungszone im Westen und jener zum eigentlichen Graben im Osten. Er ist der zuletzt erwähnten Einheit in ihrer Absenkungstendenz wesentlich verhaltener und an der Wende Alt- und Jungtertiär wie mit dem ausgehenden Aquitan sogar in entgegengesetzter Richtung gefolgt. Hierbei hielt jedoch in seinem östlichen Abschnitt in der Wormser Senkungszone die Absenkung bis in das Jungtertiär — wenn auch gegenüber dem Graben selbst in sehr verhaltener Form — an. Somit ist auch in diesem Gebiet im großen gesehen eine Bruchstaffel vorhanden, die aus dem Mainzer Becken, seinem östlichen Vorfeld, der Wormser Senkungszone und dem am tiefsten abgesunkenen Abschnitt, dem eigentlichen Oberrheingraben, besteht. Ursache dieses tektonischen Ausbaus des Grabens nach Westen ist hier sein Eintritt in die variskisch angelegte Saar-Nahe-Senke.

IV. Seine paläogeographische Entwicklung

Der bisher behandelte Grabenabschnitt liegt dem Südrand des nördlichen Oberrheingrabens benachbart und damit schon in der Übergangszone zwischen ihm und der südlichen Grabenzone. Diese Lage ist insofern von Bedeutung, als die Absenkung und damit als Folge einer marinen Transgression die Ablagerung entsprechender Sedimente im Südgraben früher einsetzte, aber nach einem Maximum auch früher endete als im Nordgraben. Dieser Wandel der Verhältnisse spiegelt sich sich auch schon in dem räumlichen Verhalten der Tertiärfüllung des ausgewählten Grabenabschnittes wider.

Sein Untergrund besteht von Norden nach Süden aus Oberrotliegendem bis Keuper/Lias. Kreide fehlt. Zu dieser Zeit herrschte also eine Festlandsperiode vor. Sie war mit einer Abtragung verbunden, welche die Ausstrichgrenze der einzelnen Schichtglieder der schwach südwärts einfallenden Gesteinsplatte aus Mesozoikum etwa in die heute im Graben fixierte Position rückwärts verlegte.

Mit dem eozönen Basiston setzte seine Entstehung ein. Sie verstärkte sich während der Ablagerung der obereozänen Lymnäenmergel zwischen den Vogesen und Schwarzwald, da sie im Oberelsaß eine maximale Mächtigkeit von fast 900 m erreichen können. Diese Sedimente eines limnischen bis lagunären Grabensees keilen auf der Höhe von Mannheim aus. Infolgedessen muß die durch sie belegte Absenkung bis in diesem Raum wirksam gewesen sein. Mit der gleichen Tendenz einer Abnahme von Süden nach Norden erlebte sie eine weitere Steigerung zur Zeit der schon mit dem Obereozän beginnenden Sedimentation der Pechelbronner Schichten. Gemessen an der Verbreitung dieser Ablagerungen wirkte sie sich über das Modellgebiet hinaus bis nach Frankfurt aus. Mit ihr erfolgte im Süden der Einbruch des Meeres und sein Vorstoß nach Norden, wie sich aus dem brackischen bis marinen Charakter der mittleren Partie dieser Abfolge entnehmen läßt. Die unterschiedlichen Mächtigkeiten der vorwiegend mergeligen Beckenfazies in den einzelnen Schollen innerhalb des Grabengebietes beweisen, daß an den sie begrenzenden Störungen hier und dort synsedimentäre Bewegungen stattgefunden haben (SCHAD 1962). Das Geröllspektrum der Randfazies am Haardtrand ist im wesentlichen aus einer fluviatilen Erosion seines Hinterlandes hervorgegangen. Es entstammt einer Schichtenfolge von 400—600 m Mächtigkeit und damit einem entsprechenden Hebungsbetrag, der am Kraichgau- wie am Odenwald-Rand auf Grund der dort vorhandenen Unterlagen wesentlich geringer war (ILLIES 1965).

Nach einer zunehmenden Aussüßung des Ablagerungsbeckens zur Zeit der Oberen Pechelbronner Schichten erfolgte mit Beginn der Rupelstufe eine erneute Absenkung und damit ein Einbruch des Meeres, und zwar nicht nur von Süden, sondern auch von Norden aus, so daß in der gesamten heutigen Grabenbreite ein geschlossener Meeresarm entstand. Er überflutete auch nach Westen das hier zur gleichen Zeit in Entstehung begriffene Mainzer Becken. An seiner im Westen gelegenen Küste wie an jener des Haardt- und Odenwald-

Randes kam es zum Absatz einer sandig-konglomeratischen Randfazies als Folge einer stärkeren Flankenhebung, der im Graben selbst eine zunehmende Absenkung vorausgegangen war, die auch weiterhin anhielt. Hierfür spricht die Mächtigkeit der überwiegend aus Mergeln bestehenden Grabenfazies des Mittel- und Oberoligozäns, also der grauen Schichtfolge bis zu den Bunten Niederrödener- bzw. Süßwasserschichten. Ihre Fauna spiegelt mit aufsteigendem Profil eine Entwicklung eines ersten Zyklus von marinen zu brakisch und brakisch-limnischen Verhältnissen wider. Sie tritt in noch ausgeprägterer Form in den gleichaltrigen Sedimenten des Mainzer Beckens in Erscheinung. Die Mächtigkeit dieser Ablagerungen ist hier gegenüber jener im Graben infolge einer weitaus verhalteneren Absenkung geringer. Ihre hangendsten Schichten unterlagen an der Wende Chatt/Aquitan einer mit einer Hebung des Gebietes verbundenen Abtragung, während in der Grabenzone die Sedimentation fortdauerte.

Mit Beginn des Aquitan setzte infolge tektonischer Bewegungen erneut im Mainzer Becken und verstärkt in der Grabenzone eine Absenkung ein. Im Bereich des Grabens verlagerte sich ihr Schwerpunkt weiter nordwärts in das hier behandelte Modellgebiet. Damit wirkte sie sich nunmehr in vollem Umfang auf den nördlichen Anteil des Grabens aus, während sie in seinem südlichen Abschnitt zum Stillstand kam. Dafür spricht die Mächtigkeit dieser aus Cerithien- bis Hydrobienschichten bestehenden Abfolge. Sie erreicht für die vorwiegend mergelige Grabenfazies südwestlich von Karlsruhe in der Mitte des Grabens den Betrag von ca. 100 m, dagegen zwischen Heidelberg und Mannheim einen solchen von 1500 m. Zugleich zeigt der Verlauf ihrer Isopachen, daß vor allem die Osthälfte des Grabens zwischen Bensheim und Wiesloch in eine verstärkte Absenkung einbezogen wurde (Doebl 1967). Gemessen an der Mächtigkeit des gleichaltrigen Kalktertiärs im Mainzer Becken von 100—120 m war sie hier wesentlich geringer. Seine Fazies wie jene des Grabens weisen nach ihrer Fossilführung einen zweiten marin-brackisch-limnischen Zyklus auf. Er besagt, daß infolge tektonischer Hebungen der Zugang dieses ehemaligen Meeres zum freien Ozean verschlossen wurde und eine allmähliche Aussüßung dieses Restsees stattfand. Aus gleichen Gründen zog er sich am Ende der Hydrobienzeit aus dem Mainzer Becken zurück in die noch ostwärts verbliebene Grabenzone, in der bei anhaltender Absenkung seine Sedimente, das Jungtertiär I und II, bis zu seiner Auffüllung zum Absatz kamen.

Die nunmehr begonnene Festlandsperiode hinterließ im südlichen Anteil des Mainzer Beckens und seiner Wormser-Senkungszone pliozäne Schotter, Kiese und Sande fluviatil-limnischen Ursprunges. Sie ziehen sich von hier und den weiteren Grabenschultern hinaus in die eigentliche Grabenzone und beteiligen sich an ihrer Auffüllung. Sie wurde später vor allem durch den pleistozänen Rhein und seinen ihm tributären Flüssen bestritten, wobei die Absenkung des Grabens anhielt. Sie erreichte in seiner Osthälfte nördlich wie südlich Heidelberg wiederum wie in den vorausgegangenen Zeiten ein Maximum, erkennbar an den Mächtigkeiten der hier abgelagerten Sedimente, und bekam neue Impulse nach der Ablagerung der Hauptterrasse des Rheines. Mit ihnen wurde die tektonische wie morphologische Ausformung zu dem heutigen Bild des Grabens fortgesetzt bzw. in manchen Abschnitten neu eingeleitet. Diese Bewegungen dauern noch heute an, wie uns u. a. die aktive Erdbebenlinie von Groß-Gerau beweist.

V. Zusammenfassung

Die Geologie im Abschnitt des Oberrheingrabens zwischen Kirchheimbolanden—Heppenheim im Norden und Diedesfeld—Nußloch im Süden wird anhand von drei den Graben in Ost-Westrichtung querenden Profilen beschrieben. Die hieraus gewonnenen Ergebnisse werden unter Hinzuziehung weiterer bisher bekannter Unterlagen zu einem zusammenfassenden Bild über die Stratigraphie und die Tektonik dieses Grabenabschnittes zusammengefügt. Seine Grundzüge sind insofern von vielseitiger Bedeutung, als das Modellgebiet in jenem Teil des Grabens liegt, in dem sich die Auswirkungen der im Alttertiär bevorzugten Senkung des südlichen Grabens mit jener im Jungtertiär des nördlichen Grabens überschneiden. Dies kommt in dem zum Abschluß gegebenen paläogeographischen Überblick deutlich zum Ausdruck.

Literaturhinweise

BARTZ, J.: Recent Movements in the Upper Rhinegraben, between Rastatt and Mannheim. Abh. geol. L.-Amt Baden-Württemberg, Bd. 6, S. 1—2, Freiburg i. Br. 1967.
BUBNOFF, S. v.: Die herzynischen Brüche im Schwarzwald. N. Jb. Min., Bd. 45, Stuttgart 1922.
BUBNOFF, S. v.: Studien im südwestdeutschen Grundgebirge. N. Jb. Min., Bd. 55, Stuttgart 1926.
BUCHER, W.: Beitrag zur geologischen und paläontologischen Kenntnis des jüngeren Tertiärs der Rheinpfalz. Geogn. Jh., Bd. 24, S. 1—86, München 1913.
DOEBL, F.: Stratigraphische und paläogeographische Ergebnisse neuerer mikropaläontologischer Untersuchungen im Tertiär des Rheintalgrabens. Erdöl und Kohle, Bd. 11, S. 373—376, Hamburg 1958.
DOEBL, F., und WEILER, H.: Neue Untersuchungen im Gebiet der Kleinen Kalmit bei Landau/Pfalz. Senck. leth., Bd. 46 a, S. 45—60, Frankfurt 1965.
DOEBL, F.: The Tertiary and Pleistocene Sediments of the Northern and Central Part of the Upper Rhinegraben. Abh. geol. L.-Amt Baden-Württemberg, Bd. 6, S. 1—146, Freiburg i. Br. 1967.
FALKE, H.: Leithorizonte, Leitfolgen und Leitgruppen im pfälzischen Unterrotliegenden. N. Jb. Geol. Pal., Bd. 99, S. 298—354, Stuttgart 1954 (a).
FALKE, H.: Die Sedimentationsvorgänge im saarpfälzischen Rotliegenden. Jber. u. Mitt. oberrh. geol. Ver., N. F. Bd. 36, S. 32—53, Stuttgart 1954 (b).
FALKE, H.: Zur Geochemie der Schichten der Kreuznacher Gruppe im Saar-Nahegebiet. Geol. Rdsch., Bd. 55, S. 59—77, Stuttgart 1966.
GÜMBEL, C. W. v.: Kurze Erläuterung zu dem Blatte Speyer (Nr. XVIII) der Geognostischen Karte des Königreiches Bayern (1 : 100 000), München 1897.
HEIL, R.: Die Vorbergzone bei Heppenheim — Bergstraße. Notiz-Bl. hess. L.-Amt Bodenforsch., Bd. 88, S. 122—145, Wiesbaden 1960.
ILLIES, H.: Oberrheinisches Grundgebirge und Rheingraben. Geol. Rdsch., Bd. 52, S. 317—332, Stuttgart 1962.
ILLIES, H.: Der Westrand des Rheingrabens zwischen Edenkoben (Pfalz) und Niederbronn (Elsaß). Oberrh. geol. Abh., Bd. 12, S. 1—23, Karlsruhe 1963.
ILLIES, H.: Bauplan und Baugeschichte des Oberrheingrabens. Oberrh. geol. Abh., Bd. 14, S. 1—54, Karlsruhe 1965.
ILLIES, H., u. St. MÜLLER: Grabenproblems. Proceeding of an International Rift Symposium hold in Karlsruhe, Oktober, 10—12. 1968. Stuttgart 1970.
NICKEL, E.: Die petrogenetische Stellung der Tromm zwischen Bergsträßer und Böllsteiner Odenwald. S.-Ber. Heidelbg. Akad. Wiss. Jg. 1952, Bd. 3, 1953.
PRIER, H.: Das pyroklastische Rotliegende im südlichen Odenwald. Jh. geol. L.-Amt Baden-Württemberg, Bd. 6, S. 301—335, Freiburg i. Br. 1963.
REIS, O. M.: Geologische Studien aus der Umgegend von Bad Dürkheim. Mitt. Pollichia, Bd. 29, LXX. Jg., 1915, S. 66—119, Bad Dürkheim 1916.
REIS, O. M.: Erläuterungen zu dem Blatte Donnersberg (Nr. XXI) der Geognostischen Karte von Bayern (1 : 100 000). München 1921.

Rüger, L.: Geologischer Führer durch Heidelbergs Umgebung. Heidelberg 1928.
Schad, A.: Voraussetzung für die Bildung von Erdöllagerstätten im Rheingraben. In: Erdöl am Oberrhein. Ein Heidelberger Symposium, Abh. geol. L.-Amt Baden-Württemberg, Bd. 4, S. 29—40, Freiburg i. Br. 1962.
Schad, A.: Feingliederung des Miozäns und die Deutung der nach oligozänen Bewegungen im Mittleren Rheingraben. Eine Auswertung erdölgeologischer Arbeiten. Abh. geol. L.-Amt Baden-Württemberg, Bd. 5, S. 1—56, Freiburg i. Br. 1964.
Schwarz, E.: Arbeiten am Nivellementspunktfeld in Hessen, Nachweis von Bodenbewegungen. Ber.: 3 Colloqu. Intern. Rheingrabenforschungsgruppe, Karlsruhe 1968.
Spuhler, L.: Einführung in die Geologie der Pfalz. Veröff. Pfälz. Ges. Förder. Wiss., Bd. 34, S. 432, Speyer 1957.
Wirth, E.: Die nördliche Verbreitungsgrenze des Unteroligozäns im Rheintalgraben und ihre wirtschaftliche Bedeutung. Notiz-Bl. hess. L.-Amt Bodenforsch., Bd. 82, S. 168—189, Wiesbaden 1954.
Wirth, E.: Das Eozän im deutschen Anteil der Rheinebene. Ber.: 3 Colloqu. Intern. Rheingrabenforschungsgruppe, Karlsruhe 1968.
Zaminer, Chr.: Geologisch-petrographische Untersuchungen im Grundgebirge der Pfalz. Mitt. Pollichia, III, Bd. 4, S. 7—33, Bad Dürkheim 1957.

Die Lagerstätten der mineralischen Rohstoffe im Modellgebiet*)

von

Otto Sickenberg, Hannover

I. Einleitung

Die Gewinnung mineralischer Rohstoffe nimmt in der Wirtschaft des Modellgebietes in der Gegenwart einen beachtlichen Platz ein. Sie hatte auch in der Vergangenheit, wenn auch im wechselnden Maße, eine wichtige, ja zeitweise sogar ganz ausschlaggebende Rolle gespielt.

Zwar besitzt der Bergbau längst nicht mehr die Bedeutung wie einst, und auch in der Vergangenheit blieb er im Umfange hinter manch anderem Bergbaugebiet zurück, trotzdem läßt sich für die Thematik Grundsätzliches aus den Verhältnissen ableiten. Da auch die „Steine und Erden"-Industrie im Raume von mannigfachster Art ist und die Rohstoffe in hohen Quantitäten aufgebaut werden, sind für das Vorhaben, die Einflüsse zwischen der Gewinnung mineralischer Rohstoffe auf die Landschaft und die Naturfaktoren einerseits und das menschliche Wirken andererseits modellhaft klarzulegen, im Gebiete die besten Voraussetzungen gegeben. Das Hauptgewicht entfällt dabei auf die naturwissenschaftliche Seite des Themenkreises, während rein wirtschaftliche Fragen aus den verschiedensten Gründen nur gestreift werden konnten. Aber auch hinsichtlich der Untersuchungen, wie sich der Bergbau und die „Steine und Erden"-Gewinnung verändernd auf das Wirkungsgefüge der Naturfaktoren wie auf das Landschaftsganze auswirken, war eine starke Beschränkung geboten. Das forderte einmal der vorgesehene Umfang der Darlegungen, zum anderen entbehren wir vielfach noch genauer, ins einzelne gehende Kenntnisse über die Qualität und Quantität der Folgeerscheinungen solcher anthropogener Eingriffe, um heute zu mehr als nur zu allgemein gehaltenen Festlegungen zu kommen. Bei dieser Sachlage wird eine katalogartige Zusammenstellung genügen müssen. Wurde dabei einigermaßen Vollständigkeit erreicht, so wird dies schon als Erfolg der Bemühungen gewertet werden müssen.

Bei der Zusammenstellung des Materials und bei dessen Durcharbeitung habe ich von so vielen Seiten, so aus dem Bereich der verschiedensten Verwaltungsstellen, wie aus den Kreisen der Wirtschaft und der Fachkollegen, nicht zuletzt auch seitens der Mitglieder des Arbeitskreises, Hilfe und Unterstützung gefunden, daß ich es mir versagen muß, jedem einzelnen namentlich zu danken. Eine allgemeine Danksagung ist mir aber angenehmste Pflicht.

---

*) Stand Herbst 1968 (mit einigen Ergänzungen 1971).

II. Die Lagerstätten

1. Art und Vorkommen

Der besseren Übersichtlichkeit halber sind im folgenden Art und Vorkommen sämtlicher, bisher genutzter mineralischer Rohstoffe tabellenartig zusammengestellt, wobei auch ganz unbedeutende Vorkommen berücksichtigt wurden. Die Angaben beschränken sich dabei auf das Notwendigste. Bewußt wurde darauf verzichtet, ihre chemischen und physikalischen Eigenschaften im einzelnen aufzuführen. Abgesehen davon, daß dies weit über die Ziele dieser Studie hinausgehen würde, sind Pauschalurteile in dieser Hinsicht ohnehin nicht gut möglich; die Wiedergabe technologischer Prüfungsergebnisse erübrigt sich im allgemeinen ebenso; sie sind meist nichtssagend, wenn nicht sogar irreführend, sofern sie älteren Datums sind, neuere, sollten überhaupt solche vorliegen, sind aus naheliegenden Gründen nicht ohne weiteres für eine breitere Öffentlichkeit bestimmmt.

Tiefen- und Ergußgesteine

Granit (Hornblendegranodiorit, Biotitgranit, Granitit)

Grau bis dunkler, mittel- bis kleinkörnig; z. T. polierfähig, bes. Werksteine; weitverbreitet im kristallinen Odenwald, vereinzelt am Rande der Haardt (erschöpft); erste Gewinnung römerzeitlich, in der Gegenwart noch voll genutzt.

Diorit (Diorit bis gabbroide Gesteine — „Syenit" —)

Schwarzgrün, feinkörnig, polierfähig; Grabsteine, Pflastersteine, Schotter; Höhepunkt der Nutzung 2. Hälfte des 19. Jahrhunderts bis zum 1. Weltkrieg, gegenwärtig vereinzelt; Hauptverbreitung im Zuge Bensheim—Reichenbach—Lindenfels.

Gabbro

Licht-grau-schwarz, massig, feinkörnig; Schotter; im Odenwald in kleinen Vorkommen; keine umfangreiche Nutzung.

Quarzporphyr (Dossenheimer u. Weinheimer Porphyr)

Fleischfarben, rotbraun, braun, grau, grauviolett; Decken u. Schlote, bis 150 m mächtig, gleichmäßig feinkörnig, verkieselt; Schotter, Splitt, Sand; bei Dossenheim, Schriesheim, Weinheim, Nutzung hauptsächlich 20. Jahrhundert, reger Abbau in sehr großen Brüchen bis in die Gegenwart, bedeutendstes Vorkommen in der BRD.

Melaphyr („Diabas")

Dunkelgrau, ziemlich massig bis undeutlich säulig, meist feinkörnig; Schotter, Splitt; westl. Kirchheimbolanden; Nutzung 20. Jahrhundert, 2 größere Brüche im Betrieb; auch zusammen mit Gneis b. Albersweiler.

Basalt (Nephelinbasalt)

Säulig; feinkörnig, sehr fest; kleines, vereinzeltes Vorkommen bei Forst, in großem Bruch bis zur Erschöpfung abgebaut.

Kersantit

Gänge im Quarzporphyr v. Dossenheim und im Gneis von Albersweiler, mit diesen abgebaut.

Kristalline Schiefer

Gneis ("Granit")

Rötlich, grau, ziemlich massig, fein- bis grobkörnig; sehr fest; Schotter; kleines Vorkommen bei Albersweiler, zusammen mit Melaphyr und Kersantit; lebhafter Abbau in sehr großem Bruch.

Kristalline Schiefer d. Odenwaldes (haupts. Amphibolit u. gneisartige Hornfelse)

Sehr fest; Schotter; Nutzung im 20. Jahrhundert bis zur Gegenwart (z. B. Mackenheim).

Marmor

1700 m langer, gangartiger, saigerstehender Zug, 40 m mächtig; weiß, weißblau, weißrötlich, schwarzgrau; fein- bis grobkörnig, dicht bis spätig, rein; Marmormehl; außerhalb d. Nordrandes des Modellgebietes bei Auerbach (Odenwald), Gewinnung in Schachtanlage (40 m, 6 Sohlen).

Sandsteine

Buntsandsteine (Trias)

a) Odenwald-Neckartal

Unt. Buntsandstein, Hauptbuntsandstein (Mittl. Buntsandstein), Chiroteriensandstein (Ob. Buntsandstein); rot, rotgelb, gelb; mittel- bis grobkörnig; tonig-ferritisch oder mäßig eingekieselt, z. T. gut witterungsbeständig und säurefest; bis 900 kg/cm² Druckfestigkeit; einige 100 m mächtig; weite Verbreitung ("Buntsandsteinodenwald"!).

b) Pfälzer Wald

Haupts. Sandsteine der Trifelsschichten (Mittl. Buntsandstein), hellrot bis dunkelrot oder weiß (Haardter Sandstein); grobkörnig, z. T. konglomeratisch; nicht wetterbeständig; wechselnd fest, bis 600 kg/cm² Druckfestigkeit, z. T. zerfallend (dann als Sand und Kies genutzt): Edenkoben, Leistadt, Lambrecht, Weidental usw.; daneben Sandsteine des Voltziensandsteins (Ob. Buntsandstein); violett, sehr feinkörnig, tonig, glimmerig: Neuleiningen, Kerzenheim. Alle Sandsteine des Buntsandsteins sind mittelmäßige bis sehr gute Werk- und Bildhauersteine; die Gewinnung erfolgte schon römerzeitlich (Bad Dürckheim).

Höhepunkt der Gewinnung 2. Hälfte des 19. Jahrhunderts und bis zum 1. Weltkrieg in einigen hundert Brüchen sowohl im Pfälzer- und Odenwald (dort besonders im Neckartal), zu dieser Zeit ein sehr wichtiger Wirtschaftsfaktor; heute nur noch 8—10 Brüche im gesamten Modellgebiet.

Lettenkohlensandstein (Trias, Unt. Keuper)

Graue bis lichtbräunliche, dickbankige, kalkig-tonige Quarzsandsteine, 7—9 m mächtig; nur frühere Gewinnung im Kraichgau bis Sinsheim und Hoffenheim.

Schilfsandstein (Trias, Mittl. Keuper)

Gelbbraune bis düsterrote, dickbankige, tonige Quarzsandsteine, einige m mächtig; ehemalige Gewinnung bei Rauenberg (Kraichgau), sonst aber nur südlich des Modellgebietes.

Räthsandstein (Trias, Ob. Keuper)

Gelbliche oder weiße, dickbankige Quarzsandsteine; ehemalige Gewinnung (Werksteine) nur im Kraichgau bei Mühlhausen.

Eisensandstein (Oligozän)

Rotbraune, durch Eisenlösungen verkittete Meeressande; Werksteine; ehemalige Gewinnung an der Bergstraße bei Weinheim und Heppenheim sowie in Asselheim bei Grünstadt.

Kalk- und Mergelsteine

Unt. Muschelkalk (Mittl. Trias)
Graue bis gelblichgraue, dünnschichtige bis plattige, wechselnd mergelige Kalksteine, im unteren Teil der Schichtfolge (mu_1) ziemlich dolomitisch; große Brüche bei Leimen und Wiesloch im mu_2; Portlandzementherstellung.

Ob. Muschelkalk (Mittl. Trias)
Blaugraue, dickbankige, sehr feste Kalksteine, im oberen Teil der Schichtfolge mit tonig-mergeligen Zwischenlagen, besonders wertvoll die unteren Partien (Trochitenkalk), die oberen Teile (Semipartitusschichten) mit hydraulischen Eigenschaften; Gewinnung besonders zwischen Wiesloch und Eschelbronn; Branntkalk, Straßenbaustoffe.

Lias-Kalkstein (Unt. Lias)
Einzelne, dunkle, mergelig-bituminöse Kalksteinbänke in Schiefertonen; ehemalige unbedeutende Gewinnung z. T. mittels Stollen bei Malsch und Rettigheim im Kraichgau.

Tertiär-Kalksteine (Landschneckenkalke, Inflata-, Hydrobien-, Corbiculaschichten d. Miozäns)
Helle bis blaugraue, grobkörnig-oolithische, sandige, z. T. dolomitische Kalk- und Mergelsteine; bis 80 m mächtig; Vorkommen in isolierten Kuppen und Bergrücken; im Nordteil des Modellgebietes, besonders zwischen Göllheim und Westhofen, vereinzelt am Haardtrand; in zahlreichen ehemaligen Brüchen und kleinen Schachtanlagen genutzt, heute Großgewinnung bei Göllheim für Portlandzementherstellung.

Tone, Schiefertone, Lehme

Schiefertone des Rotliegenden (Perm)
Rötlichbraune, sandige Schiefertone mit Sandschiefern und Mürbsandsteinbänken; Umgebung von Kirchheimbolanden; nur vereinzelt genutzt; Verziegelung (Zuschlag).

Schiefertone des Lias (Unt. Lias)
Blaue bis bräunliche, schichtige, glimmerige, ziemlich eisenhaltige und etwas kalkige Schiefertone, nur im Kraichgau; Abbau bei Rettigheim; Verziegelung.

Tertiär-Tone

a) Pechelbronner Schichten (Unt. Oligozän)
   Gelbliche bis rötliche, wechselnd sandige Tone mit dünnen Sandsteinbänkchen; nur am Ostrand des Rheintalgrabens; Abbau bei Malsch (Verziegelung).

b) Rupelton (M. Oligozän)
   Dunkelgraue, bröcklige, fette, kalkige Tone; nur am Ostrand des Rheintalgrabens; Abbau bei Wiesloch; Verziegelung.

c) Hettenleidelheimer Ton (Jungpliozän) bunte, meist hochfeuerfeste Tone in einzelnen Lagen zwischen Klebsanden; zwischen Hettenleidelheim und Grünstadt; wertvolle Lagerstätte, lebhafte Gewinnung unter Tage; Feuerfestindustrie.

d) Lautersheimer Ton (Jungpliozän)
   Weiße Kaolintone zusammen mit Quarzsanden; nur bei Lautersheim; Vorkommen erschöpft.

Pleistozän-Tone

a) Freinsheimer Ton (Plio-Pleistozän)

Bunt, sehr fett bis schluffig-feinsandig, kalkig; 3—4 Lagen zwischen Sanden; nur bei Freinsheim anstehend, im Untergrund weiter verbreitet; ehemals Abbau für Töpfereien und Ziegeleien, heute keine Nutzung.

b) Schneckenmergel (Pleistozän)

Stark kalkhaltige Tone geringer Mächtigkeit; bei Westhofen, Hohensülzen usw.; früher als Ziegelrohstoff und Düngemergel, heute keine Nutzung.

c) Terrassentone

Graue, kalkige, plastische Tone und Schluffe als Einlagerungen (2—3 m) in Rheinsanden (Schneckensande); nur stellenweise im westlichen Rheintal; ehemals verziegelt, römerzeitlich für Terra sigillata.

Auelehme (Pleistozän, im wesentlichen Holozän)

Ältere (tonig-schluffig-sandige) Hochflutlehme des Rheins, deckenförmig, jüngere Auelehme (Auelehm i. e. S.) als Altwasserabsätze in schmalen Rinnen; besonders im 19. Jahrhundert Abbau an zahlreichen Stellen, größere Flächen dadurch ihrer Lehmdecke beraubt (Landwirtschaft!, Kiesfreilegung!), Nutzung heute so gut wie gänzlich eingestellt.

Lößlehme (Pleistozän)

Meist nur 2—3 m mächtig, selten darüber; größere Flächen nur linksrheinisch, früher häufig verziegelt, jetzt nur noch selten genutzt (z. B. Weingarten); durch Abbau Verlust der Bodendecke; Löß mit hohem Karbonatgehalt derzeit zwischen Baiertal und Schatthausen für industrielle Sonderzwecke genutzt.

Verwitterungslehme (Pleistozän-Holozän)

Lehmig-sandig-grusige Massen sehr wechselnder Mächtigkeit; große Mächtigkeiten rein örtlich durch Zusammenschwemmung in Mulden und am Hangfuß; hauptsächlich aus Granit im Odenwald; verziegelbar (z. B. Fürth, Birkenau).

Kiese und Sande

Ältere Rheinschotter und Lokalschotter in der Pfalz (Pleistozän)

Unter stärkerer Überdeckung außerhalb der Talaue; nirgends in größerem Umfange gewinnbar; bei Kriegsheim rötliche Kiese bis 10 m mächtig.

Ältere Neckarkiese und -sande (Pleistozän)

Kiese und Sande von sehr wechselnder Beschaffenheit, blockführend, z. T. lehmig; bis 15 m; bei Mauer, Bammental und Leimen; Gewinnung im Auslaufen; noch zwei Betriebe in Mauer.

Rheinkiese und -sande der Talaue einschl. Neckarschwemmkegel (Pleistozän, Holozän)

Sande und Kiese wechselnder Korngröße aus alpinem und einheimischem Material; in sehr wechselnden Mächtigkeiten (bis 400 m) unter Auelehm, Dünensanden oder anstehend, vorwiegend Jungpleistozän bis Holozän; Gewinnung in größtem Umfange in der gesamten Rheinebene; starke Landschaftsveränderung durch die Nutzung; wertvolle Lagerstätte; Beton, Bausande, Straßenbau, Kalksandsteine (z. B. bei Oggersheim).

Sande des Tertiärs und Altpleistozäns

a) Freinsheimer Schichten (Plio-Pleistozän)

Meist helle, feine, glimmerige Sande mit Tonen wechsellagernd; bis 10 m mächtig; bei Pfeddersheim, Monsheim, Osthofen; heute seltener genutzt, z. B. bei Pfeddersheim, bei Abenheim f. Kalksandsteinherstellung.

b) Dinotheriensande (Pliozän)

Rostige, feinere und gröbere Sande; 6—8 m; bei Westhofen; heute nicht genutzt.

c) Meeressande (Oligozän)

Rostig, stark eisenschüssig, feiner und gröber, z. T. verfestigt; Gewinnung früher in zahlreichen Gruben im nördl. Teil des Modellgebietes.

d) Glassande (Pliozän)

Reine Quarzsande mit Kaolinsanden wechsellagernd; meist durch Wäsche gereinigt; bei Monsheim, Lautersheim.

e) Kleb- und Kaolinsande (Pliozän)

Tonig-glimmerige-kaolinige, kalkfreie, feinkörnige Quarzsande mit bis zu 17 % Kaolin; z. T. mit Tonen wechsellagernd (Hettenleidelsheimer Ton, Freinsheimer Schichten), bis 50 m mächtig; wichtige Lagerstätten bei Eisenstadt, Hettenleidelheim und Monheim; lebhafte Gewinung bei ausreichenden Vorräten, nur im Gebiet von Waldhilsbach (Odenwald) bereits erschöpft; Kaolingewinnung, Gießereisande usw.

Terrassensande (Pleistozän)

a) Mosbacher Sande

Fein- bis Mittelsande mit Kiesen bei Monsheim, Colgenstein, Kriegsheim; 6—8 m mächtig, wenig genutzt.

b) Jüngere Terrassensande

Im allgemeinen wenig wertvoll; Nutzung bei Wiesloch und bei Heppenheim.

Dünensande (Pleistozän, Holozän)

Bis 20 m mächtige Dünen in der Rheinebene; meist in einzelnen Dünenfeldern; Sand meist gleichmäßig feinkörnig; viele Dünen durch Abbau oder Planierung bereits aus der Landschaft verschwunden; heute vereinzelt Verarbeitung zu Kalksandsteinen zusammen mit Rheinsanden, z. B. bei Kronau.

Verwitterungsbildungen

a) Granitgrus (Zersatz)

Sandig-lehmige Verwitterungsmassen auf Granit im Odenwald; örtlich genutzt.

b) Sandsteingrus

Kiesig-sandige Zerfallsprodukte des Buntsandsteins im Pfälzer Wald; in kleinen Gruben als Kies und Sand genutzt.

Minerale

Gangquarz („Quarzit")

Aplitische Gänge im Odenwald, z. T. von größerer Mächtigkeit; Grabsteine, Wand- und Gehwegplatten; z. T. noch genutzt, hauptsächlich nördlich des Modellgebietes.

Feldspat (Orthoklas, Mikroklin)

In pegmatitischen Gängen im vergrusten Granit; hauptsächlich im 19. Jahrhundert im Tagebau abgebaut; bei Schriesheim, Großensachsen usw.

Schwerspat

In Gängen im Kristallin des Odenwaldes; Hauptgang bei Schriesheim (1500 m lang, 3 m mächtig); Gewinnung (Stollen) besonders im 19. Jahrhundert bei Altenbach, Waldmichelbach usw.

Graphit

Ehemalige Gewinnung von Graphit aus Graphitschiefern bei Schriesheim, Lentershausen, Schlierbach, Gadernheim.

Farberden

Ocker

Als Beimengung in hellen bis leuchtend roten Sanden des oligozänen Cyrenenmergels; ehemalige Gewinnung (kleine Schächte) bei Neuleiningen und Battenberg.

„Braunkohle"

Erdig-kohlige Massen pleistozänen Alters im Erpolsheimer Bruch bei Bad Dürkheim; als Farberde genutzt („Umbra").

Brennstoffe

Torf (Holozän)

Geringmächtige Niederungsmoor- und Bruchwaldtorfe in ehemaligen Altwasserrinnen des Rheins; nur linksrheinisch, z. B. Schifferstadt usw.; früher Torfstechereien zur Brenntorfgewinnung.

Braunkohle (Tertiär)

Auf unbedeutende Braunkohlenflöze wurden Versuchsbohrungen bis 60 m abgeteuft.

Erze

Eisen

a) Brauneisenstein

Brauneisenstein, Glaskopf, z. T. als Schwarten in breiten Spalten des Mittl. Buntsandsteins; minderwertig; im Pfälzer Wald.

b) Roteisenstein

Gangförmige Vorkommen am Westrand des Modellgebietes (Donnersberg); Gänge bis 2,5 km lang, 2—3 m mächtig, bis 33 % Fe; bereits römerzeitlicher Bergbau und Verhüttung (Eisenberg), späterer Abbau im Donnersberg (11.—15. Jahrhundert) und Eisensteinwald bei Kirchheimbolanden (18. Jahrhundert).

Blei-Zink

In schichtgebundenen Nestern im vererzten Oberen Muschelkalk bei Wiesloch (Kobelsberg, Hessel); hauptsächlich Bleiglanz und Zinkblende; Bergbau wahrscheinlich schon römerzeitlich, mit Unterbrechungen bis zur Gegenwart (Schächte, Stollen), infolge Erschöpfung der Vorräte Einstellung der Förderung 1953.

Kupfer

a) Odenwald

Als Rotkupfererz, Malachit, Kupferkarbonat, Kupferkies; hydrothermal; Gangart: Quarz; Bergbau in verschiedenen Perioden, zuletzt im 2. Weltkrieg; bei Schriesheim, Weinheim, Hohensachsen.

b) Pfälzer Wald (in der NW-Ecke des Modellgebietes)

Verschiedene Vorkommen:

Kupferkarbonat im zerklüfteten Porphyrit bei Heide; nur Versuche; Kupferglanz in den Staudenbühler Schichten (Ob. Rotliegendes); Gewinnung schon römerzeitlich (Schächte bis 23 m).

Kupferglanz zusammen mit Silber, Blei, Mangan, Kobalt auf Gängen (Art: Kalkspat, Quarz) im Felsitporphyr des Donnersberges (meist außerhalb des Modellgebietes); Bergbau und Verhüttung schon in vorgeschichtlicher Zeit (La Tène-zeitliche Schlackenhalden) bis ins 20. Jahrhundert.

Quecksilber

Meist als roter Zinnober in Tonschiefern, Sandsteinen und Hornfels im Pfälzer Wald, seinerzeit drittgrößtes Revier in Europa, Blütezeit des Bergbaus im Mittelalter und in der zweiten Hälfte des 18. Jahrhunderts, verschiedene Bergwerke von Birkenfeld bis Alzey, letzte Förderung zwischen den Weltkriegen bis 1942, Schächte bis 82 m Teufe.

Gold

In dünnen Blättchen (< 1 mm) in dunklen, schwermineralreichen Rheinsanden; gewonnen durch Wäsche; noch Mitte des 19. Jahrhunderts 400—500 Goldwäscher, Versuche noch im 2. Weltkrieg; reichere Vorkommen im Gebiet von Philippsburg.

Silber

Neben Gold aus Rheinsanden gewonnen, ferner im Pfälzer Wald neben Kupfer.

Pyrit

Im Odenwaldgranit bei Schriesheim, Abbau für eine Vitriolhütte (17.—1. Hälfte 19. Jahrhundert).

Kobalt

Als Begleiter von Kupfererzen im Gebiet des Donnersberges bis 1913 gewonnen.

Erdöl und -gas

Kleine, meist wenig ergiebige Felder sind wie in anderen Teilen des Rheintalgrabens auch im Modellgebiet vorhanden; fördernd: Landau (gute Förderung), Wattenheim. Stillgelegt: Worms, Hofheim, Deidesheim, Dudenhofen, Rot, Frankenthal (Erdgas).

2. Abbau

Bergbau

Die Alten haben die Bergbauprodukte jeweils nur in kleinen Anlagen (Stollenbau, kleinere Schächte von geringer Teufe) hereingewonnen. Dies gilt auch im wesentlichen für den bis in die Gegenwart hereinreichenden Bergbau im Wieslocher Revier sowie für die jetzt noch andauernde Förderung von Feuerfest-Tonen bei Grünstadt-Hettenleidelsheim.

Die Förderungseinrichtungen für Erdöl und -gas sind modern und fallen im Landschaftsbild weiter nicht auf (vergl. III/2).

Steinbrüche

Je nach Art des Vorkommens sind die Brüche entweder von nischen-, kessel- oder trichterförmiger, teleskopartiger Gestalt, so z. B. bei Schriesheim, oder sie sind mehr oder weniger langgestreckt bei geringer Breitenentwicklung. Übergänge aller Art sind aber vorhanden. Im erstgenannten Falle füllt sich nach Auflässigkeit manchmal die Bruchsohle mit Wasser; es entstehen dann künstliche Teiche, z. B. Albersweiler. Bei beiden Steinbruchsformen können bedeutende Wandhöhen bis über 100 m erreicht werden. Jedoch bildet die Höhe des teleskopartig angelegten Quarzporphyr-Steinbruches am Wachenberg mit 250 m eine Ausnahme (RÜGER 1928)**. Der Abbau erfolgt dann in mehreren Strossen. Derartig große Brüche befinden sich im Sandstein, besonders aber im Quarzporphyr, Gneis, Basalt und im Kalk- und Mergelstein. An entsprechenden Förder- und Transportanlagen (Seilbahnen, Bremsberge usw.) fehlt es in solchen Fällen natürlich nicht. In der Regel befinden sich Speichereinrichtungen, Aufbereitsanlagen (Brecher usw.) und die Gebäude der Verarbeitung (Zementwerke usw.) in ziemlicher Nähe des Bruchgeländes.

Ton-, Lehm- und Sandgruben

Flächenausmaß und Wandhöhe bewegen sich im Rahmen des üblichen und bieten zu besonderen Bemerkungen keinen Anlaß. Größere Dimensionen und bedeutendere Wandhöhen werden nur von den Kaolinsandgruben und den Quarzsandgruben der Kalksandsteinwerke erreicht. Aufbereitung und Verarbeitung liegen hier in der Nähe der Abbaustellen, während die Ziegeleien von ihren Tongruben teilweise ziemlich weit getrennt sind.

Kiesbaggereien

Während die Gewinnung der obengenannten Rohstoffe stark ortsgebunden ist und die Lage ihrer Abbaustellen keinem großen zeitlichen Wandel unterliegen, wechseln die Naßbaggereien sehr häufig ihren Standort. Die erworbenen oder gepachteten Flächen sind verhältnismäßig bald abgekiest, eine Erwerbung benachbarter Flächen ist aus den verschiedensten Gründen oft unmöglich, auch wenn brauchbare Lager zur Verfügung stehen würden. Der dann notwendig gewordene Standortwechsel wird durch den verhältnismäßig leichten Transport der gesamten Förder- und Aufbereitungseinrichtungen wesentlich erleichtert, ja erst ermöglicht. Die Modernisierung der Fördergeräte hat nicht überall den gleichen Stand erreicht und wechselt je nach der Kapitalskraft der Unternehmungen, ist aber auch abhängig von der Beschaffenheit des Kieslagers. Der rasche Standortwechsel erklärt auch die große Zahl der Kiesseen (aufgelassene Naßbaggereien) im Gebiet. Die Baggertiefe geht selten über 20 m hinaus (s. auch V).

Abbaustellen, aus welchen nur zeitweilig und nach Bedarf Material entnommen wird, sind selten und am ehesten noch in größeren Staatswaldungen anzutreffen. Das Modellgebiet steht in dieser Hinsicht in ziemlich auffallendem Gegensatz z. B. zu den Verhältnissen in Niedersachsen, was offenbar durch andere Besitz- und Wirtschaftsstrukturen im bäuerlichen und gemeindlichen Bereich seine Ursachen hat (In Niedersachsen Realgemeinden, Kirchengemeinden, Forst-, Steinbruch- und Weggenossenschaften als Träger zeitweiliger Nutzung; vergl. SICKENBERG 1951).

**) Vgl. Literatur am Schluß dieses Beitrages.

III. Lagerstättenabbau und Landschaft

1. Änderungen des ökologischen Wirkungsgefüges

Da es an besonderen Untersuchungen über die Änderungen des Wirkungsgefüges weitgehend fehlt, können nur Vermutungen geäußert werden, die auf Grund allgemeiner Erwägungen gezogen werden. Dabei muß von der Voraussetzung ausgegangen werden, daß jeder Eingriff in das System an irgendeiner Stelle sich auf alle seine Faktoren und damit aufs Ganze auswirkt.

Bergland

a) Aufgelassene und in Betrieb befindliche Steinbrüche

Änderung der Oberflächenform

Sie ergibt sich aus der Art der Steinbruchsanlage (s. II/2). Durch größere entstehen Hangnischen oder Zerstörung der alten Kammlinie. Bei kleineren, alten, bereits zugewachsenen Anlagen wird die Unterscheidung von natürlichen Senkungsformen (Erdfällen usw.) oder von Spuren alten Bergbaus Aufmerksamkeit erfordern. Morphologisch neue Formen werden durch die Abraumhalden geschaffen.

Änderung des Klimas

Sofern nennenswerte Änderungen überhaupt auftreten, beziehen sich diese nur auf das Kleinklima: höhere Insolation, stärkere Temperaturgegensätze, bei entsprechenden Formen Entstehung von Windschneisen, Bildung von Kaltluftseen, gegebenenfalls aber auch Beseitigung solcher (selten), Änderungen der lokalen Luftzirkulation, Schaffung von xerothermen Kleinbiotopen im Bereich des Steinbruchs, Lufttrübung durch Staubentwicklung, besonders bei Kalksteingewinnung und -verarbeitung.

Änderungen der Hydrographie und der Wasserbeschaffenheit

Auch durch größere Brüche werden die hydrographischen Verhältnisse der umgebenden Landschaft keine merklichen Veränderungen erfahren. Gegebenenfalls werden aber wasserführende Gesteinsklüfte angeschnitten werden, wodurch es zum Austrocknen oder zur Verlegung natürlicher Quellen kommen kann, was wieder möglicherweise deren Chemismus und Temperatur beeinflußt. Das Öffnen von Klüften erbringt die Gefahr von Grundwasserverseuchung, weshalb von der Anlage von Steinbrüchen in Wasserschutzgebieten am besten abgesehen wird, sofern dies nicht ohnehin gesetzlich vorgeschrieben ist. Gelegentlich kann auch die Erosion (Wasser) begünstigt werden.

Änderungen der Pflanzen- und Tierwelt

Durch Steinbruchsanlagen werden im Vergleich zum ursprünglichen Zustand grundsätzlich neue Biotope geschaffen, die im allgemeinen als mehr oder minder xerotherm bezeichnet werden dürfen. Xerophile Pflanzen- und Tiergesellschaften finden daher Standortbedingungen, wie sie häufig weder die nähere noch weitere Umgebung zu bieten vermag. Bei Wiederbewachsung sind die Prozesse rückläufig.

b) Veränderungen durch die Steingräberei im Odenwald

Bevor es zur Anlage größerer Steinbrüche im kristallinen Odenwald kam, wurde das nur spärlich benötigte Hartsteinmaterial vielfach, weil leicht gewinnbar, den Blockmeeren entnommen. Fossile morphologische Kleinformen werden dadurch in schwer abschätzbarem Ausmaße zerstört oder zumindest geschädigt worden sein. Bei geländemorphologischen

Untersuchungen muß dem Rechnung getragen werden. Heute stehen die restlichen Blockmeere insgesamt unter Naturschutz.

c) Veränderungen durch den alten Bergbau

Änderung der Oberflächenform

Zu merklichen Änderungen ist es nur dort gekommen, wo Stolleneingänge eingestürzt sind und alte Stollen zu Bruch gingen (Bodensenkungen, Pingenzüge).

Änderung von Hydrographie und Wasserbeschaffenheit

Durch den Bergbau wurde insbesondere das unterirdische Wasser starken Eingriffen ausgesetzt, vor allem durch den Zwang zur Wasserhaltung. Die Folge waren gegebenenfalls Verschiebungen der unterirdischen Wasserscheiden, Quellverlegungen, Änderungen im Verlauf kleinerer Wasserläufe oder deren Abflußspenden, Wechsel von Chemismus und Temperatur, Austrocknung der Bodenschichten usw. Inwieweit sich nach dem Niedergang des Bergbaus die alten Zustände wieder einpendelten oder ob die Vorgänge irreversibel waren, wird sich nicht mehr ermitteln lassen.

Änderung der Bodenverhältnisse

Eine unmittelbare Einwirkung wird sich, wenn überhaupt, in bescheidensten Grenzen gehalten haben, dagegen hatte der Bergbau und die Verhüttung, worauf aus KIRCHHEIMER (1955) hinweist, durch den ungemein hohen Verbrauch an Holz, der seinerzeit wieder zu starken Entwaldungen führte, gebietsweise zu nachhaltigen Bodenverschlechterungen geführt. Die Entwaldung löste allenthalben in dem hängigen Gelände in erheblichem Umfange Bodenerosion und andere strukturelle Degradationsprozesse aus. Die Schädigungen sind im wesentlichen nicht umkehrbar.

Änderungen der Pflanzen- und Tierwelt

Die weitgehende Schädigung des Bodens wirkte sich selbstredend auf die Pflanzendecke und damit auch auf die Tierwelt aus. Der ursprünglich vorhandene Laubwald verschwand, die Wiederaufforstung hauptsächlich mit Nadelwald fand aber in ihren Eigenschaften stark verschlechterte Standorte vor.

Flachland

Unterscheidbar sind drei Bereiche:

a) Löß- und Sandgebiete

Infolge der Geländeausformung und dem Gesteinscharakter (Lockergesteine) lassen Materialsentnahmen in der Regel keine Dauerspuren zurück. Sand-, Lehm- und Tongruben werden meist rasch aufgefüllt und rekultiviert. Auch die Gewinnung selbst greift nicht tief in den Naturhaushalt ein, zumal die Abbaustellen in einer Landschaft liegen, die ohnehin kräftigsten menschlichen Eingriffen seit Tausenden von Jahren ausgesetzt war. Die stärksten Einwirkungen sind dort zu verzeichnen, wo in größeren Flächen Lößlehm zur Verziegelung gewonnen wurde. Natürlich fiel dabei Boden mit guten Eigenschaften zum Opfer. Da aber durchaus nicht überall die Lehmdecke restlos entfernt wurde, gelang meist ohne Schwierigkeiten bei der Rekultivierung die Schaffung „neuer", guter Böden. Gelegentlich wird sich sogar die Entfernung oberster, degradierter Bodenhorizonte günstig ausgewirkt haben. Am stärksten und auch z. T. am nachhaltigsten haben sich Sand-Lehm- und

Tongewinnung auf die Boden- und stellenweise auch auf die Grundwasserverhältnisse ausgewirkt. Umfang und Art können aber nicht festgestellt werden, da sie von anderen anthropogenen Maßnahmen mit viel intensiverer Auswirkung überlagert werden.

b) Ton- und Klebsandgebiet Hettenleidelsheim-Grünstadt

Das Geschehen wird durch den Bergbau mit seinen zahlreichen Stollen und Schächten, die bis 70 m Teufe erreichen, beherrscht. Die unterirdischen Anlagen werden nämlich nicht fest ausgebaut, sondern die Einbauten werden nach Beendigung der Förderung „geraubt". Bei der fehlenden Standfestigkeit des Gesteins bilden sich alsbald verhältnismäßig ausgedehnte Geländesenken, die sich mit Wasser füllen, da sie abflußlos sind. Damit ändern sich örtlich

    das Kleinklima (Verdunstung, Kaltluftlöcher usw.),
    die Grundwasserverhältnisse (Wasserhaltung!) und der Abfluß,
    die Geländeformen,
    die Bodenbeschaffenheit in Abhängigkeit von der Änderung des Wasserhaushaltes,
    die Tier- und Pflanzenwelt durch die Entstehung neuer Kleinbiotope (Teiche).

Solange der Bergbau umgeht, kann keine Stabilisierung erfolgen. Eine völlige „restitutio in integrum" wird sich grundsätzlich nicht vollziehen lassen (s. VI).

c) Rheintalaue

Hier vollziehen sich zur Zeit die größten und nachhaltigsten Eingriffe in das Wirkungsgefüge, wobei es im einzelnen Umfang und Art noch zu erforschen gilt.

Dünengebiete

Zahl und Umfang der Dünenfelder sind durch Abbau und durch Planierung beachtlich vermindert worden. Die ursprünglichen Geländeformen sind dadurch zerstört, das Kleinklima geändert und bestimmte Tier- und Pflanzenstandorte vernichtet worden. Der Wasserhaushalt im ganzen wurde dadurch aber kaum nennenswert beeinflußt.

Gebiete mit Auelehmdecke, Altwasser- und Rinnen-Füllungen

Die Änderungen sind ähnlicher Natur wie in den Lößgebieten, die Auswirkungen jedoch tiefgreifender, da die ursprüngliche Bodendecke durch die ehemals vorhandenen zahlreichen Ziegeleien vielfach restlos abgetragen wurde (Auelehm m. Gleiböden usw., Niederungsmoortorfe). Der aus kiesig-sandigen Ablagerungen bestehende Untergrund wurde dadurch bloßgelegt, was eine einschneidende, nicht umkehrbare Veränderung des Wasserhaushaltes und der Vegetationsverhältnisse zur Folge hatte.

Kiesgewinnungsgebiete

Die Einrichtung zahlreicher Kiesbaggereien mit ihren 10—20 m betragenden Baggertiefen bedeutet in zunehmendem Maße schwerwiegende Eingriffe in das Wirkungsgefüge. Instrumentelle Beobachtungen fehlen, Erwägungen allgemeiner Art können diese nur unzureichend ersetzen. Trotzdem bleibt eine Arbeit von Hünerfauth sehr verdienstvoll, die sich bemüht, die Möglichkeiten der Einwirkungen auf den Wasserhaushalt kritisch zu überprüfen (1956). Im wesentlichen wird hier diesen Ausführungen gefolgt.

Klima:

Erhöhung der lokalen Windgeschwindigkeit, dadurch Erhöhung der Verdunstung, die ohnehin schon durch das Vorhandensein freier Wasserflächen gesteigert ist. Lokale Nebelbildung, Temperaturänderungen.

Wasser:

Grundwasserabsenkung:

Oft in Rechtsstreitigkeiten behauptet, aber ohne erheblichen Kostenaufwand nicht einwandfrei nachzuweisen; sofern das Grundwasser gespannt ist, sind aber bei etwaigem Anschneiden von Deckschichten Grundwasserstands- und Fließänderungen auch in der Umgebung durchaus möglich.

Änderung der Grundwasser-Fließgeschwindigkeit:

Sedimentfeinteilchen können ausgeschlämmt werden, dadurch Gefahr von Grundbruch unter Bauwerken, besonders Dämmen, und Rutschungen. Erhöhung der Fließgeschwindigkeit kann zu Trockenlegungen und damit Sicherung von Bauwerken beitragen, aber auch zu Setzungserscheinungen an solchen führen.

Da aufgelassene Kiesteiche aber, sofern sie durchflossen werden, auch als Sedimentfallen wirken (Bodenaufhöhungen von durchschnittlich 1 cm durch Sedimentation beobachtet), kann umgekehrt der Querschnitt verengt werden, was Abflußverzögerung und Stauwirkungen zur Folge hat. Dies wird auch dann eintreten, wenn Gruben mit dem anfallenden Feinkorn, weil nicht nutzbar, wieder verfüllt werden.

Boden:

Die über den Kieslagern befindlichen Deckschichten wandern auf die Abraumhalden, ihr Material wird z. T. zu Bodenverbesserungsmaßnahmen auf den benachbarten, landwirtschaftlich genutzten Flächen verwendet (z. B. Altrip).

Tier- und Pflanzenwelt:

Durch die Kiesbaggereien werden grundsätzlich neue Biotope (Teiche) geschaffen. Da aber das Geschehen nicht ungestört verlaufen wird, werden die möglichen Endstadien der Entwicklung der Tier- und Pflanzengesellschaften kaum erreicht werden.

Die laufende Entstehung neuer Kiesseen stellt die Wasserwirtschaft, die Raumplanung und die Landschaftspflege vor schwierige, sehr umfassende Aufgaben, deren Erörterung aber nicht Gegenstand dieser Arbeit sein kann (s. a. VI).

2. *Abbau und Landschaftsbild*

Bereits im vorhergehenden Abschnitt bot sich Gelegenheit, die mannigfachen Einflüsse auf die einzelnen Naturfaktoren in groben Zügen zu erfassen. Wenn im folgenden versucht werden soll, die allgemeinen Änderungen des Landschaftsbildes darzustellen, so wurde davon ausgegangen, daß hier nicht die Absicht einer ästhetischen Wertung im Vordergrund stand, im Gegenteil, es wurde sogar nach Tunlichkeit bewußt davon abgesehen. Die Veränderungen, so wie sie sich dem sozusagen unbefangenen Beschauer darbieten, sollten vielmehr mit möglichster Sachlichkeit geschildert werden.

Was auffällt, sind vornehmlich die abbaubedingten Umgestaltungen der Oberflächenformen, denen wenigstens teilweise solche des hydrographischen Systems folgen. Sofern das Siedlungsbild als Teil des landschaftlichen Ganzen gesehen wird, ist die Einflußnahme auch in dieser Beziehung zu verfolgen.

Was die Abbaustellen als solche angeht, so ist die Umgestaltung je nach den landschaftlichen Großformen und je nach Rohstoffen und Art der Gewinnung von sehr unterschiedlichem Charakter und Umfang.

Dem *Bergbau* ist es nicht gelungen, sieht man von einer Ausnahme ab, einen irgendwie entscheidenden Einfluß zu nehmen. Seine Spuren sind schon längst im wesentlichen verwischt und die ihn begleitenden Gebäude und andere Einrichtungen aus der Landschaft verschwunden. Auch die wenigstens teilweise in die Gegenwart hereinreichende Erdölförderung macht sich so gut wie nicht bemerkbar, da die für die alten Ölreviere so kennzeichnenden hohen Fördertürme fehlen, da sie heute durch andere, sich kaum geltend machende Fördereinrichtungen ersetzt werden. Auffallend sind dagegen die landschaftlichen Veränderungen durch den Bergbau auf Feuerfest-Tone im Gebiet Grünstadt-Hettenleidelsheim. Es bot sich bereits Gelegenheit, auf die umfangreichen Bodensenkungen und die in Verbindung damit stehende Teichbildung hinzuweisen. Außerdem wird das Bild durch zahlreiche Folgeeinrichtungen, wie kleine Schachtanlagen, Fördergleise, Lagerschuppen und schließlich Werksgebäude, bestimmt, so daß die Physiognomie dieses Landschaftsteiles insgesamt durch den Tonbergbau seine entscheidende Prägung erfahren hat.

Die *Steinbrüche* beschränken sich auf das Berg- und Hügelland. Das Ausmaß der Umgestaltung wird von deren Größe und Lage bestimmt. Während die in Waldgebieten liegenden, ohnehin meist kleineren Brüche durch den Bewuchs der Umgebung mehr oder minder gut getarnt und damit der Aufmerksamkeit ziemlich entzogen sind, haben die großen Anlagen (Schriesheim-Dossenheim, Wiesloch, Albersweiler, Göllheim, Haardt) entscheidend und in nicht umkehrbarer Weise das Aussehen der Landschaft geändert. Obwohl es auch im Neckartal sehr ausgedehnte alte Sandsteinbrüche gibt, fallen sie nicht auf, weil sie hoch im Gelände liegen und vom Tal her schlecht eingesehen werden können und zudem ihre Sohlen und Abraumhalden wieder bewaldet sind. Durch das Aufreißen dieser „Wunden" sind neue, bislang unbekannte Farben in die Landschaft gekommen, so das Rot und Grauweiß der Sandsteinbrüche, das Weiß- und Gelblichgrau der Kalkstein-, Mergelstein- und Porphyrbrüche und die schwärzlichen Töne der Melaphyr-, Basalt- und Dioritbrüche. Sekundärerscheinungen sind die Änderungen, die sich bei Auflässigkeit einstellen: Teichbildung bei Albersweiler, Verwendung als meist „wilde" Müllabladeplätze usw. (MÜLLER 1967). Zu den großen Brüchen gehören auch mehr oder weniger umfangreiche Abraumberge oder -halden, die nach Auflässigkeit in der Regel durch alsbaldige Begrünung unauffälliger werden. Fördereinrichtungen wie Seilbahnen, große Kräne usw. können sich bemerkbar machen. Noch auffälliger sind die zugehörigen Werksanlagen (Fabrikationsgebäude, Silos, Baracken usw.), so besonders bei Schriesheim-Dossenheim, Wiesloch und Göllheim. Zu erwähnen sind auch die meist kleinen Steinschleifereien im Odenwald, kenntlich an den meist außerhalb der Gebäude liegenden Gesteinsstapeln. Vermutet werden kann ein nicht unerheblicher Einfluß der Steingewinung auf die Siedlungsstruktur und auf das Erscheinungsbild der sogenannten Steinhauerdörfer des vergangenen Jahrhunderts (vergl. LEFERENZ 1913, KOLB 1963, HOPPE 1965). Ausmaß und Art im einzelnen wären noch zu untersuchen.

Wenig bemerkbar, vor allem dem ungeschulten Auge, sind die Spuren der Ton-, Lehm- und Sandgewinnung in den flacheren Landschaften des Gebietes. Die ohnehin meist wenig tiefen Entnahmestellen sind eingeebnet, rekultiviert oder überbaut. Vielfach verraten nur Muldenbildungen, Hangversteilungen, oft nur schlecht von Formungsvorgängen natürlicher Art unterscheidbar, ihr ehemaliges Vorhandensein, zumal die einst dazugehörigen Werksgebäude (Ziegelöfen, Schuppen, Trockengestelle) so gut wie ohne Ausnahme längst abgerissen sind. Wo heute noch Ton- und Sandgruben betrieben werden, machen sie sich im allgemeinen wenig geltend. Eine Ausnahme bilden einige ausgedehnte Sandgruben im Nordteil des Modellgebietes mit ihren hohen, hellweißen Wänden.

Wesentlich einschneidender wurde und wird noch das Landschaftsbild in der Rheinebene durch die Kiesbaggereien geändert. Einerseits trug, wenn auch durchaus nicht ausschließlich, das Ausbaggern zum Verschwinden alter toter Rheinschlingen bei, andererseits entstanden zahlreiche künstliche Wasserflächen verschiedenster Größenordnung, die teilweise eine offene Verbindung zum Rhein besitzen. Bei Fortdauer oder sogar Steigerung der Kiesgewinnung wird der Gesamtcharakter der Rheinebene sich entscheidend verändern, eine Landschaftsumformung größten Stiles erfolgt hier unter unseren Augen. Anders als bei den Steinbrüchen bieten sich einer Landschaftsgestaltung ganz andere Wirkungsmöglichkeiten an, sobald die Förderung bei den einzelnen Gruben eingestellt wird. Planung und Gestaltung wird nicht unwesentlich dadurch erleichtert, daß die Beseitigung der Neben- und Hilfseinrichtungen in der Regel unschwierig ist oder sogar unnötig, da die umsiedelnden Betriebe fast immer ihre Bagger, Brecher, Siebe und Silos mitnehmen. Nicht übersehen werden darf aber, daß der Abtransport des Baggergutes entsprechende Verkehrswege (Straßen, Kanäle) erfordert, was bei dem raschen Standortwechsel eine nicht unerhebliche zusätzliche Beanspruchung der Fläche bedeutet.

IV. Geschichtliche Entwicklung

Die geschichtliche Entwicklung des Bergbaues und der Steine-Erden-Gewinnung im einzelnen darzustellen, gehört nicht zur Aufgabe dieser Studie. Dazu würde auch das vorliegende Quellenmaterial nicht hinreichen, so daß umfangreiche wirtschaftsgeschichtliche Untersuchungen angesetzt werden müßten. Auf die wichtigste mir bekannte Literatur ist zu verweisen: KIRCHHEIMER (1955), SPUHLER (1957): Bergbau; MÜLLER (1967): Tonindustrie; HOPPE (1965), KOLB (1963), LEFERENZ (1913): rechtsrheinische Natursteinindustrie.

Auf der anderen Seite kann aber nicht darauf verzichtet werden, das wirtschaftliche Geschehen wenigstens in den großen Zügen darzulegen, um einen gesicherten Ausgangspunkt für die Beurteilung der künftigen Entwicklung zu erlangen. Maßgeblich dafür ist aber die Beobachtung der historischen Abläufe.

Da die Geschichte des Abbaus und der Verwendung bei den einzelnen Rohstoffarten recht unterschiedlich verlief, würden die Darlegungen im einzelnen einen so breiten Raum einnehmen, daß darauf verzichtet werden muß. Für unseren Zweck erscheint es aber nur notwendig, einen Überblick über den geschichtlichen Ablauf im allgemeinen zu übermitteln. Dazu wurde die Form einer graphischen Darstellung gewählt (Abb. 1). Sie läßt in groben Zügen den Beginn, *den* oder *die* Höhepunkte und das Ende der Gewinnung bzw. den derzeitigen Trend erkennen. Diese Übersicht über das Geschehen erfordert noch einige erläuternde und ergänzende Bemerkungen. Als materielle Quellen sind anzusehen: die oben aufgeführte Literatur, Informationen seitens amtlicher Stellen sowie von privater Seite und schließlich vielfältige Erfahrungen, die der Verfasser andernorts sammeln konnte. Natürlich standen auch Unterlagen zur Verfügung, welche die amtliche Statistik bereitzustellen in der Lage ist. Bewußt wurde aber davon abgesehen, durch Wiedergabe von Zahlenmaterial (Produktionszahlen, Beschäftigtenzahlen) das graphisch Gezeigte zu untermauern. Abgesehen davon, daß die genaue zahlenmäßige Erfassung auch bei sehr großer Mühewaltung kaum wesentlich genauere Erkenntnisse erbracht hätte, so hätten sich einem

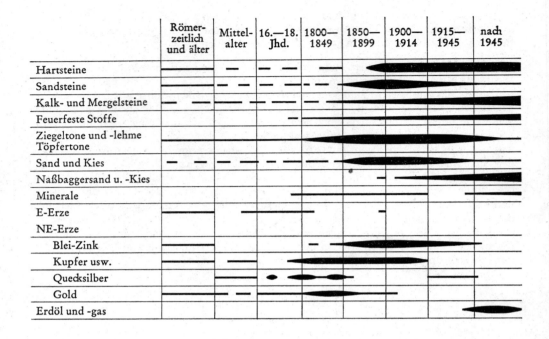

Abb. 1: Geschichtliche Tabelle über Entwicklung der Förderung und Gewinnung

¹) Granit: Beginn 1879, Wachstum bis 1910, dann rückläufig; Diorit: Beginn 1879, Wachstum bis 1925, dann rückläufig, die Steinschleifereien im Odenwald nehmen zwar hinsichtlich der Produktion die zweite Stelle in der Bundesrepublik ein, jedoch werden nur noch 10 % einheimisches Material verarbeitet; Quarzporphyr, Diabas, Basalt usw. (Straßenbaustoffe): Schotter und Splitt-Produktion im Odenwald erst vor und nach dem 2. Weltkrieg, Anstieg bis 1964, dann leicht rückläufig (Verdrängung durch Kies).

²) Beginn im Odenwald 1850, im Pfälzer Wald etwas früher, Höhepunkt der Sandsteingewinnung (Werksteine) 1890—1910, dann unaufhaltsamer Niedergang, um Jahrhundertwende allein im Neckartal 150 Betriebe, Höchststand der Beschäftigtenzahl 1905, ausgesprochene Steinhauerdörfer: z. B. Ziegelhausen, Weidenthal, Hambach usw.

³) Nach fast völligem Erliegen der Sand- und Kiesgewinnung (trocken) kräftige Wiederbelebung durch die Kalksandsteinindustrie.

⁴) Quarzitgewinnung noch im Aufstieg, der Bergbau auf andere Minerale ist eingestellt, am längsten wurde Baryt gefördert.

⁵) Einstellung 1953.

⁶) Einstellung 1942.

solchen Beginnen nicht unerhebliche sachliche Schwierigkeiten entgegengestellt, wie kreisweise Zählungsergebnisse, Geheimhaltung, teilweise Nichterfassung von Zweigbetrieben bei der Betriebszählung, Mitzählung auch der nur verarbeitenden Betriebe, z. B. Betonsteinwerke, Steinschleifereien mit Verarbeitung von außerhalb des Raumes kommenden Gesteinen usw. Die Breite der Ganglinie besagt daher nichts über die jeweilige absolute Anzahl der Beschäftigten oder der Produktionshöhe, so daß beispielsweise der Abbau von Mineralien oder Sanden, die im Vergleich beispielsweise zur Sandsteingewinnung sowohl arbeitskräfte- wie produktionsmäßig eine ziemlich untergeordnete Rolle spielen, in gleicher Breite gezeichnet sind. Nicht berücksichtigt erscheinen auch kleinere Schwankungen, wie sie durch Kriege, zeitweilige wirtschaftliche Flauten und dergleichen bedingt sind. Zweifellos wäre es auch von einer gewissen Bedeutung gewesen, wenn es gelungen wäre, die Entwicklung der Beschäftigtenzahl einerseits, der Produktionshöhe andererseits durch Zahlen genau zu verfolgen, da beide zwar bis etwa 1914 gleichsinnig verlaufen, nachher aber, besonders nach 1945, durch den Einsatz von neu entwickelten Abbau- und Bearbeitungsgeräten sich stärker zu entfernen begannen, ja teilweise gegenwärtig sogar widersinnig verlaufen. Die oben angeführten Schwierigkeiten allgemeiner wie statistischer Art machten aber ein solches Unterfangen fast unmöglich, so daß darauf verzichtet wurde. Ein Hinweis auf diese Verhältnisse sollte daher genügen.

Wie aus der geschichtlichen Tabelle ersichtlich, spielte im Spätmittelalter und in der frühen Neuzeit der *Bergbau* und die *Verhüttung* eine sogar sehr erhebliche Rolle, allerdings weniger im Odenwald, sondern im Pfälzer Wald westlich vom Modellgebiet. In dieses reichte er nur mit seinen östlichen Ausläufern hinein. Eine zweite, im ganzen gesehen schwächere Blüte erlebte er nur zwischen 1920 und 1960 durch den Blei-Zinkabbau bei Wiesloch und durch die Erdöl- und Erdgasförderung im Rheintal, um nun auszulaufen, sieht man vom Bergbau auf die Feuerfeststoffe ab. Der erliegende Bergbau wurde im Laufe des 19. Jahrhunderts von der *Stein- und Erdengewinnung* abgelöst. Als insgesamt wirtschaftlich schwächste Zeit darf dabei dessen 1. Hälfte angesehen werden. Erst nach 1850, besonders steil erst um 1880, setzte eine stürmische Entfaltung der Naturstein- sowie der Ziegelindustrie ein (Sandsteine, Granit, Diorit), die sich alsbald zu einem Wirtschaftsfaktor erster Ordnung entwickelte, vor allem für den Odenwald, das Neckartal, die Haardt und die Talwege des Pfälzer Waldes. Sie bestimmte den Wirtschaftscharakter ganzer Dörfer („Steinhauerdörfer", „Steinbauern"). Der Niedergang setzte aber schon unmittelbar vor dem 1. Weltkrieg ein, um sich nachher verstärkt fortzusetzen. An die Stelle der Naturstein-Industrie trat die Hartstein-Industrie (Quarzporphyr, kristalline Schiefer, Basalt usw.) im Odenwald und in den östlichen Randzonen des Pfälzer Waldes (Straßenbaustoffe). Eine so hohe Beschäftigtenzahl in der Natursteinindustrie um die Jahrhundertwende wurde zwar nicht mehr erreicht, die hereingewonnenen Gesteinsmengen waren aber wahrscheinlich ebenso hoch, wenn nicht teilweise größer. Anzeichen des Niederganges sind aber auch hier schon zu bemerken. Die das Landschaftsbild mancherorts so beherrschenden zahlreichen aufgelassenen Steinbrüche sind also das Ergebnis einer verhältnismäßig sehr kurzfristigen wirtschaftlichen Blüte und nicht einer Jahrhunderte währenden Entwicklung (vergl. Abb. 1). Eine Ausnahme bildet nur der Abbau der Kalk- und Mergelsteine des Gebietes, der heute noch lebhaft im Gange ist.

Näheres über die Entwicklung der „Stein-Erde-Industrie" unter besonderer Berücksichtigung der Auswirkungen auf Siedlung und Bevölkerungsstruktur für den Zeitraum von 1850 bis 1914 bringt der Beitrag von H. Jäger „Die Industrie der ‚Steine und Erden' und ihr Zusammenhang mit Siedlungen, Bevölkerung und Wirtschaft (1850—1914)" in diesem Bande.

Das jüngste Glied in dieser Reihe sind die Naßbaggereien auf Rheinkiese und die Kalksandsteinindustrie, die sich beide in voller Breite erst nach 1945 entfalteten. In grober Annäherung lassen sich mithin 4 verschiedene, sich ablösende, teilweise aber sich auch überschneidende Dominanzperioden feststellen:

1. Bergbau,
2. Naturstein- und Ziegelindustrie,
3. Hartsteinindustrie,
4. Kalk- und Zementindustrie, Kies- und Sandgewinnung bzw. -industrie.

V. Künftige Möglichkeiten und Aussichten der Gewinnung und Verarbeitung mineralischer Rohstoffe

Eine Beurteilung der Möglichkeiten und Aussichten kann nur ausgehen von den Gegenwartsverhältnissen, also dem Bedarf und in Verbindung damit dem derzeitigen technologischen Stand in Abbau, Verwendungsmöglichkeiten und Verarbeitung sowie aus dem historischen Ablauf und den aus diesen Bedingungen ableitbaren Trends. Nicht in die Rechnung können natürlich derzeit unbekannte Faktoren wie die an sich nicht sehr wahrscheinliche Auffindung völlig neuer Lagerstätten in Oberflächennähe bzw. die Erschließung möglicher Lager in großer Tiefe mittels noch zu entwickelnder Gewinnungsmethoden oder andere Verwendungsmöglichkeiten für die bereits bekannten Rohstoffe aufgenommen werden.

Wie aus dem vorherigen Abschnitt zu entnehmen ist, gehört die Nutzung in der Mehrzahl der Fälle entweder der Vergangenheit an oder ist im Niedergang. Die Ursachen sind mannigfacher Art: Erschöpfung der Lagerstätte, Unrentabilität, unzureichende Güte bei ständig wachsenden Anforderungen an die Beschaffenheit der Rohstoffe, Abkehr von früher gebräuchlichen Bauweisen (z. B. Naturstein, Ziegel, Granitpflaster), Verdrängung durch Kunststoffe, um die wichtigsten zu nennen.

Im folgenden soll versucht werden, Vorhersagen für die künftige Entwicklung zu geben.

Bergbau:

Die Lagerstätten sind entweder erschöpft, oder der Bergbau ist angesichts der internationalen Lage in der Bergwirtschaft so unwirtschaftlich geworden, daß selbst in irgendwelchen Krisenzeiten an seine Wiederbelebung kaum gedacht werden kann. Das gilt auch für die Öl- und Gasförderung, die meisten Felder sind schon stillgelegt, die verbleibenden, sieht man von dem guten Felde Landau ab, im auslaufen. Die Auffindung neuer ergiebiger Felder ist angesichts der geologischen Strukturen, die als hinreichend gut untersucht angesehen werden dürfen, sehr unwahrscheinlich.

Die Uranprospektion der letzten Jahre, die das gesamte Bundesgebiet umfaßte, erstreckte sich auch auf den Modellraum. Gewisse übernormale Gehalte konnten in den Porphyrmassiven (Donnersberg, Kirchheimbolanden), im Rotliegenden und im Buntsandstein der Haardt sowie im Tertiär des Rheintalgrabens bzw. des Mainzer Beckens festgestellt werden. Es besteht jedoch wenigstens unter den gegebenen Verhältnissen kaum Aussicht auf bergmännische Gewinnung. So gut wie ergebnislos verlief dagegen im Gegensatz zum Schwarzwald die Nachsuche im kristallinen und Buntsandstein-Odenwald. Insgesamt besteht auch unter geänderten Bedingungen daher kaum Aussicht auf einen erfolgreichen Bergbau (vergl. „Die mit Bundesmitteln unterstützte Uranprospektion" usw.).

Steine- und Erden-Industrie:

Ganz allgemein kann gesagt werden, daß vor allem infolge der steigenden Löhne und der großen ausländischen Konkurrenz für alle Betriebe ein Zwang zur Rationalisierung und Mechanisierung besteht. In Zusammenhang damit wird sich vermutlich die Zahl der Betriebe beziehungsweise der Abbaustellen weiter verringern, die verbleibenden an Größe aber noch zunehmen, was die Landesplanung und die Landschaftspflege vor schwierige Aufgaben stellen wird.

Natursteinindustrie:

Der Tiefstand dürfte erreicht sein, ein völliges Erliegen ist aber nicht zu befürchten, da, wenn auch in bescheidenem Umfange, ein gewisser Bedarf an Natursteinen (Sandsteine, Granite) immer gegeben sein wird. Ihre ehemalige Bedeutung wird sie aber sicherlich niemals mehr erlangen. Eine Mechanisierung und damit Rationalisierung ist nur in sehr bescheidenem Umfange möglich.

Hartsteinindustrie: (Straßenbaustoffe)

Ein weiterer Aufschwung ist nicht zu erwarten, im Gegenteil ist ein gewisser Rückgang wahrscheinlich, doch ist es durchaus möglich, daß noch im Laufe der nächsten Jahre im Odenwald und bei Kirchheimbolanden neue Brüche angelegt werden. Die Lage könnte aber grundlegend anders werden, wenn ein weiterer Abbau der Rheinkiese und -sande nicht mehr möglich sein wird, mithin der Zwang besteht, anstelle der Flußkiese wieder auf Hartsteinschotter und -splitt usw. auszuweichen.

Ziegelindustrie:

Der derzeitige, ohnehin nicht sehr hohe Stand wird nur gehalten werden können, wenn die Produkte höchsten Anforderungen entsprechen, was sich nur durch eine Verbesserung der bisherigen Aufbereitungs- und Brennverfahren wird ermöglichen lassen, denn die im Raume zur Verfügung stehenden Rohstoffe befriedigen gütemäßig im allgemeinen nicht sehr.

In Zukunft könnte dagegen möglicherweise die Blähton-Industrie eine gewisse Bedeutung erlangen, da es in letzter Zeit gelungen ist, durch geeignete Verfahren aus den verschiedensten Tonen und Schiefertonen Blähtonerzeugnisse herzustellen. Als Ausgangsgesteine kommen daher nicht nur die Tone des Raumes, sondern auch Schiefertone, z. B. solche der Trias und des Jura in Frage.

Sand:

Die Sandgewinnung hat in letzter Zeit wieder an Bedeutung gewonnen, da der Kalksandstein als Baumaterial auch in unserem Gebiet Einzug gehalten hat und daher neue Kalksandsteinwerke entstanden. Da geeignete Sande aber im wesentlichen auf die Rheinebene beschränkt sind (selbst da nicht überall), ist die Entwicklung örtlich begrenzt, im ganzen aber zukunftsträchtig. Für andere Sande (Glassande usw.) ergeben sich kaum weitere Zukunftsmöglichkeiten.

Kalk- und Mergelstein:

Da weder der Rohkalkstein noch die aus Kalk- und Mergelstein hergestellten Erzeugnisse (Branntkalk, Zement usw.) in absehbarer Zeit durch andere Stoffe ersetzt werden können, ist die Zukunft der Kalk- und Zementindustrie trotz starker ausländischer Konkurrenz im Raume gesichert. Vorräte zumindest für Jahrzehnte sind in ausreichender Menge vorhanden, wobei bei dieser Feststellung vor allem von der Voraussetzung ausgegangen wird, daß die Produktion keine wesentliche Steigerung mehr erfährt, was allerdings keineswegs sicher ist. Neue Verwendungsmöglichkeiten sind denkbar, auch ist die Verlagerung von Betrieben mit erschöpfender Rohstoffbasis von außen her in das Modellgebiet denkbar. Aufgabe der Planung hat es unter diesen Umständen zu sein, Gebiete mit hochwertigen Vorkommen von anderen Beanspruchungen freizuhalten.

Kies und Kiessande:

Die künftige Entwicklung der Förderung hängt vornehmlich entweder von einer Ausweitung des Siedlungs- und Straßenbaues über den gegenwärtigen Stand hinaus oder gegenteilig von Schrumpfungsvorgängen im Bauwesen ab. Ähnlich wie beim Kalk- und Mergelstein gilt auch vom Kies, daß an eine Verdrängung durch andere Rohstoffe in nächster und weiterer Zukunft kaum gedacht werden darf.

Über den Zwang eines häufigen Standortwechsels wurde bereits berichtet. Da gegenwärtig (1965) etwa schon 400 ha, das sind 2 % der Gesamtfläche des Niederungsgebietes, entweder bereits abgekiest oder in Nutzung stehen, weitere 2 % von den einzelnen Betrieben zuerworben wurden, bilden der Raumbedarf der Kiesindustrie — Abkiesungsgelände und Verkehrswege — als solcher sowie die Auswirkungen auf Wasserhaushalt, Landschaftsstruktur usw. für die Planung ein ernstes Problem (HÜNERFAUTH 1966). Bedingt durch die starke Raumbeanspruchung wird eines Tages die Notwendigkeit bestehen, zu überprüfen, ob nicht zumindest stellenweise die Möglichkeit bestünde, Kies aus größerer Teufe als 20 m zu fördern. Nach HÜNERFAUTH (1966) sollen die Kieslager unterhalb einer Teufe von ungefähr 20 m mangelnder Güte halber nicht bauwürdig sein, jedoch bedarf dies wenigstens in dieser Verallgemeinerung einer Überprüfung. Zugunsten einer Ersparnis an Raum in einer Gegend, die ohnehin nicht nur in dieser Hinsicht bereits aufs höchste beansprucht ist, müßten seitens der Kiesindustrie die mit dem „Tiefergehen" verbundenen, erhöhten Förderkosten in Kauf genommen werden.

Ausweichsmöglichkeiten auf die Gewinnung älterer Terrassenablagerungen im linksrheinischen Gebiet zwischen der Talaue und dem Abbruch des Pfälzer Waldes bieten sich aus den verschiedensten Gründen, nicht zuletzt wegen der meist mangelnden Güte nicht an.

VI. Die Gewinnung mineralischer Rohstoffe und die Raumplanung

Der Planung fallen zwei grundsätzlich verschiedene Aufgaben zu, nämlich Überlegungen über das weitere Schicksal aufgelassener Abbaustellen und vorausschauende Planung zur Sicherung wichtiger Rohstoffvorkommen.

a) Aufgelassene Abbaustellen

Überlegungen sind anzustellen über Verwendung, Nutzung und Gestaltung.
Steinbrüche, Tongruben usw.:

Verwendung als Müllabladeplatz (Absicherung gegen Grundwasserverschmutzung) siehe MÜLLER (1967), als Schieß- und Sportplätze, Erhaltung als geologische Naturdenkmale, Aufforstung, Rekultivierung, Nutzung alter Halden als Schüttungsmaterial.

Schächte und Stollen: Absicherung, Baugrunduntersuchungen bei Bebauung.

Kiesbaggereien: Auffüllung und Rekultivierung, Einrichtung von Bädern, Wassersport,

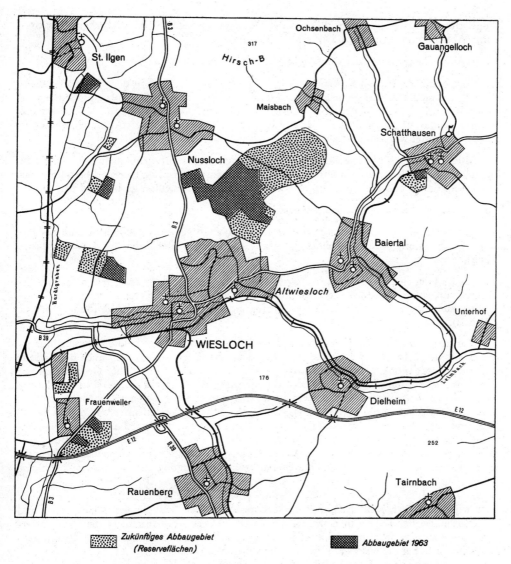

Abb. 2: Verkleinerter Ausschnitt aus dem Flächennutzungsplan 1963

Vogelschutzgewässer, Fischerei, Biologische Versuchsstationen, Rückhaltebecken, Bewässerung (Absicherung gegen Grundwasserverseuchung).

b) In Abbau befindliche oder für den Abbau vorgesehene Lagerstätten

Dort, wo Betriebe mit wirtschaftlicher Zukunft bestehen, sind in den Raumordnungsplänen, besonders in den gemeindlichen Flächennutzungsplänen Erweiterungsgebiete auszuweisen und die betrieblichen Notwendigkeiten bei der Ortsplanung zu berücksichtigen. Auch wird darauf zu achten sein, daß nicht durch Raubbau volkswirtschaftlich wertvolle Güter vergeudet werden.

Besondere Dringlichkeiten ergeben sich bei den Kalksteinvorkommen um Wiesloch, beim Ton- und Klebsandvorkommen Hettenleidelheim-Grünstadt; hier sind besonders die Bodensenkungen und die Änderungen der Grundwasserverhältnisse zu berücksichtigen,

bei den Kiesvorkommen der Rheintalebene,

bei den Hartsteinvorkommen im Odenwald; bei Neuanlage von Brüchen müssen die Belange des Erholungswesens besonders berücksichtigt werden (Landschaftsbild, Lärmbelästigung).

Als Beispiel einer vorsorglichen Planung wird ein verkleinerter Auschnitt aus dem Flächennutzungsplan Wiesloch, der freundlicherweise von der Kreisverwaltung des Landkreises Heidelberg, Planungsstelle, zur Verfügung gestellt wurde, als Abbildung gebracht (Abb. 2).

Voraussetzung für die Möglichkeit, die künftige Entwicklung in die Raumordnungspläne einzubeziehen, ist die genaue Kenntnis der bekannten Lagerstätten nach Beschaffenheit und Ausdehnung. Über die Landesplanung i. e. S. hinaus führen aber Gedankengänge zur Nutzbarmachung bisher nicht oder nur ungenügend bekannter Lagerstätten. Hauptträger dieser Aufgabe ist hier die Geologie, insbesondere die Lagerstättenforschung. Da aber im Modellgebiet die geologisch-lagerstättenkundlichen Verhältnisse hinlänglich genug bekannt sind, werden Untersuchungen in dieser Hinsicht kaum etwas Neues erbringen, obwohl Überraschungen auch hier nicht ausgeschlossen sind (s. o.). Diese Feststellung gilt allerdings mit einer Einschränkung, nämlich was die Kieslager der Rheinebene anbetrifft. Auf die Schwierigkeiten, die sich der planerischen Bewältigung der besonderen Probleme der Kiesgewinnung entgegenstellen, wurde bereits hingewiesen. Die Sache selbst macht die Aufstellung eines Kies-Gewinnungsplanes mit einer Laufzeit von etwa 20—30 Jahren nicht nur wünschenswert, sondern unbedingt geboten. Da aber Ausdehnung, Mächtigkeit und Beschaffenheit der Lager im einzelnen der Öffentlichkeit, ja selbst nicht den Fachdienststellen, genugsam bekannt sind, müßten unter Beteiligung der Wasserwirtschaft von geologischer Seite her die wissenschaftlichen Grundlagen für einen Kies-Plan erarbeitet werden. Erst wenn von dieser Seite her die Voraussetzungen geschaffen sind, was allerdings mit einem nicht unerheblichen Kostenaufwand verbunden sein würde, können die heiklen Verhandlungen zwischen den Behörden (Planung, Geologie, Wasserwirtschaft, Landschaftspflege) auf der einen Seite und der Vielzahl der Kiesbaggereien andererseits mit dem Ziel eines Abbauplanes aufgenommen werden. Erschwerend kommt dazu, daß auch die Gemeinden und privaten Grundstückseigentümer ihre starken Sonderinteressen wahrzunehmen bestrebt sein werden. Dem Abkiesungsplan hätte sich ein Landschaftspflegeplan anzuschließen (WEINZIERL 1965).

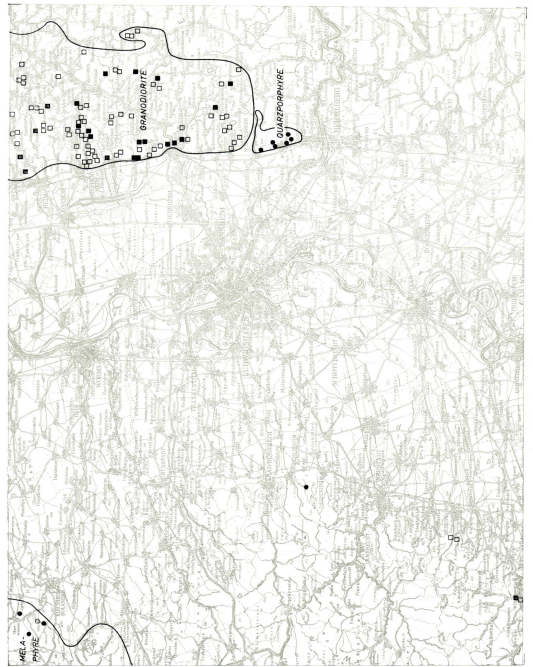

Abb. 3: Tiefen- und Ergußgesteine, Metamorphite

Zu Abbildung 3:

⬯ *HAUPTVERBREITUNGSGEBIETE*

TIEFENGESTEINE UND KRISTALLINE SCHIEFER
(GRANIT, DIORIT, GNEIS, UNTERGEORDNET AUCH
ERGUSSGESTEINE)

ERGUSSGESTEINE
(QUARZPORPHYRE, MELAPHYRE, BASALT)

- ■ *ABBAUSTELLE IN BETRIEB*
- ☐ *ABBAUSTELLE STILLGELEGT*

- ● *ABBAUSTELLE (IN BETRIEB)*
- ○ *ABBAUSTELLE (STILLGELEGT)*

STAND: HERBST 1968

0 2 4 6 8 10 km

Zu Abbildung 4:

KALK - UND MERGELSTEINE

⬯ *HAUPTVERBREITUNGSGEBIETE*

○   KALK UND MERGEL

☐   SANDSTEIN

- ● *ABBAUSTELLE (IN BETRIEB)*
- ○ *ABBAUSTELLE (STILLGELEGT)*
- ■ *ABBAUSTELLE (IN BETRIEB)*
- ☐ *ABBAUSTELLE (STILLGELEGT)*

STAND: HERBST 1968

0 2 4 6 8 10 km

Abb. 4: Kalk- und Mergelsteine

Zu Abbildung 5:

TON, SCHIEFERTON UND LEHM

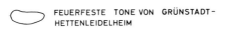 FEUERFESTE TONE VON GRÜNSTADT-HETTENLEIDELHEIM

■ *ABBAUSTELLE (IN BETRIEB)*
□ *ABBAUSTELLE (STILLGELEGT)*

STAND: HERBST 1968

0 2 4 6 8 10 km

Abb. 5: Ton, Schieferton und Lehm

Zu Abbildung 6:

KIESE UND SANDE
HAUPTVERBREITUNGSGEBIETE

■ ABBAUSTELLE (IN BETRIEB)
□ ABBAUSTELLE (STILLGELEGT)

STAND: HERBST 1968

0 2 4 6 8 10 km

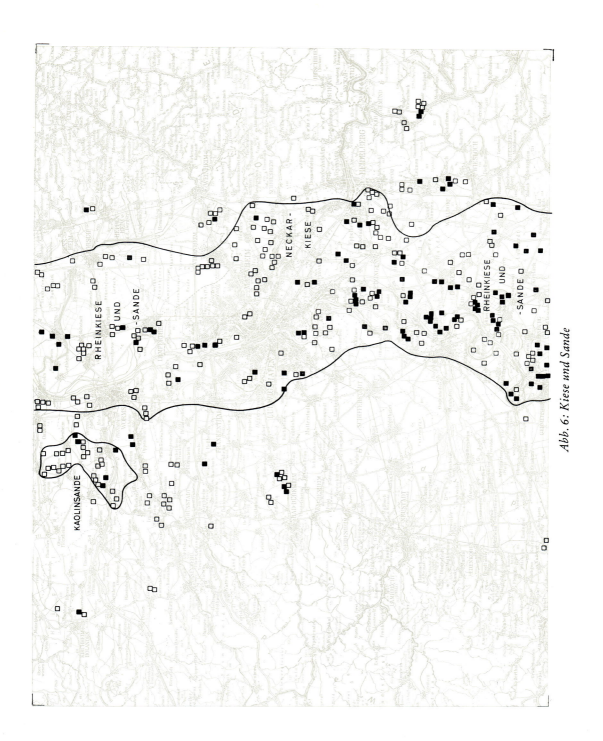

Abb. 6: Kiese und Sande

Zu Abbildung 7:

E - ERZE   (FÖRDERUNG EINGESTELLT)

△   ROTEISENSTEIN, BRAUNEISENSTEIN, PYRIT

NE - ERZE   (FÖRDERUNG EINGESTELLT)

▫ PbZn   BLEI-ZINKERDE
▫ Hg   QUECKSILBERERZE
▫ Cu   KUPFERERZE
Au   EHEMALIGE GOLD-(SILBER)WÄSCHE

MINERALE   (FÖRDERUNG EINGESTELLT)

⊘ Ba   BARYT
⊘ G   GRAPHITSCHIEFER
⊘ FS   FELDSPAT
▭   FARBERDE (UMBRA) AUS ERDIGER BRAUNERDE

KALKSTEIN   (FÖRDERUNG EINGESTELLT)

⊟   EHEMALS IM UNTERTAGEBAU GEWONNEN

ERDGAS UND ERDÖL

●   FELD IN FÖRDERUNG
○   FELD STILLGELEGT

STAND: HERBST 1968   0 2 4 6 8 10 km

Abb. 7: Gewinnung im Untertagebau: E-Erze, NE-Erze, Minerale, Kalkstein, Erdgas und Erdöl

Literaturhinweise

ANRDT, H., REIS, O., u. SCHWARZER, A.: Übersicht über Mineralien und Gesteine der Rheinpfalz. Geogr. Jh., 31/32, S. 119—262, München 1920.

BARTZ, J.: Die Schwerspatvorkommen im südlichen Odenwald. Notizbl. Hess. LAnst. f. Bodenforsch., 6. F., H. 1, S. 147—176, 5 Abb., 2 Taf., Wiesbaden 1950.

BRAUN, E. v.: Die mit Bundesmitteln unterstützte Uranprospektion der Jahre 1956—1962. Zusamgest. v. E. v. BRAUN, Schriftenreihe d. BMin. f. Wiss. Forsch., Forsch. u. Bildung, H. 5, S. 1 bis 111, 1 Karte, München 1965 (hier weiterer Schriftennachweis).

DIENEMANN, W., BURRE, O.: Die nutzbaren Gesteine Deutschlands, Bd. 1 und 2, 58 Abb., 58 Tab., Stuttgart 1929.

ERMANN, O.: Die Lagerstätten des Pfälzer Rotliegenden. Notizbl. Hess. LAnst. f. Bodenforsch., 6. F., H. 2, S. 75—86, Wiesbaden 1951.

HOPPE O.: Die Steinindustrie im kristallinen Odenwald, ihre geologischen Voraussetzungen und ihre wirtschaftsgeographischen Auswirkungen. Diss. Frankfurt 1965.

HÜHNERFAUTH, D.: Welche Forderungen ergeben sich aus den wasserwirtschaftlichen und landeskulturellen Wirkungen der Kiesausbeute in der pfälzischen Rheinniederung, namentlich innerhalb u. außerhalb der Hauptrheindämme? Referendararbeit, Wasserwirtschaftsamt Neustadt a. d. W., 1966.

KIRCHHEIMER, F.: Der einstige und jetzige Bergbau in Baden-Württemberg. In: Baden-Württemberg und seine Wirtschaft, Heidelberg 1955.

KOLB, M.: Die Natursteinindustrie des Pfälzer Waldes, des Nordpfälzer Berglandes und die des Odenwaldes mit angrenzendem Maintal. Zulassungsarb. z. Prüf. f. Lehramt an höh. Schulen (Geogr. Inst. Univ. Heidelberg), Heidelberg 1963, 90 S., 5 Abb., 9 Kart.

LEFERENZ, J.: Die Schotter- und Pflasterstein-Industrie in Baden. Dissert. Phil. Fak. d. Univ. Heidelberg, Heidelberg 1913.

MÜLLER, C.: Probleme des Müllanfalls und der Müllbeseitigung aus der Sicht der Landesplanung. In: Die Ansprüche der modernen Industriegesellschaft an den Raum (1. Teil), Forschungs- u. Sitzungsberichte der Akademie für Raumforschung und Landesplanung, Bd. XXXIII, Hannover 1967.

OSANN, A.-HEFFTER: Die Mineralien Badens. Stuttgart 1917.

RICHTER-BERNBURG, G.: Eingriffe in den Boden — ihr Nutzen und Schaden für Mensch und Landschaft. Naturschutz in Niedersachsen, 6. Heft 13/14, Hannover 1968.

RÜGER, L.: Geologischer Führer durch Heidelbergs Umgebung. Heidelberg 1928.

SCHREINER, A.: Die geologischen Verhältnisse von Baden-Württemberg in Hinblick auf das Vorkommen von Silikat-Rohstoffen. Silikat-Journal 1962, H. 7.

SEELIGER, E.: Die Paragenese der Pb-Zn-Erzlagerstätte am Gänsberg bei Wiesloch (Baden) usw. Jh. Geol. LAmt Baden-Württemberg, 6, 1963 (dort weitere Literatur), Freiburg/Br. 1963.

SICKENBERG, O.: In: Geologie und Lagerstätten Niedersachsens, 5. Bd.; Die Lagerstätten und ihre Bewirtschaftung, I. Abt., „Steine und Erden", Schrift. d. Wirtschaftswiss. Ges. z. Studium Niedersachsens N. F., Bremen-Horn 1951.

SPUHLER, L.: Einführung in die Geologie der Pfalz. Ver. Pfälz. Ges. For. Wiss., 34, Speyer 1957.

WEILER, W.: Pliozän und Diluvium im südlichen Rheinhessen. Notizbl. Hess. LAnst. f. Bodenforsch., 80, 81, Wiesbaden 1952, 1953.

WEINZIERL, H.: Kiesgrube und Landschaft, Teil III, Erfahrungen und Erfolge. Hsg. Bayr. IndVerb. Steine und Erden, Abt. Kies- u. Sandindustrie, i. Zusammenarb. m. d. Dtsch. Naturschutzring, Ingolstadt 1965.

Karten

JÜNGST, H.: Karte der Rhein-Mainischen Nutzbaren Steine und Erden, Bl. 1, Rheinhessen; Bl. 2, Starkenburg (Rhein-Main-Neckar), Landesplanungsgruppe Dr. Steder, Abt. Arbeitsplanung, Darmstadt 1935.

Manuskriptkarte der Bezirksregierung Rheinhessen-Pfalz (Landesplanung) nach L. SPUHLER: „Standorte der Tonindustrie".

Karte für das Großherzogthum Baden 1 : 50 000, nach der allgemeinen Landvermessung des Großherzoglichen militairisch topographischen Bureaus (1838—1849), Sectionen: Kirschhausen, Hemsbach, Mannheim, Heidelberg, Philippsburg und Sinsheim.

Topographischer Atlas von Bayern, 1 : 50 000, bearbeitet in dem topographischen Bureau des Königlich Bayerischen Generalquartiermeister-Stabs (ab 1850); Blätter: Lauterecken, Kirchheimbolanden, Kaiserslautern, Frankenthal, Pirmasens und Speyer.

Karte von dem Großherzothume Hessen 1 : 50 000, aufgenommen in das trigonometrische Netz der allgemeinen Landvermessung von dem Großherzoglichen Generalstabe (1823—1850), Sectionen: Alzey, Worms, Erbach und Virnheim.

Die Industrie der „Steine und Erden"
und ihr Zusammenhang mit Siedlungen, Bevölkerung
und Wirtschaft (1850–1914)

von

Helmut Jäger, Würzburg

I. Problemstellung

Gegen Ende des 19. Jahrhunderts haben zahlreiche Beschäftigte des Modellgebietes in der „Stein- und Erdenindustrie" ihren Lebensunterhalt gefunden. Sie hat verschiedene — bis heute nachwirkende — Erscheinungen und Vorgänge in den Bereichen Bevölkerung, Siedlung und Wirtschaft beeinflußt. Im Beitrag über die Lagerstätten der mineralischen Rohstoffe hat SICKENBERG dargelegt, daß die Gewinnung und Verarbeitung der „Steine und Erden" in der Wirtschaft des Modellgebietes im Verlaufe der Zeit erheblichen Schwankungen unterworfen war. Sie beruhen insbesondere auf Änderungen der Technik, des Verkehrs und des Zeitgeschmacks und im allgemeinen auf den Konjunkturschwankungen der gesamten Wirtschaft.

Obwohl sich die Wurzeln jenes Industriezweigs im Modellgebiet bis in die Römerzeit zurückverfolgen lassen, besteht keine kontinuierliche Entwicklung, vielmehr reichen die Anfänge der meisten unserer heutigen Betriebe oder ihrer direkten Vorläufer kaum über die Mitte des 19. Jahrhunderts zurück, viele sind erheblich jünger. Daher ist es angezeigt, bei der Frage nach den Beziehungen zwischen der Gewinnung und Verarbeitung von „Steinen und Erden" und Bevölkerung, Siedlung und Wirtschaft im Rahmen einer gegenwartsbezogenen Untersuchung nicht über die Zeit vor 1850 zurückzugehen.

Die Wirtschaftslage der Industrie der Steine und Erden ist dadurch gekennzeichnet, daß ihre einzelnen Zweige den Gipfel ihrer Entfaltung zu ganz verschiedenen Zeiten erreicht haben. Der Aufschwung der Gewinnung und Verarbeitung von festen Natursteinen setzt nach 1870 ein, und zwar im Zusammenhang mit Repräsentativbauten, dem Ausbau von Bahnlinien und Landstraßen, dem Bau von öffentlichen Gebäuden, Kasernen, Festungen am Rhein, Rheinbrücken, der zunehmenden Verwendung von Steinen im Wohnungsbau und dem Bedarf der sich entfaltenden chemischen Industrie an säurefesten Steinen. Annähernd gleichzeitig beginnen im Zusammenhang mit der lebhaften Bautätigkeit als Begleiterscheinung des allgemeinen wirtschaftlichen Aufschwungs die Ziegeleien ihre Produktion auszuweiten. Zur Gegenwart hin brachte der 1. Weltkrieg eine deutliche Zäsur. Der sich bereits ab 1910 infolge des Vordringens von Kunststeinen und Stahlbeton abzeichnende Rückgang in der Sandstein- und Granit-Werksteinindustrie verschärfte sich während der Kriegszeit und der krisenvollen Nachkriegsjahre infolge des geringen Bauvolumens und von Sparmaßnahmen zu einem schwerwiegenden Schrumpfen des Industriezweiges. In die gleiche Periode fällt eine Umstrukturierung der Grabsteinindustrie des kristallinen Odenwaldes und im Zusammenhang mit dem Vordringen des Betons und Kunststeins die erhebliche Ausweitung der Gewinnung von Kies und Sand. Die 1873 erbaute Zementfabrik in Heidelberg hatte 1885 bereits 140, eine andere in Mannheim 120 Arbeiter (Großherzogtum Baden 1885, S. 484), schon 1895 wurde als Nachfolger der Heidelberger Fabrik das bedeutende Zementwerk „Leimen" errichtet. Da auch in anderen Bereichen der „Stein- und Erdenindustrie" der 1. Weltkrieg und seine Folgezeit erhebliche Veränderungen mit sich brachten, markiert das Jahr 1914 einen deutlichen Haltepunkt.

Der ursprüngliche Plan, die Industrie der „Steine und Erden" für bestimmte Zeitpunkte ihrer Entwicklungsabschnitte quantitativ darzustellen, mußte wegen erheblicher statistischer Lücken und der völligen Inkompatibilität der Erhebungen — sowohl der verschiedenen Staaten wie zu unterschiedlichen Zeitpunkten — unterbleiben. Die Darstellung besitzt daher vornehmlich einen qualitativen und exemplifizierenden Inhalt. Da eine große Zahl primärer und sekundärer Quellen sowie neue Veröffentlichungen herangezogen wurden, dürften trotz mancher Materiallücken in den Einzelheiten doch die wesentlichen Zusammenhänge heraustreten.

II. Stellung der Industrie „Steine und Erden" in der Gesamtwirtschaft, Standorte

Mangels ausreichender statistischer Unterlagen können weder Zahlen für das Modellgebiet als Ganzes noch in allen sachlich angezeigten Fällen die erwünschten Zahlenrelationen vorgelegt werden. Die amtliche Statistik bringt meist nur Daten für die kleineren Verwaltungsbezirke (Amtsbezirke, Kreise), nicht jedoch für die einzelnen Gemeinden. Die heutigen Betriebe besitzen in der Regel aus ihrer Frühzeit keine Zahlenangaben, viele Firmen aus der Vorkriegszeit bestehen nicht mehr. Daher wird es auch bei noch so langer und gründlicher Arbeit nicht möglich sein, lückenlose Standortkarten für bestimmte Zeitpunkte zu erarbeiten. Auch der Versuch, aus der amtlichen Statistik Entwicklungslinien herauszuarbeiten, stößt auf Schwierigkeiten, weil die Industriegruppe und die ihr entsprechende Berufsgruppe „Steine und Erden" in den verschiedenen Erhebungen nicht gleichartig definiert wird.

Es stehen jedoch regionale und örtliche Zahlen zur Verfügung, die wenigstens relative und qualifizierende Aussagen, vor allem auch über die Stellung der „Stein- und Erdindustrie" im gesamtdeutschen Rahmen erlauben. Überraschenderweise war sie nach der Zahl der Erwerbstätigen nicht besonders stark. Unter den kleineren deutschen Verwaltungsbezirken (Ämtern, Kreisen) rangierte im Jahre 1882 im Beschäftigungsanteil der Berufsgruppe „Steine und Erden" das Bezirksamt Kaiserslautern (ohne Stadt), dessen östlicher Teil in das Modellgebiet reicht, dank vor allem seiner Steinbruch-Industrie an 80. Stelle. Von 1000 Einwohnern waren 44,5 in der Berufsgruppe „Steine und Erden" tätig; es folgten aus dem Modellgebiet der Amtsbezirk Heidelberg (ohne Stadt) an 85. Stelle, der Kreis Heppenheim an 87., der Amtsbezirk Schwetzingen dank Ziegeleien[1]) an 107., das Bezirksamt Frankenthal an 121., der Kreis Erbach an 148. und das Bezirksamt Kirchheimbolanden an 150. Stelle. Noch geringer war der Anteil der Berufsgruppe in den anderen Bezirken, sieht man von Mannheim mit seiner Glasindustrie ab. Daß die Steinbruchindustrie im benachbarten Maingebiet zwischen Obernburg und Wertheim eine größere Be-

---

[1]) In Brühl, Ketsch, Neckarsau, Seckenheim.

deutung für die Bereitstellung von Arbeitsplätzen gehabt hat, zeigt die gleiche Quelle: Der Amtsbezirk Wertheim lag an 28., das Bezirksamt Marktheidenfeld an 46. Stelle, in beiden entfielen auf 1000 Einwohner 72,8 bzw. 55,7 Berufstätige der Gruppe „Steine und Erden" (Statistik des Deutschen Reiches). Auf Landesebene war die Stellung des Industriezweiges relativ bedeutend. Von allen badischen Landkreisen besaßen im Jahre 1882 Mannheim (Ziegel, Zement, Steinbearbeitung, Glas) und Heidelberg (Natursteine, Zement) mit Abstand pro 1000 Einwohner die meisten Angehörigen der Berufsgruppe „Steine und Erden". Unter sämtlichen Industriezweigen wurde sie nur von den Gruppen „Nahrungsmittel", „Bekleidung" und „Baugewerbe" übertroffen.

Wenn dennoch im Gesamtgebiet die absolute Zahl der Berufstätigen im Sektor „Steine und Erden" relativ gering war, so deshalb, weil noch immer die Masse der Bevölkerung in den traditonellen Berufsgruppen der Land- und Forstwirtschaft, Holzstoffe, Bekleidung und Baugewerbe tätig war. In der ehemaligen hessischen Provinz Starkenburg z. B., zu der das nordöstliche Modellgebiet gehört, zählte um 1900 die „Stein- und Erdenindustrie" 144 Betriebe mit 2942 Arbeitern bei einer Gesamteinwohnerzahl von 489 512 Einwohnern (CHELIUS 1900, S. 415). In den ehemaligen badischen Kreisen Mannheim und Heidelberg waren 1882 immerhin bei 436 304 Einwohnern 8072 Personen in „Steine und Erden", beschäftigt (Großherzogtum Baden 1885, S. 342).

Da sich die „Stein- und Erdenindustrie" im Zusammenhang mit Lagerstätten und Verkehrswegen in einzelnen Teilen des Modellgebietes konzentrierte, kam ihr dort eine erhebliche, vereinzelt eine beherrschende Stellung zu. Das war der Fall im Neckartal von Neckargemünd bis Hirschhorn (Buntsandsteinbrüche) und weiter den Neckar aufwärts, im kristallinen Odenwald bei Dossenheim (Porphyr-Schotter), östlich Heppenheim (Granit-Diorit-Werksteine) und im Eisenberger Becken (Ton- und Sandgewinnung und -verarbeitung). So waren im Jahre 1907 im Kreis Heppenheim 960 und im Kreis Bensheim 634 Erwerbstätige in der Steinindustrie beschäftigt (Statistik des Deutschen Reiches), die Zahlen für die Jahre 1882 und 1895 liegen in der gleichen Größenordnung. In anderen Abschnitten des Neckartales und in sonstigen Bereichen des Odenwaldes, im Pfälzer Wald, insbesondere entlang der Verkehrslinien, nahm die Industrie der Steine und Erden eine wichtige, wenn auch keine überragende Stellung ein.

Die heute in der Oberrhein-Niederung, der Haardt-Ebene und anderen Teilräumen (vgl. LOEST 1967, S. 47—50) verbreiteten Abbauflächen von Ziegeleien reichen selten, und zwar nur in kleinflächigen Vorkommen, vor die Mitte des 19. Jahrh. zurück, wenn auch schon 1220 für Ziegelhausen eine Ziegelbrennerei bezeugt ist (SCHAAB 1966 I, S. 317). Im Zusammenhang mit der Ausdehnung der Bebauung vergrößerte sich seit der Zeit um 1850, verstärkt nach 1870 die Zahl der Ziegeleien, so daß vor allem an der Peripherie der rasch anwachsenden Städte Betriebe entstanden, andere lagen im freien Terrain. Besonders mit der Einführung der Dampfmaschine vergrößerten seit den 1880er Jahren einzelne Ziegeleien ihre Anlagen und Produktion so erheblich, daß nun die zugehörigen Tongruben erhebliche Flächen einnahmen. Neben der Rohstofforientierung werden mit der Technisierung des Verkehrs seit dem Bau der ersten Eisenbahnen um die Jahrhundertmitte für ihre Lage die Schienenwege und ausgebauten Landstraßen immer wichtiger. Im Vergleich zu den größeren Steinbruchbetrieben war die Zahl der Arbeiter selbst in den größten Ziegeleien bescheiden; so beschäftigte 1882 die zu den größten Betrieben der Branche zählende Heidelberger Dampfziegelei nur 45 Kräfte (Großherzogtum Baden 1885, S. 484). Die Zahl der Ziegeleien hat sich seit dem Ende des 19. Jahrh. nicht mehr erheblich verändert, allenfalls ist sie im Zusammenhang mit Konzentrationen geschrumpft. Neugründungen steht die Aufgabe vieler Betriebe gegenüber.

Auch die Gewinnung von Sand reicht weit ins Mittelalter zurück, jedoch waren noch um 1850 die zahlreichen, meist unter 0,25 ha großen Sandgruben und die seitdem sich ausbreitenden, jedoch nicht größeren Kiesgruben winzige Objekte im Raume. Im Zusammenhang mit einer erheblichen Steigerung der Bautätigkeit verstärkte sich die Gewinnung von Sand und Kies. Die größten Sandgruben gab es in der Rhein-Ebene; ihre Grundfläche lag um 1890 bei 6 ha, während die Dimensionen der Kiesgruben erst mit stärkerer Zunahme des Betonbaus vom Ende des Jahrhunderts ab erheblich gewachsen sind.

Die Zahl der Arbeitskräfte je Betrieb schwankte erheblich. Die wenigen größten Betriebe der Steingewinnung und -verarbeitung umfaßten während der Hochkonjunktur um 1912 kaum mehr als 250 bis 300 Arbeitskräfte, die bei der Steinbruchindustrie auf mehrere Brüche verteilt waren. Die Firma „Pfälzische Schamotte- und Tonwerke", eine der größten des Eisenberger Beckens, beschäftigte im Jahre 1905 in ihren verschiedenen Betrieben zusammen 314 Erwerbstätige (SCHÄFER 1959, S. 87). In den meisten Firmen und deren Einzelbetrieben arbeiteten kleinere Gruppen, vielfach nur ein halbes Dutzend oder weniger bis zu ein und zwei Dutzend Kräften. HOPPE (1965, S. 82) rechnete daher für die Steinindustrie der Jahrhundertwende Betriebe mit 10 und mehr Beschäftigten zu den Großbetrieben. Im ganzen jedenfalls waren es bescheidene Zahlen im Vergleich etwa zur Schwerindustrie (Friedrich Krupp in der Gußstahlfabrik Essen im Jahre 1904: 25 000 Beschäftigte).

Siedlungen, in denen die Berufszugehörigkeit zur Gruppe „Steine und Erden" so stark dominierte, daß sie die Struktur des Ortes maßgebend bestimmte, waren selten. Zu den unverkennbaren Steinhauerdörfern gehörten Dossenheim (s. S. 62) und mehrere Orte östlich Heppenheim, zu den Siedlungen mit wirtschaftlichem Schwerpunkt in der Erdindustrie Hettenleidelheim und Eisenberg (s. u.).

Die Qualität verschiedener Erzeugnisse der „Stein- und Erdenindustrie" war hoch. Ihre Produkte nahmen innerhalb des südwestlichen und westlichen Deutschlands eine bedeutende Stellung ein. Die Ton- und Schamottewaren des Eisenberger Beckens wurden und werden auch nach Norddeutschland und ins Ausland versandt.

III. Bevölkerungsbewegung und -struktur

In den Orten, wo die „Stein- und Erdenindustrie" stärker vertreten war, hat sie die Bevölkerungsbewegung und -struktur erheblich beeinflußt. Wie eng die konjunkturellen Wechsellagen des Industriezweigs mit der Entwicklung der Bevölkerungszahlen in den Siedlungen mit größerem Anteil der Berufstätigen der Gruppe „Steine und Erden" verknüpft waren, zeigt die Einwohnerstatistik. So nahmen z. B. in fünf Steinhauer-Orten des kristallinen Odenwaldes östlich Heppenheim die Einwohnerzahlen von 1861 bis 1910 um 44 % zu, während sich im gleichen Zeitraum in fünf benachbarten, jedoch agrarisch strukturierten Dörfern nur eine Zunahme um 17 % ergab. Wie HOPPE (1965, S. 86) feststellte, beruhte diese Vermehrung der Einwohnerzahl auf erhöhten Kinderzahlen dank gestiegener Löhne in der Steinbruchindustrie und des weiteren auf dem Zuzug auswärtiger Arbeitskräfte.

Ein ganz ähnliches Bild der Bevölkerungsentwicklung ergibt sich im Pfälzer Tongruben- und Klebsandgebiet. In der Zeit von 1885 bis 1914 stieg die Einwohnerzahl in Hettenleidelheim von 1305 auf 2056, in Eisenberg von 1762 auf 3230. Das Anwachsen, das sich bis 1914 fortsetzte, ging ebenfalls auf eine höhere Geburtenzahl im Zusammenhang mit gestiegenem Einkommen und auf eine erhebliche Zuwanderung zurück. Auch in kleinen

Städten, die wie Lindenfels/Odenwald eng mit der Steinindustrie verbunden waren, erhöhte sich zwischen 1880 und 1910 die Einwohnerzahl sprunghaft (KOLB 1963, S. 38). Der Industrie der „Steine und Erden" kommt im Modellgebiet nicht nur ein Anteil am Abebben der Auswanderung zu, sie hat darüber hinaus fremde Arbeitskräfte angezogen. Zu überwiegendem Teil wurden die Arbeiter aus den Standorten der Industrie selbst sowie aus den überwiegend agrarisch gebliebenen Gemeinden der Umgebung gewonnen. Spezialisten kamen jedoch von weither. Im kristallinen Odenwald wurden in der Blütezeit der Werksteinindustrie vor dem 1. Weltkrieg Wanderarbeiter aus dem Bayerischen Wald und italienische Steinmetzen beschäftigt. Allein in den Granitbrüchen bei Sonderbach und Kirschhausen waren um 1905 rund 50 Italiener, im Schriesheimer Porphyrwerk etwa 40 Italiener als Saisonarbeiter tätig, von denen einige ihre Familien nachkommen ließen und seßhaft geworden sind (KOLB 1963, S. 39 und 44). Um die gleiche Zeit waren ein Dutzend Facharbeiter aus Norditalien sowie den italienischen Sprachgebieten Österreichs und der Schweiz in den Quarz-Porphyr-Brüchen von Dossenheim beschäftigt; auch aus dieser Gruppe holten einige ihre Familien nach und wurden eingebürgert oder heirateten deutsche Frauen. Von ihnen leiten sich fünf der heutigen Dossenheimer Familien mit italienischen Namen ab (CONZELMANN 1966, S. 165).

In manchen Dörfern wirkte die Industrie der „Steine und Erden" als Schrittmacher für die berufliche Differenzierung der Bevölkerung. In vielen Fällen leitete sie den Übergang von Berufstätigen aus dem primären in den sekundären, ja tertiären Sektor der Wirtschaft ein. Sie beschäftigte nicht nur Unternehmer und Steinhauer, sondern auch Fuhrleute, Eisenbahner, Agenten sowie Steinmetze und Maurer. Für den Einfluß des Industriezweigs auf die berufliche Mobilität liegen besonders instruktive Belege aus Dossenheim vor. Dank der Konjunktur der dortigen Hartstein-Industrie wurden aus den Pferde besitzenden Dossenheimer Bauern reine Fuhrunternehmer, die als Agenten der Steinbruchpächter oder völlig selbständig neue Absatzgebiete erschlossen, ja auch Lieferverträge, selbst mit weiter entfernten Straßenbauinspektionen, eingingen (CONZELMANN 1966, S. 161).

Im Neckartal fiel die Ausdehnung der Sandsteinindustrie mit dem Rückgang des Weinbaus zusammen, so daß sich für die Weinhäcker, welche schwere Arbeit an steilem Hange gewohnt waren, Ersatzverdienste ergaben. Auch in der Pfalz erfüllte die Industrie der „Steine und Erden" überall dort eine Ersatz-Funktion, wo ihr Aufkommen mit dem Erlöschen des Bergbaus, der Hammerwerke, der Eisenverhüttung und Köhlerei zusammentraf (KOLB 1963, S. 20).

Das Eisenberger Becken mit seiner intensiven Ton gewinnenden und Ton verarbeitenden Industrie zeigt aufs deutlichste diesen sozialen Strukturwandel. Wie bereits SCHÄFER (1959, S. 125 ff.) festgestellt hat, bildete dort der Ackerbau bis in die Mitte des 19. Jahrhunderts die Hauptgrundlage für die Bevölkerung. Dann ergab sich durch den Abbau des Tons und Sandes eine Änderung der Berufsstruktur. Sie war in Eisenberg und Hettenleidelheim als den Zentren der sich rasch intensivierenden Industrie am stärksten. Zunächst wandelten sich die zahlreichen, mit der Realteilung verknüpft gewesenen Betriebe mit Tonausbeute, die mit der herkömmlichen Landwirtschaft verbunden waren, zu hauptberuflichen Tongräbereien. Im Zusammenhang mit der Tongewinnung bildete sich erstmals eine Arbeiterschicht, die außerhalb der Landwirtschaft voll beruflich tätig war. Die berufliche Differenzierung und Spezialisierung setzte sich fort durch den Übergang zum Tontiefbau. Er ließ einen Bergarbeiterstand als neue Gruppe entstehen. Auch der Aufbau bedeutender Schamottewerke mit größerem Stamm von Facharbeitern trug zur gesellschaftlichen Differenzierung bei. Da sich die Einheimischen nach und nach aus der nebenruflichen Landwirtschaft herauslösten, erstreckte sich der Übergang von einer sozialen Gruppe in die andere über einen längeren Zeitraum, und war dadurch frei von Krisenerscheinungen.

Was die soziale Stellung der Arbeiter in der Industrie „Steine und Erden" anbelangt, so war sie durchaus angesehen. Im Verhältnis zur bäuerlichen Bevölkerung ergaben sich Parallelen zur gegenwärtigen Situation. Da infolge Realteilung im bäuerlichen Grundbesitz der Nebenerwerb verbreitet war, gelangten Steinbrucharbeiter mit kleinem landwirtschaftlichem Betrieb, die sogenannten „Steinbauern", zu einem Einkommen in der Höhe der relativ bescheidenen Vollerwerbsbetriebe. Weithin konnten im Modellgebiet jene Nebenerwerbsbetriebe dank günstigen Klimaverhältnissen, vor allem an der Bergstraße und im Hügelland der Pfalz, Wein und mit noch höheren Einnahmen Tabak, Hopfen und Obst anbauen. Die Inhaber beider Betriebsgruppen waren sozial ebenbürtig, die „Steinbauern" standen in der Selbst- und Fremdeinschätzung über den Knechten, Tagelöhnern und anderen Arbeitern. In den Orten mit nennenswerter „Stein- und Erdindustrie" nahm in direkter Abhängigkeit von ihr die Zahl einiger gewerblicher Berufe zu. Das gilt nicht nur für die oben angeführten Berufszweige, sondern auch für Wirte, Wagner, Schmiede, Sattler und Schuhmacher. Der hohe Anteil an handwerklichen Berufen hat sich in einigen Orten bis heute erhalten.

Alles in allem gehörte im Modellgebiet die Industrie der „Steine und Erden" zu den Agenzien für den verhältnismäßig raschen und im ganzen störungsarmen Übergang von der Agrar- zur Industriegesellschaft.

IV. Wirtschaft und Verkehr

Sechs Umstände führten nach 1870 die bis zum 1. Weltkrieg andauernde Konjunktur der „Stein- und Erdenindustrie" herbei:

1. die allgemeine wirtschaftliche Entfaltung insbesondere der Industrie und des Verkehrs,
2. der damit verbundene Ausbau der Eisenbahn in die Fläche,
3. der Bedarf an Pflastersteinen für den verbreiteten Straßenbau,
4. ein dem Naturstein günstiger Zeitgeschmack,
5. Neuerungen in der Betriebsorganisation, insbesondere der Übergang vom Klein- zum Mittel- und Großbetrieb,
6. die dadurch mögliche Technisierung.

Der Zeitgeschmack äußerte sich darin, daß seit der Jahrhundertmitte der Steinbau, zunächst vorwiegend mit Naturstein, in Mode kam. Sie erfaßte nicht nur öffentliche Bauten aller Art, vom Landgericht, der Kaserne und dem Krankenhaus bis zum Bahnwärterhaus, sondern auch die Gebäude von Privatpersonen. Der Jugendstil hat besonders gern Sandsteine in Villen verbaut; aber auch das kleine Einfamilienhaus des Handwerkers, des Arbeiter-Bauern und des Arbeiters im Modellgebiet erhielt oft einen Sockel, Außentreppen, Tür- und Fensterbegrenzungen aus Natursteinen.

Die Organisationsform vieler Betriebe änderte sich seit etwa 1890. Der aus dem Bauern- oder Handwerkertum erwachsene Kleinbetrieb wurde durch den kapitalstarken Großbetrieb abgelöst. Denn nur dieser besaß die Mittel, die notwendig gewordene Technisierung und damit Rationalisierung durchzuführen. Schienen, Wagen, Lokomotiven, Bremsberge, Drahtseilbahnen, Luftdruck-Bohrmaschinen, Gesteinsbrechanlagen und sonstige Großgeräte wurden bereits um die Jahrhundertwende in den fortschrittlichen Betrieben üblich. Banken gaben erhebliche Mittel für den Ausbau und die Neugründung von leistungsfähigen Betrieben. So erfolgte 1899 die Gründung der „Aktiengesellschaft für Steinindustrie" mit Sitz in Mannheim (heute: Deutsche Steinindustrie A.G.) unter Hilfe der damaligen „Pfälzischen Bank" in Ludwigshafen. Bereits um 1900 kam es aus Gründen der Rationalisierung und der Ausweitung des Absatzes zu Fusionen, ferner zum Aufkauf von leistungsfähigen Fremdbetrieben und zur Stillegung unrentabel gewordener eigener Nebenbetriebe (vgl. HOPPE 1965, S. 157 ff.). Mit dem Rückgang der Beschäftigtenzahlen in den Steinbrüchen bildeten sich neue Industrien.

Organisationsform und Produktionsziel der Steinbruchbetriebe haben die Reichweite des Absatzes entscheidend mitbestimmt. Mit dem Übergang vom kleinen Privatbetrieb zum Steinbruch der Gemeinde und dann eines noch rationeller arbeitenden Unternehmers — eines Privatmannes, des Staates (Eisenbahnverwaltung) oder einer G.m.b.H. — stieg die Steinproduktion und vergrößerte sich der Bereich des Versandes. Besonders gefördert wurde der Absatz in fernere Teile Deutschlands durch gebietsfremde Großfirmen: die weltbekannte Frankfurter Baufirma Ph. Holzmann hatte z. B. in Altleiningen (südwestlich Grünstadt) einen Bruch mit „gelblich-weißgeflammtem Vogesensandstein" erworben, der u. a. die Steine lieferte für die physikalischen und botanischen Institute, das Zivilkasino, die Synagoge und die Schlachthausbrücke in Straßburg, die Artilleriekaserne in Metz, den Bahnhof Hagenau und die Kasernenanlage in Mühlhausen. Die Firma Hüttich mit Sitz im Buntsandsteingebiet von Miltenberg/Main lieferte aus zwei ihrer Pfälzer Steinbrüche (u. a. bei Bad Dürkheim) weißgelben Sandstein für zahlreiche Staatsbauten in Süddeutschland. Pfälzer Sandstein aus dem Modellgebiet gelangte nicht nur in die verschiedensten Teile des südlichen Deutschlands, und zwar bis nach München, sondern auch in das Rheinland, nach Westfalen, ja bis Hamburg und Kiel. Bereits jenseits der Westgrenze des Modellgebietes, um Kusel und Lauterecken, befanden sich Brüche von Firmen aus Köln (Deutsche Werksteinbrüche), Miltenberg und Berlin (C. Winterhelt), aus Mannheim und Königswinter, die Steine bis Aachen, Bochum, Köln, Erfurt und Halle an der Saale zum Bau repräsentativer Verwaltungsgebäude des Staates, von Gesellschaften oder für große Villen lieferten.

Einflüsse von außen waren auch für die Entwicklung der Steinmetz-, Steinsägerei- und Steinschleifereiindustrie maßgebend (vgl. dazu HOPPE 1965). Vor allem die aus dem bayerischen Granitbezirk des Fichtelgebirges kommenden Steinmetze Böhringer und Kreuzer waren es, die im Auftrag einer Düsseldorfer Marmorfirma im Odenwald dunkle Hartgesteine für die neu aufgekommene Grabdenkmalmode suchten. Sie wurden die Gründer der noch bestehenden bedeutenden Firma Kreuzer und Böhringer, Granit- und Syenit-Werke, Lindenfels/Odenwald. Sie besitzt in Lindenfels und in Elmshausen Steinschleifereien, die heute allerdings vorwiegend Steine aus Schweden, Norwegen, Südafrika, Portugal und Brasilien verarbeiten. Aus der Firma Kreuzer und Böhringer spaltete sich das bedeutende Bensheimer Werk Kreuzer ab, das heute zu den größten deutschen Steinmetzbetrieben und Steinschleifereien gehört. Aus den Odenwälder Granit-Brüchen kamen vor dem 1. Weltkrieg ebenfalls Bausteine für Tief- und Hochbauten in den Städten der näheren und weiteren Umgebung, für Brücken in den Niederlanden und für Festungsbauten am Rhein.

Ein Transport der Steine über weite Entfernungen war erst möglich geworden, nachdem der Eisenbahnbau nicht allein die Hauptlinien, sondern auch die vielfach bis an oder in die Nähe der Steinbrüche führenden Nebenbahnen fertiggestellt hatte. Die wenigen großen Steinbrüche, die durch Gleise mit einem Bahnhof verbunden waren, hatten einen erheblichen Standortvorteil. In Einzelfällen, wie bei der Strecke von Heidelberg nach Weinheim über Dossenheim und Schriesheim, hatte die Steinindustrie einen wesentlichen Anteil an der Entstehung von Eisenbahnlinien. Die bedeutende Dossenheimer Firma Leferenz ließ aus ihrem großen Quarzporphyrbruch das gesamte gebrochene Steinmaterial auf dieser Bahn transportieren. Bereits vor dem 1. Weltkrieg verlagerte auch die Gemeinde Dossenheim aus Kostengründen den Steintransport aus ihrem eigenen Bruch auf diesen Schienenweg. Die bis Mannheim und von dort bis Heidelberg weitergeführte und mehrfach verbesserte Bahn ist nach dem letzten Krieg elektrifiziert worden und dient heute auch einem starken Personenverkehr (1962: 1,2 Mill. Fahrgäste).

Beim Bahnbau in der 2. Hälfte des 19. Jahrhunderts wanderte in den Unterbau der Gleise der sogenannte Kleinschlag, der aus Hartstein-Schottern (u. a. Basalt, Quarzporphyr) bestand. Brüche des kristallinen Odenwaldes und Hartstein-Brüche der Pfalz lieferten das Schottermaterial für den Eisenbahn- und den Chausseebau; Brücken, Stützmauern und Hochbauten der Bahnlinien wurden häufig aus Sandsteinen ausgeführt. Besonders der rötliche Buntsandstein aus dem Neckartal war wegen seiner Witterungsbeständigkeit beliebt für Brücken, für Ufer- und Flußbauten, wegen seiner Säurebeständigkeit für Eisenbahntunnel.

Auch der Massenabsatz der Rohstoffe für feuerfeste Materialien aus dem Eisenberger Becken entwickelte sich erst mit dem Ausbau der Verkehrswege. Hier war zunächst die kleingewerbliche, aber überregional bedeutende Tongewinnung Anlaß für den relativ frühen Bahnbau, der dann umgekehrt wesentlich auf die Ausbildung großer Betriebe gewirkt hat (SCHÄFER 1959). Entscheidend war der Eisenbahnanschluß Eisenbergs im Jahre 1876 an die Linie nach Worms und Ludwigshafen, von wo auf dem frachtgünstigen Wasserweg die Rohstoffe ins Rhein-Ruhr-Revier gelangten. Näher und frachtgünstiger, wenn auch mit der Eisenbahn bis zur Inbetriebnahme der Eistalbahn im Jahre 1932 umständlicher zu erreichen, war für die Schamotte-Industrie des Eisenberger Beckens die Schwerindustrie von Lothringen und dem Saargebiet.

V. Siedlungen

Da der Steinhauer lange Zeit als „Steinbauer" nebenberuflich Inhaber einer kleinen Landwirtschaft war, unterschieden sich seine früheren Wohn- und Wirtschaftsgebäude nicht von denen anderer Klein- und Nebenerwerbslandwirte. Auf geböschtem Untergrund war das bekannte Kleinbauernhaus mit Untergeschoßstall verbreitet, oft ergänzt durch eine Tabakscheune. In Dossenheim, das vor dem 1. Weltkrieg mit 400 Steinhauern bei ca. 550 Haushaltungen als „Steinbrecherdorf" gelten konnte, haben sich einige der damaligen Gebäude im Viertel unterhalb der Steinbrüche erhalten. Die meisten der ehemaligen Steinhauer-Häuser sind jedoch in den letzten Jahren mehr oder weniger verändert worden, da sowohl Viehhaltung wie Acker- und Tabakbau aufgegeben wurden.

Den Wohnstallhäusern der „Steinbauern" des Odenwaldes standen in der Pfalz andere Schrumpf- und Kümmerformen mitteldeutscher Hofanlagen der Steinhauer gegenüber; diese Bevölkerungsgruppe nahm auch hier eine sozial geachtete Stellung ein (vgl. S. 60), weil sie zu den Handwerkern rechnete. Ihre Gebäude unterschieden sich in nichts von denen anderer Handwerker mit Nebenerwerbslandwirtschaft, sofern nicht Werkstätten mit dem Betrieb verbunden waren. Im Eisenberger Becken traten bei den Gebäuden der Ton- und Sandgräber stärker Elemente des städtischen Wohnhauses hervor. Nur die engen Einfahrtstore in schmale Höfe mit kleinen Wirtschaftsgebäuden unterschieden ihre Anwesen von Wohnhäusern, deren Bewohner ohne jeden agrarischen Nebenerwerb waren. Da Ziegelsteine (Backsteine) und als Sockel- sowie Randsteine sorgfältig behauene Sandsteine anstelle des älteren Fachwerks verwandt wurden, verstärkte sich der Eindruck von Gebäuden einer nichtagrarischen Bevölkerung. In Pfälzer Dörfern mit benachbarten Steinbrüchen waren und sind Natursteine als Baumaterial in Wohn- und Wirtschaftsgebäuden weit verbreitet, weil sich auch Gruppen mit bescheidenem Einkommen dank minimalem Transportaufwand Natursteine leisten konnten. So wird in den Medizinisch-topographischen Berichten[2]), die für die 1860er Jahre aus der Pfalz vorliegen, mehrfach auf die Zusammenhänge zwischen der Verwendung von Sandsteinen und anderen Natursteinen beim Bau der Gebäude und der Verfügbarkeit billiger Steine hingewiesen. Sofern Gebäude aus Lehmfachwerk fortbestanden, gehörten sie meist zur ärmsten Bevölkerungsgruppe. Jedenfalls hat das dörfliche Natursteingewerbe, das sich oft im Bereich der Gemeinde befand, einen erheblichen Anteil am Verschwinden des Fachwerks im Modellgebiet gehabt.

Die Steinbruchindustrie hat nicht allein gesellschaftliche und bauliche Innovationen gefördert, sondern auch zur Verbreitung technischer Neuerungen beigetragen. Dazu gehört nicht nur die Anwendung neuer Maschinen und Abbauverfahren, sondern örtlich auch die Einführung der Elektrizität. So sah sich die Gemeinde Dossenheim im Jahre 1899 gezwungen, um den gemeindeeigenen Steinbruch im Wettbewerb mit dem technisch modern ausgerüsteten Betrieb der Firma Leferenz (s. S. 62) aufrechterhalten zu können, eine leistungsfähige stationäre Dampfmaschine aufzustellen. Es wurde eine für die damalige Zeit beachtliche Maschine mit 130 PS beschafft, die seit 1904 neben den Anlagen des Steinbruchs zusätzlich die gesamte Gemeinde mit elektrischem Strom versorgte (CONZELMANN 1966, S. 166).

VI. Landschaftliche Relikte

Über viele der ehemaligen Sand- und Tongruben, insbesondere die großflächigen, welche Ende des 19. Jahrh. an der damaligen Peripherie der Städte entstanden waren, ist im 20. Jahrhundert die Besiedlung der sich erweiternden Städte hinweggegangen. Daher haben sich selten Reste erhalten. Nur in den zeitgenössischen Karten läßt sich ihre ehemalige Existenz mit topographischer Genauigkeit nachweisen.

Ein großer Teil der ehemaligen Gewinnungsstätten von Steinen hat sich erhalten. Groß ist die Zahl der völlig funktionslosen Objekte. Verbreitet sind in den Blockmeeren des Odenwaldes die Spuren (Keillöcher, Schnitte) ehemaliger Bearbeitung an größeren Blöcken, den sogenannten Findlingen. Es sind außerhalb der römischen Steinbrüche die Relikte der Steingewinnung im Einmann- oder Kleinbetrieb, die bis an die Schwelle der Gegenwart, am stärksten Ende des 19. Jahrhunderts ausgeübt wurde. Groß ist die Zahl der aufgelassenen Kleinbrüche von Kommunen oder kleinen Betrieben aus der Mitte und zweiten Hälfte des 19. Jahrhunderts in vielen Wäldern, insbesondere in den Tälern des Modellgebietes. Eine ganze Kette von kleinen und recht großen aufgelassenen Brüchen des Buntsandsteins zieht sich oberhalb Heidelberg entlang der Hänge des Neckartals. Vielfach ist wieder Wald auf die Sohlen und Halden der Brüche vorgedrungen, nur ihre roten Sandsteinwände, von Laien oft als Naturklippen angesprochen, sind vom Schiff oder der Straße aus deutlich zu erkennen.

Der kleinere Teil der Relikte, die aus der älteren Entwicklungsphase der Stein- und Erdenindustrie überkommen sind, hat inzwischen eine andere Aufgabe erhalten und ist

---

[2]) Bayer. Staatsbibliothek München, Handschriftenabteilung Cgm 6874, Bände 36 Dürkheim, 49 Frankenthal, 87 Kirchheimbolanden. — Die Zitate daraus verdanke ich Herrn Dr. HEINRICH LAMPING, Geographisches Institut der Universität Würzburg. Er machte mich auf diese Quellen aufmerksam und war mir bei der Beschaffung auch weiterer Unterlagen behilflich.

damit in das gegenwärtige Funktionssystem des Raumes integriert. Diese Objekte gehören vor allem den Bereichen „Erholung" und — ein zunächst paradoxer Tatbestand — „Landschafts- und Naturschutz" an (vgl. SCHULTZE 1967, S. XII).

Zu den wenigen Naturschutzgebieten außerhalb des geschlossenen Waldes zählen zwei jeweils 12—15 ha große Flächen ehemaliger Steinbrüche. Sie liegen im Buntsandstein (südl. Ebertsheim) und tertiären Kalkstein (Saukopf westl. Immesheim), sind seit 1914 aufgelassen und haben sich seitdem spontan begrünt. Aufgrund ihrer besonderen ökologischen Verhältnisse haben sich insbesondere auf den trockenen Halden Trockenrasengesellschaften angesiedelt. Diese Steinbruchkomplexe mit ihrem Gewirr von Steilwänden, Sohlen, Halden, tief eingeschnittenen Hohlwegen sind des weiteren Refugien für Insekten und andere Kleintiere. Im Hinblick auf die allgemeine Diskussion über die Rekultivierung aufgelassener Bergbau- und sonstiger Industrieflächen sei hervorgehoben, daß der Reiz und Charakter jener „Naturschutzgebiete" gerade durch den „wilden" Zustand infolge des Fehlens jeglicher Rekultivierungsmaßnahmen hervorgerufen wird. Das sollte beachten, wer eine Rekultivierung der rund 100 ha großen Ödflächen des Bergbaus zwischen Eisenberg und Hettenleidelsheim und anderer Flächen projektiert (vgl. SCHÄFER 1959, S. 107 ff.).

Bis zu einem gewissen Grade mustergültig ist die Gruppe kleiner Seen mit Grünanlagen und Zeltplätzen, die südlich Ludwigshafen zwischen Neuhofen und Altrip aus Ton- und Kiesgruben, die teilweise ins späte 19. Jahrhundert zurückreichen, entwickelt worden sind. Auch in anderen Teilen des Modellgebietes gibt es Ansätze zu ähnlichen Maßnahmen. Die damit verbundenen Probleme gehören einem anderen Fragenkreis an und können nicht weiter diskutiert werden.

VII. Zusammenfassung

Die Industrie der „Steine und Erden" erwies sich im Modellgebiet als eins der Agenzien, die den Übergang von der agrarisch geprägten zur gewerblich-industriell bestimmten Gebietsstruktur beschleunigten und die soziale Umstellung durch ein allmähliches Herauslösen aus der Landwirtschaft erleichterten. Der Industriezweig förderte die Mobilität und Einkünfte der Bevölkerung, die Ausbreitung von Innovationen, die Anlage einzelner Verkehrswege und knüpfte weitreichende Wirtschaftsbeziehungen zwischen dem Modellgebiet und anderen Wirtschaftsräumen Mitteleuropas, ja auch benachbarter Länder an.

Aus der Blütezeit der Steinbruchindustrie vor dem 1. Weltkrieg stammen zahlreiche, insbesondere öffentliche oder andere repräsentative Gebäude im Modellgebiet, seiner Umgebung und anderen Teilen Mitteleuropas. Die Steinbruchindustrie wie die Gewinnung von Sand, Ton und Kies haben zahlreiche Relikte hinterlassen, von denen manche dank neuer Funktion eine Bedeutung für die moderne Industriegesellschaft erlangt haben. In der Entwicklungsphase der „Stein- und Erdenindustrie" vor dem 1. Weltkrieg wurden außerdem wesentliche Grundlagen für den Ausbau dieser Branche in der Zeit zwischen den Kriegen und auch für die Gegenwart des noch bedeutenden Industriezweigs gelegt.

Literaturhinweise

a) Karten

Die neueren einschlägigen geologischen und topographischen Karten.
Karte über das Großherzogthum Baden 1 : 50 000 (1838—1849).
Karte des Großherzogthums Baden 1 : 25 000 (1875—86; 2. Aufl. ab 1886).
Topographischer Atlas von Bayern 1 : 50 000 (ab 1850).
Karte vom Großherzogthum Hessen 1 : 50 000 (1823—50).
Baden. Das Großherzogthum Baden. Karlsruhe 1885.

b) Literatur

CHALIUS, C.: Die Steinindustrie. In: Der Odenwald, Gießen 1900, S. 413—425.
CONZELMANN, R.: Dossenheim. Dossenheim 1966.
GRAF, H.: 1200 Jahre Eisenberg (Pfalz). Eisenberg 1963.
HABERMEHL, E.: Die nutzbaren Steinvorkommen und die Steinindustrie der Bayerischen Rheinpfalz. In: Der Steinbruch, VII, 1912, S. 523—528.
HOPPE, O.: Die Steinindustrie im kristallinen Odenwald, ihre geologischen Voraussetzungen und ihre wirtschaftsgeographischen Auswirkungen. Nat. Diss. Frankfurt 1965.
HOPPE, O.: Die Natursteinindustrie im kristallinen Odenwald und ihre geologischen Voraussetzungen. In: Mainzer Naturwissenschaftliches Archiv, Jg. 5/6, 1967, S. 233—252.
KLAER, W.: Das Rhein-Neckar-Gebiet im Spiegel seiner Bevölkerungsentwicklung seit den Anfängen der Industrialisierung (1875—1956). In: Heidelberg und die Rhein-Neckarlande, Heidelberg, München 1963, S. 257—283.
KLÖPPER, R.: Landkreis und Stadt Ludwigshafen a. Rh. Speyer 1957. Die Landkreise in Rheinland-Pfalz, Bd. 2.
KOLB, M.: Die Natursteinindustrie des Pfälzer Waldes, des Nordpfälzer Berglandes und die des Odenwaldes mit angrenzendem Maintal. Heidelberg 1963 (Maschinenschriftliche Zulassungsarbeit zur Prüfung für das Lehramt an Höheren Schulen am Geographischen Institut Heidelberg).
KRUCKER, J.: Kirchheimbolanden und Eisenberg. Ein stadtgeographischer Vergleich. Heidelberg 1964 (Zulassungsarbeit zur Staatsprüfung für das Lehramt an Gymnasien am Geographischen Institut der Universität Heidelberg).
LOEST, P.: Die Kulturlandschaft im südöstlichen Rhein-Neckar-Raum. In: Die Ansprüche der modernen Industriegesellschaft an den Raum, 1. Teil, Forschungs- und Sitzungsberichte der Akademie für Raumforschung und Landesplanung, Bd. XXXIII, Hannover 1967, S. 39—56.
Pfalzatlas (Hrsg.: W. Alter im Auftrag der Pfälzischen Gesellschaft zur Förderung der Wissenschaften), Speyer ab 1963.
SCHAAB, M.: Verschiedene wirtschafts- und landesgeschichtliche Beiträge. In: Die Stadt- und die Landkreise Heidelberg und Mannheim. Amtliche Kreisbeschreibung, 3 Bde., 1966—1970.
SCHÄFER, R.: Das Eisenberger Becken. Untersuchungen zur funktionalen Verknüpfung von Industrie und Landschaftsbild unter besonderer Berücksichtigung der tongewinnenden und tonverarbeitenden Industrie (Maschinenschriftl. Phil. Diss. Heidelberg 1959).
SICKENBERG, O.: Die Lagerstätten der mineralischen Rohstoffe im Modellgebiet (Manuskript).
Steinbrüche der Pfalz. In: Der Steinbruch, VII, 1912, S. 528—531.
Steinbrüche Badens. In: Der Steinbruch, VII, 1912, S. 520—523.
WURM, A.: Die technisch nutzbaren Gesteine Badens. In: Der Steinbruch, VII, 1912, S. 514—520.

Hydrographie des Modellgebietes

von

Hans Horst, Koblenz

I. Einleitung

Das Wesen der Hydrographie einer Landschaft wird zwar vor allen Dingen durch ihre klimatischen, topographischen und hydrogeologischen Gegebenheiten bestimmt. Nicht zu unterschätzen sind jedoch die Veränderungen dieser natürlichen Bedingungen durch wasserwirtschaftliche Maßnahmen und durch die Bodennutzung der Land- und Forstwirtschaft.

Für den Raum des Modellgebietes wurden die klimatischen Verhältnisse schon im Band 1 dieser Forschungsberichte in den Beiträgen von F. SCHNELLE: „Zum Klima des Modellgebietes" und von H. SCHIRMER: „Die Niederschlagsstruktur des Modellgebietes" behandelt, während Angaben über die Topographie im Beitrag von J. H. SCHULTZE: „Die geographische Struktur des Modellgebietes in den Rhein-Neckar-Landen" enthalten sind. Wenn daher auch auf eine nähere Erörterung dieser Themen verzichtet werden kann, so dürfte doch eine kurze Zusammenfassung derjenigen topographischen Gegebenheiten erwünscht sein, die für den sehr unterschiedlichen hydrographischen Charakter der Landschaften des Modellgebietes besondere Bedeutung haben.

Deutlich ist die topographische Gestalt des einen Teil des Oberrheingrabens und der ihn begrenzenden Randschwellen umfassenden Untersuchungsraumes aus den Abbildungen zu den Arbeiten von F. SCHNELLE und H. SCHIRMER zu erkennen. Danach beträgt die Breite der Tiefebene, wenn man als ihre Begrenzungen gegen die Randschwellen die Höhenlinien NN + 200 m wählt, im Süden des Gebietes auf der Höhe von Germersheim etwa 42 km und am Nordrand des Gebietes etwa 28 km. Bemerkenswert ist, daß der Anstieg des Geländes von den 200 m-Linien zu den Höhen der Randschwellen westlich des Rheins von Süden nach Norden und östlich des Rheins von Norden nach Süden geringer wird. So steigt die westliche Randschwelle im südlichen und mittleren Bereich schnell bis zu Höhen von mehr als 600 m (Kalmit 683 m) an, während in dem nördlich von Grünstadt liegenden Bereich bis weit nach Westen nur Höhen von wenig über 300 m (Hungerberg 303 m) angetroffen werden und erst am Westrand des Gebietes in dem sich weit über seine Umgebung erhebenden Donnersberg eine Höhe von 687 m erreicht wird. Andererseits erhebt sich das Gelände der östlichen Randschwelle im nördlichen und mittleren Bereich recht steil bis zu Höhen von fast 600 m (Krähenberg 599 m, Königsstuhl 566 m), während südlich von Nußloch bis zum östlichen Rand des Gebietes nur Höhen von etwas mehr als 250 m erreicht werden.

Gegenüber dem z. T. sehr starken Relief der Randschwellen weist die Tiefebene nur verhältnismäßig geringe Höhenunterschiede auf, wenn auch das mittlere Gefälle von den Höhenrändern bis zu dem auf etwa NN + 90 m liegenden Ufergelände des Rheinstromes naturgemäß entsprechend der wechselnden Entfernung des Stromes von der 200 m-Linie unterschiedlich ist. Von gewisser hydrologischer Bedeutung ist außerdem die Bruchstufe, die sich im westlich des Rheins liegenden Bereich des Oberrheingrabens von Osthofen im Norden über Klein- und Groß-Niedesheim und Fußgönnheim nach Süden zieht, bis sie südlich von Schifferstadt verschwindet. Sehr ausgeprägt tritt sie mit etwa 20 m bei Klein-Niedesheim und mit etwa 10 m bei Groß-Niedesheim in Erscheinung, während sie zwischen Fußgönnheim und Schifferstadt nur noch Höhen von 5 bis 6 m aufweist. Auf einige weitere, für die Hydrographie wichtige Einzelheiten der Topographie wird weiter unten im Rahmen der Ausführungen über das Grundwasser des Untersuchungsraumes hingewiesen werden.

Die bisher eingetretenen antropogenen Veränderungen der hydrographischen Verhältnisse werden in diesem Beitrag nur in Ausnahmefällen näher betrachtet, da ihre Wirkungen nur in Zusammenhang mit der für einen späteren Bericht vorgesehenen Darstellung der Wasserwirtschaft des Modellraumes genauer beurteilt werden können.

II. Wasserhaushaltsgesetze

Entscheidende Bedeutung für das Abflußregime der Gewässer und für die in der Flußdichte zum Ausdruck kommende Gestaltung der Gewässernetze einer Landschaft hat die Beziehung zwischen den Gliedern der Wasserhaushaltsgleichung

$$A = N - V \pm \Delta S. \qquad (1)$$

Darin werden die Einflüsse des Niederschlages N, der Gesamtverdunstung V und der Änderung ΔS des im Boden und in den Grundwasserleitern gespeicherten Wasservorrates S auf den Gesamtabfluß A — gewöhnlich in mm Wassersäule — zum Ausdruck gebracht. Diese Gleichung besagt, daß sich der Abfluß eines gegebenen Zeitabschnittes bei gleichbleibendem Wasservorrat S, d. h. mit $\Delta S = 0$, als Differenz $N-V$ ergibt, daß aber größere oder kleinere Abflüsse entstehen, wenn der Wasservorrat S sich um ΔS verkleinert oder vergrößert.

Für die Beurteilung der Einflüsse der Eigenschaften der Böden und der Grundwasserleiter auf die Abflußverhältnisse reicht diese Grundform der Wasserhaushaltsgleichung noch nicht aus. Vielmehr muß man, um die Unterschiede ihrer Wirkung auf das Abflußgeschehen verdeutlichen zu können, den Gesamtabfluß A in den sogenannten kurzfristigen Abfluß A_o und den langfristigen Grundwasserabfluß A_u sowie den Wasservorrat S in den pflanzenverfügbaren Wasservorrat der durchwurzelten Bodenschicht S_B und den in den Grundwasserleitern gespeicherten Wasservorrat S_G trennen. Erforderlich werden kann außerdem eine Teilung der Gesamtverdunstung V in die Verdunstung V_G von oberflächennah liegenden Grundwasserspiegeln und die überall wirkende Verdunstung V_B aus der durchwurzelten Bodenschicht und von der Oberfläche der Vegetation und des Bodens. Damit ergibt sich die erweiterte Wasserhaushaltsgleichung zu

$$A = A_o + A_u = N - V_B - V_G \pm \Delta S_B \pm \Delta S_G \qquad (1\,a)$$

Um das Verständnis der darin ausgedrückten Zusammenhänge zu erleichtern, sind die einzelnen Glieder dieser Gleichung durch eine Modellskizze des Grundwasserabflusses für einen Querschnitt durch ein von zwei Vorflutern entwässertes Gelände veranschaulicht, dessen als Grundwasserleiter wirkender durchlässiger Untergrund von einer schwerdurchlässigen Sohlschicht unterlagert wird. Dazu sei ergänzend bemerkt, daß der kurzfristige Abfluß A_0 in Wirklichkeit nicht, wie es der Einfachheit halber in der Skizze dargestellt ist, nur aus Niederschlagswasser besteht, das unmittelbar an der Bodenoberfläche abfließt, ohne in den Boden einzudringen. Stattdessen sprechen viele Beobachtungen dafür, daß in der Regel der überwiegende Anteil des bei stärkeren Regenfällen deutlich an dem schnellen An- und Abschwellen der oberirdischen Wasserläufe erkennbaren kurzfristigen Abflusses dadurch entsteht, daß sich das versickernde Niederschlagswasser teilweise auf oberflächennahen Verdichtungsschichten des Bodens staut, ohne ins Grundwasser zu gelangen, und daher je nach der Größe des Geländegefälles mehr oder weniger schnell die Vorfluter erreicht, soweit es nicht als Hanggrundwasser zur Speisung der Grundwasserleiter von Tälern beiträgt. Das schließt allerdings nicht aus, daß bei besonders ergiebigen Starkregen und außerdem bei gefrorenem Boden das unmittelbar an der Bodenoberfläche abfließende Regen- oder Schmelzwasser jenen oberflächennahen Abfluß gelegentlich übertreffen kann.

Bedeutsam hinsichtlich der sich in der durchwurzelten Bodenschicht abspielenden Speichervorgänge ist die Eigenschaft der Böden, bestimmte Wassermengen bis zur Grenze ihrer sogenannten Feldkapazität festzuhalten. Daraus erklärt sich, daß die Vegetation auch in längeren niederschlagsfreien Zeiten ihren Wasserbedarf aus der Bodenfeuchte decken kann, und daß ihr Wachstum erst unterbrochen wird, wenn sich die Bodenfeuchte bis auf den von der Bodenart abhängenden, als Welkepunkt bezeichneten Grenzwert verringert hat. Daher kann es in Gebieten mit mäßigen Niederschlägen vorkommen, daß im Sommer, in dessen Verlauf die von der Temperatur und dem Stand der Vegetation abhängende Verdunstung zeitweilig größer ist als der Niederschlag, die Grundwasserspeisung vorübergehend fast völlig aufhört und erst wiedereinsetzt, wenn das durch den Wasserverbrauch der Vegetation entstandene Feuchtigkeitsdefizit des Bodens durch hinreichende Zufuhr versickerten Niederschlagswassers ersetzt worden ist. Das ändert jedoch nichts daran, daß die mittlere jährliche Grundwassererneuerung praktisch den Überschüssen des mittleren jährlichen Niederschlages über die mittlere jährliche Summe des kurzfristigen Abflusses und der Gesamtverdunstung entspricht.

Entscheidenden Einfluß auf die Schwankungen der langfristigen Abflüsse aus den Grundwasserleitern hat die Tatsache, daß der Abfluß des sich über ihrer Sohle sammelnden Grundwassers annähernd der gespeicherten Wassermenge proportional ist. Daraus erklärt sich, daß auch noch nach sehr langen Trockenzeiten oberirdische, aus den Grundwasserleitern stammende Abflüsse beobachtet werden, wenn auch einzelne kleinere Wasserläufe, deren gut durchlässiger Untergrund für den unterirdischen Abfluß der verringerten Wassermengen ausreicht, trockenfallen können.

Einer Klärung bedarf nun die Frage, wie sich die unterschiedlichen Eigenschaften der Böden und der Grundwasserleiter auf den kurzfristigen Abfluß und auf den langfristigen Grundwasserabfluß auswirken. Dazu ist zunächst festzustellen, daß der kurzfristige Abfluß mit zunehmender Durchlässigkeit der obersten Bodenschichten kleiner und mit zunehmender Geländeneigung größer wird. Dabei scheint im allgemeinen der Einfluß des Geländegefälles zu überwiegen, da der seiner Menge nach fast nur von der Durchlässigkeit der obersten Bodenschichten abhängende mittlere jährliche Abfluß an der Bodenoberfläche erfahrungsgemäß selbst auf stark geneigten Hängen nur wenige Prozent des mittleren jährlichen Niederschlages erreicht, also nicht sehr ins Gewicht fällt. Demgegenüber beträgt das insgesamt kurzfristig abfließende Niederschlagswasser nach Zahlenangaben von G. Schroeder (1955) in dem sehr große Reliefenergie aufweisenden Gebiet der Schwarzwald-Kinzig etwa 44 %, jedoch in dem überwiegend recht geringe Geländeneigungen aufweisenden Gebiet der Ems bis zum Pegel Rheine nur etwa 26,5 % des mittleren jährlichen Niederschlages. Diese Feststellungen sprechen dafür, daß Unterschiede der kurzfristigen Abflüsse vor allen Dingen durch Unterschiede der Reliefenergie bewirkt werden. Das schließt nicht aus, daß auch die zweifellos sehr geringe Durchlässigkeit der obersten Bodenschichten des Gebietes der aus dem Kristallin des Schwarzwaldes kommenden Kinzig und die demgegenüber durchweg mindestens mittlere Durchlässigkeit der obersten Bodenschichten des überwiegend aus Ablagerungen des Quartärs bestehenden Gebietes der Ems nicht unerheblich zu dem Unterschied der Prozentsätze des kurzfristigen Abflusses beigetragen haben können. Auf jeden Fall ist aber der Schluß berechtigt, daß die kurzfristigen Abflüsse in der Regel mit abnehmendem Geländegefälle geringer werden und schließlich in praktisch ebenen Gebieten, wie im Raum der Oberrheinischen Tiefebene, nur noch wenige Prozent der mittleren jährlichen Niederschläge erreichen.

Beträchtlichen Einfluß auf die Grundwasserspeisung und damit auf den langfristigen Grundwasserabfluß kann das sehr unterschiedliche Wasserhaltevermögen der durchwurzelten Bodenschichten haben. Bekannt ist, daß schwere Böden und insbesondere Lößböden, die viel Wasser festzuhalten vermögen, in niederschlagsarmen Zeiten höhere Erträge bringen als schnell austrocknende Sandböden. Daß läßt darauf schließen, daß die Vegetation auf schweren Böden in Trockenzeiten mehr Wasser verbraucht und dem langfristigen Grundwasserabfluß entzieht als auf leichten Böden. Dieser Einfluß kommt naturgemäß in Gebieten mit mäßigen Niederschlägen stärker zur Wirkung als in Gebieten reichlicher Niederschläge, da in letzteren die Verdunstung den Niederschlag seltener übertrifft und daher die Bodenfeuchtigkeit weniger in Anspruch nimmt.

Im Gegensatz zu den oberen durchwurzelten Bodenschichten beeinflussen die Eigenschaften der Grundwasserleiter nicht die Größe der naturgemäß mit der mittleren jährlichen Grundwasserspeisung übereinstimmenden mittleren jährlichen Grundwasserabflüsse, sondern nur ihre Schwankungsweiten. Ein Ausdruck dafür sind nach H. Horst (1958) die sehr unterschiedlichsten Zeiten, in denen sich der Abfluß aus tiefliegenden, nicht der Wirkung der Verdunstung ausgesetzten Grundwasservorräten im Laufe von Unterbrechungen der Sickerwasserzufuhr auf die Hälfte verringert. Je kürzer diese sogenannten Halbwertszeiten des Grundwasserabflusses sind, desto kleiner sind die noch am Ende von Trockenzeiten des Sommers auftretenden Abflüsse. So geht z. B. der Grundwasserabfluß im Falle einer 4 Monate dauernden Unterbrechung der Grundwasserspeisung bei einer Halbwertszeit von 2 Monaten auf ($0,5 \cdot 0,5 = 0,25 =$) 25 %, jedoch bei einer Halbwertszeit von 1 Monat auf ($0,5 \cdot 0,5 \cdot 0,5 \cdot 0,5 = 0,0625 =$) 6,25 % seiner ursprünglichen Größe zurück.

Wie sich nachweisen läßt, hängt die Dauer der Halbwertszeiten vom Abstand der Vorfluter sowie vom wasserspeichernden Porenvolumen, von der Durchlässigkeit und von der mittleren Durchflußhöhe h_m der Grundwasserleiter ab. Am stärksten wirkt sich dabei der Abstand der Vorfluter aus, und zwar wächst die Halbwertszeit unter sonst gleichen Bedingungen, d. h. bei unveränderten Größen der drei anderen Bestimmungsgründe, mit dem Quadrat des Vorfluterabstandes. Im umgekehrten Sinne und auch nicht so stark macht sich der Einfluß der mittleren Durchflußhöhe des Grundwassers über der Sohlschicht des Grundwasserleiters bemerkbar, und zwar verringert sich die Halbwertszeit nur im gleichen Maße, wie die Höhe h_m zunimmt. Das dürfte auch einleuchten, da sich in gleichem Maße wie die Durchflußhöhe der Grundwasserabfluß in die Vorfluter vergrößert. Daher gilt der Satz, daß die Halbwertszeit bei unveränderter Größe der drei anderen Bedingungen der mittleren Höhe des Grundwasserspiegels über der Sohlschicht des Grundwasserleiters umgekehrt proportional ist.

Nur verhältnismäßig gering und auch nur schwer feststellbar sind bei unveränderten Größen des Vorflutabstandes und der Durchflußhöhe des Grundwassers die Wirkungen von Veränderungen des Porenvolumens und der Durchlässigkeit des Materials des Grundwasserleisters auf die Halbwertszeit. Das hängt damit zusammen, daß mit zunehmendem Porenvolumen im allgemeinen auch die Durchlässigkeit der Grundwasserleiter zunimmt, denn das hat zur Folge, daß das Material des Grundwasserleiters zwar bei Zunahme des Porenvolumens mehr Wasser aufnimmt, aber auch mehr Wasser an die Vorfluter abgibt. Dazu sei jedoch schon hier bemerkt, daß sich großes Porenvolumen und gute Durchlässigkeit der Grundwasserleiter sehr günstig auf die Leistung von Brunnenanlagen auswirken.

Wenn auch die mit Hilfe von Berechnungsmodellen ermittelten Gesetze des Grundwasserabflusses nur selten für eine hinreichend genaue Bestimmung der Halbwertszeiten ausreichen, so schließt das doch nicht aus, daß sie sich in Verbindung mit Feststellungen über die Reliefenergie und über die Eigenschaften der durchwurzelten Bodenschichten als ein sehr brauchbares Mittel für den Vergleich der hydrologischen Verhältnisse von Landschaften verschiedenen geographischen Charakters erweisen können.

Wichtige Aufschlüsse über die Hydrologie einer Landschaft gewinnt man außerdem, wenn man in Betracht zieht, daß es bei häufigen Hebungen des Grundwasserspiegels bis an die Geländeoberfläche unausbleiblich ist, daß infolge der durch den oberirdischen Abfluß von Grundwasser entstehenden Grabenerosion im Laufe der Zeit neue Vorfluter entstehen. Daraus geht nämlich hervor, daß die Abstände der Vorfluter bestimmte, von den örtlichen Verhältnissen und von der Größe der Grundwasserbildung abhängende maximale Grenzen nicht überschreiten können. Die dabei zur Wirkung kommenden, nach dem Rückzug des Meeres aus Sedimentationsgebieten einsetzenden Vorgänge lassen sich leicht an Hand der Modellskizze des Grundwasserabflusses zwischen zwei Vorflutern erklären. Aus dieser Darstellung ist zu entnehmen, daß größeren Abständen der Vorfluter eine reichlichere Grundwasserbildung und daher größere Grundwasserabflüsse in die Vorfluter entsprechen. Das hat notwendig zur Folge, daß sich das Grundwasserspiegelgefälle an den Vorfluterufern verstärkt und daß sich eine größere Scheitelhöhe y_{max} des Grundwasserspiegels über dem Vorfluterniveau einstellt. Es ist daher ohne weiteres einzusehen, daß sich nach Überschreiten einer bestimmten, von der Größe der Sickerwasserzufuhr zum Grundwasser abhängenden Grenzgröße des Vorfluterabstandes infolge des immer häufiger im Scheitelbereich des Grundwasserspiegels austretenden und an der Bodenoberfläche abfließenden Wassers schließlich ein neuer Vorfluter bildet.

Da bei diesem Vorgang die Höhe h_o der Bodenoberfläche über dem Vorfluterniveau wirksam wird, kann festgestellt werden, daß sich unter sonst gleichen Bedingungen um so kleinere Abstände der Vorfluter ausbilden, je niedriger die Geländeoberfläche über dem Vorflutniveau liegt. Daraus erklärt sich die oft zu beobachtende Erscheinung, daß in ebenen Gebieten mit oberflächennahem Vorfluterniveau, also geringer Höhe h_o, vielfach sehr kleine Vorfluterabstände, also große Flußdichten, angetroffen werden. Das gilt besonders in Fällen, in denen der Untergrund wenig durchlässig ist und die Sohlschicht des Grundwasserleiters in geringer Tiefe liegt, denn unter solchen Bedingungen kann das für den Grundwasserabfluß erforderliche relativ große Gefälle nur bei kleinen Vorfluterabständen kein Austreten von Grundwasser zur Folge haben. Demgegenüber können sich in Gebieten mit gut durchlässigem Untergrund und großer Höhe des Vorfluterniveaus über der Sohlschicht des Grundwasserleiters relativ große Vorfluterabstände ausbilden, ohne daß der Scheitel des Grundwasserspiegels häufiger die Bodenoberfläche erreicht und die Entstehung neuer Vorfluter bewirkt.

III. Entstehung des Oberrheingrabens

Unerläßlich für das Verständnis der Ursachen der sehr ausgeprägten hydrographischen Besonderheiten des Modellraumes ist ein Einblick in das geologische Geschehen, das etwa seit Beginn des Tertiärs im Zusammenwirken mit den formenden Kräften des Wassers das heutige Bild seiner Landschaften prägte. Die nachstehende kurze, auf die wichtigsten Ereignisse beschränkte Darstellung wird das deutlich erkennen lassen.

Die ersten tektonischen Bewegungen, durch deren Fortdauer im Laufe der Zeit der mächtige Oberrheingraben entstand, zeigten sich im Eozän, der zweiten Abteilung der Tertiärformation. Damals bildete sich in der mesozoischen Schichtplatte, von der die Massive des Schwarzwaldes und der Vogesen bedeckt waren, eine erste, durch Ablagerung von Süßwasserkalken bezeugte, sich allmählich nach Norden ausdehnende und fortschreitend von der Burgundischen Pforte her vom erdumspannenden Mittelmeer der Tethys überflutete Furche. In diesem Anfangsstadium der Senkungsvorgänge entstanden infolge des nach der kühlen Zeit des Paläozäns fast tropischen Charakter annehmenden Klimas im Oberelsaß und in Südbaden jene mächtigen Lagerstätten sylvinitischer Kalisalze, deren Abbau und Verarbeitung in neuerer Zeit die zunehmende Versalzung des Rheinwassers verursacht. Schon damals setzte auch die verstärkte Erosion ein, in deren Verlauf die sich hebenden Randschwellen der Furche z. T. bis auf das Kristallin entmantelt wurden.

Folgenreich war auch die in die Zeit des Oligozäns fallende zweite tertiäre Transgression. In ihrem Verlauf entstand im Mittleren Oligozän vorübergehend eine Verbindung des Nordmeeres durch die Hessische Senke, das Mainzer Becken und den sich nach Norden ausdehnenden Oberrheingraben mit der Tethys. Nach Verschwinden dieser Verbindung begann auch das Mainzer Becken zu verlanden. Von seiner letzten kurzzeitigen Überflutung von Süden her zeugen Steinsalzablagerungen im Raum von Worms.

Angenommen wird, daß sich während der seit Ende des Alttertiärs fortschreitenden Regression der bis zum Ausgang des Miozäns nur von der Urmaas und der Urmosel gespeiste, in das nach Norden zurückweichende Meer mündende Urrhein bildete. Vermutet wird außerdem, daß während der im Miozän lebhafter werdenden Verschiebungen an den Randverwerfungen des Oberrheingrabens der in der Stromgeschichte des Rheins eine bedeutsame Rolle spielende Kaiserstuhlvulkan nordwestlich von Freiburg entstand. In der dortigen Gegend dürfte die Wasserscheide gelegen haben von der aus der Süden des Oberrheingrabens über den Doubs als Sundgaurhein zum Rhônetal entwässerte.

Am Ende des Miozäns durchquerte der als Vorfluter des nördlichen Teiles des Oberrheingrabens wirkende, von Bächen der Nordflanken des Schwarzwaldes und der Vogesen gespeiste Oberlauf des Urrheins von Worms aus noch in nordwestlicher Richtung das damals niedrig liegende Rheinhessische Plateau, um sich dann mit dem in dieser Zeit nur von Bächen der Westhänge des Spessarts gespeisten Urmain zu vereinigen. Erst in der Folgezeit erweiterte sich das Gebiet des Urrheins bis zum jüngsten Oberpliozän um die mittleren und südlichen Teile des heutigen Maingebietes und um das Gebiet des Neckars, deren Gewässer vorher durch das Tal der Donau zur Tethys abgeflossen waren.

Als bedeutsam für die hydrogeologischen Verhältnisse des Modellgebietes hat es sich erwiesen, daß der die östliche Randschwelle des Oberrheingrabens durchbrechende Neckar an seinen Austritt in die Ebene allmählich einen mächtigen Schwemmfächer aufschüttete und von dort während des Pleistozäns als „Bergstraßenneckar" entlang dem Odenwaldrand unter häufigen Laufverlegungen nach Norden floß.

Schon am Ende der Tertiärzeit setzte der Temperaturabstieg ein, der zu der Folge von Eiszeiten und Warmzeiten des Pleistozäns überleitete, in deren Verlauf der Modellraum zwar stets, wie der größte Teil des Oberrheingrabens und seiner Randschwellen, außerhalb der Eisbedeckung lag, aber von periglaziären Vorgängen überformt wurde. In den Kaltzeiten wurden die Täler von gewaltigen Abtragsmassen überschüttet, die dann in den Warmzeiten wieder weitgehend abgetragen wurden, soweit nicht ihre Reste an den Talrändern als Terrassen erhalten blieben. Dieses Geschehen, daß auch heute noch nicht in allen Einzelheiten erforscht ist, erklärt sich vor allen Dingen daraus, daß in den Kaltzeiten infolge des Gletscherschufes und der Frostverwitterung des überwiegend vegetationslosen Bodens der eisfreien Gebiete wesentlich mehr und auch gröbere Abtragsmassen in die Täler verfrachtet wurden als in den Warmzeiten, in denen sich die Gletscher zurückzogen und sich der Boden wieder mit einem schützenden Pflanzenkleid bedeckte. Das hatte einerseits zur Folge, daß in den Kaltzeiten die Sohlen der Täler solange durch Ablagerung von Geschieben aufgehöht wurden, bis das Gefälle der Flüsse zur Erosionsbasis für die Abführung der laufend anfallenden großen Abtragsmassen ausreichte. Andererseits wurde in den anschließenden Warmzeiten das aufgeschüttete Material durch die überschüssige Transportkraft der auf den Talsohlen hin- und herpendelnden Flüsse solange abgetragen, bis ihr Gefälle soweit abgenommen hatte, daß nur noch die verringerten Mengen des feinkörniger gewordenen Geschiebes abgeführt wurden.

Da diese Ausführungen eine hinreichende Erklärung für die wichtige hydrogeologische Tatsache geben, daß die in dem allmählich absinkenden Oberrheingraben erhalten gebliebenen Reste der pleistozänen Terrassen aus den groben Abtragsmassen der Kaltzeiten bestehen und daher in der Regel sehr gute Grundwasserleiter sind, kann auf eine Erörterung der Beeinflussung des Ablaufes dieser Vorgänge durch die unregelmäßige Senkung der Grabensohle und durch die Veränderungen der Abflüsse verzichtet werden.

Bedeutung für den Wasserhaushalt haben außer den pleistozänen Terrassen auch die Lößablagerungen, die in den periglaziären Gebieten vielfach weite Flächen in Mächtigkeiten bis zu etwa 3 m überdeckten. Diese Bildungen verdanken ihre Entstehung der Verwehung feinkörnigen, durch Frostverwitterung entstandenen Gesteinsstaubes über oft sehr weite Entfernungen und ihrer Auffangung durch die Steppenpflanzenteppiche tiefer liegender und daher wärmerer, meist flach gewölbter Gebiete. Sie haben, soweit sie nicht infolge ihrer teilweisen Entkalkung durch Sickerwasser zu Lößlehm degradiert sind, wegen ihrer Durchwurzelung durch die ständig nachwachsenden Steppengräser lockerporöses Gefüge und daher sehr hohes Wasserhaltevermögen. Weniger umfangreich sind die in den periglaziären Gebieten ebenfalls durch Verwehung von Verwitterungsprodukten vegetationsloser Böden entstandenen, im Gegensatz zum Löß nur sehr geringes Wasserhaltevermögen aufweisenden Sanddünen.

Von den sich im Pleistozän abspielenden tektonischen Bewegungen hat sich besonders das Verschwinden jener in der Gegend des Kaiserstuhlgebirges liegenden Wasserscheide zwischen dem nördlichen und südlichen Teil des Oberrheingrabens als außerordentlich folgenreich erwiesen. Dadurch und durch weitere im Süden ablaufende tektonische Vorgänge wurde gegen Ende des Altpleistozäns zunächst die bis dahin zur Rhône fließende

Aare und danach auch der Alpenrhein, der vorher zur Donau abgeflossen war, an das System des nach Norden fließenden Urrheins angeschlossen. Dieser Erweiterung seines Gebietes um große Teile der seit Ende des Pliozäns fortschreitend zu einem Hochgebirge aufgefalteten Alpen ist es zu verdanken, daß der heutige Rheinstrom nicht nur im Durchschnitt der Jahre, sondern, wie weiter unten nachgewiesen werden wird, auch im Sommer, wenn die Abflüsse seiner nördlich der Alpen entstehenden Zubringer mehr oder weniger stark zurückgehen, in der Regel noch eine sehr reichliche Wasserführung aufweist. Bedeutsam für das Modellgebiet war außerdem die am Ende des großen Mindel-Riß-Interglazials einsetzende Hebung des südlichen Raumes des Mainzer Beckens. In ihrem Verlauf wurde der vor ihrem Beginn von Worms nach Nordwesten fließende Rhein in eine nördliche Richtung und an den Fuß des Taunus gedrängt. Schließlich ist noch wichtig, daß der am Ende des Pleistozäns vor dem Odenwaldfluß hin- und herpendelnde Bergstraßenneckar sich vermutlich in der frühen Kiefernzeit mit dem Durchbruch bei Seckenheim endgültig seinen kurzen direkten Weg zum Rhein bahnte.

IV. Das Grundwasser

1. Vorkommende Gesteine

Wie man schon frühzeitig erkannt hat, zeigen die Gesteine der geologischen Formationen und ihrer Abteilungen sehr oft, wenn auch nicht immer, bestimmte, für sie typische Eigenschaften hinsichtlich ihrer Wasserdurchlässigkeit und ihres Wasserspeichervermögens. Aus diesem Grunde haben sich bei der Beurteilung der Grundwasserverhältnisse größerer Räume Feststellungen über die stratigraphische Zugehörigkeit der Gesteine des Untergrundes als ein brauchbares Hilfsmittel für die Ergänzung der in vielen Fällen nur in unzureichendem Umfang zur Verfügung stehenden Ergebnisse hydrologischer Untersuchungen erwiesen. Daher soll hier zunächst im Hinblick auf die noch sehr lückenhaften, bisher für das Modellgebiet gewonnenen hydrologischen Daten ein Überblick über die Stratigraphie seiner Landschaften gegeben werden.

Wie die Ausführungen über die Entstehung des Oberrheingrabens erkennen ließen, waren seine Randschwellen weit mehr als das zum rheinhessischen Plateau gehörende Alzeyer Hügelland (227), das als südlicher Teil des Mainzer Beckens im Oligozän verlandete und erst im Mindel-Riß-Interglazial gehoben wurde, lange Zeit Abtragsgebiete. Daraus erklärt es sich, daß, abgesehen von den tertiären, hier und da von Löß überdeckten Bildungen des Alzeyer Hügellandes und der schmalen Zone des Haardtrandes (220), jüngere Bildungen als die des Buntsandsteines, der ältesten Abteilung des Trias, fast ausschließlich im Südosten des Modellraumes in dem niedrig liegenden Raum des Kraichgaues (125) erhalten sind. Dort erscheinen südlich des Sandstein-Odenwaldes (144) über dem absinkenden Buntsandstein nacheinander z. T. von Löß überdeckte Schichten der beiden jüngeren Abteilungen der Trias, des Muschelkalkes und des Keupers, und am Rande des Oberrheingrabens sogar noch der Abtragung entgangene Liasschollen.

Zu den aus Ablagerungen des Buntsandsteins bestehenden Landschaften des Modellgebietes gehören im Raum der westlichen Randschwelle das im Süden liegende Dahner Felsenland (171) und der sich bis an das Alzeyer Hügelland und das Glan-Alsenz-Berg- und Hügelland (193) erstreckende Teil des Haardtgebirges (170) und im Raum der östlichen Randschwellen der sich im Osten an den Vorderen Odenwald (145) anlehnende und im Süden an den Kraischgau grenzende, schon oben genannte Sandstein-Odenwald. Weiter fortgeschritten als in diesen Gebieten ist die Entmantelung der Randschwellen in dem aus paläozioschen Gesteinen bestehenden Glan-Alsenz-Berg- und Hügelland und im kristallinen Vorderen Odenwald.

Wie aus dem geschilderten Ablauf des geologischen Geschehens geschlossen werden kann, war der Raum des Oberrheingrabens seit seiner während des Eozäns im Süden beginnenden und sich allmählich nach Norden fortsetzenden Senkung der Auffüllung durch Abtragsmassen der seit dem Mindel-Riß-Interglazial auch große Teile des Alpengebietes umfassenden Niederschlagsgebiete seiner sich schließlich zum heutigen Rhein vereinigenden Zuflüsse ausgesetzt. Daher folgen über den überwiegend mesozoischen und nur z. T. paläozoischen Sohlschichten des Grabens auf mächtige tertiäre Bildungen die z. T. von Löß und Dünensanden, aber vielfach auch, besonders im Raum der Nördlichen Oberrheinniederung (222) von holozänen Bildungen, wie Hochflutlehm oder Sand- und Kiesbänken, überdeckten eiszeitlichen Ablagerungen. Eine Ausnahme bildet nur der, abgesehen von Lößablagerungen, ganz aus tertiären Schichten bestehende, von der 200 m-Linie bis an die Bruchstufe zwischen Osthofen und Groß Niedesheim reichende östliche, niedrige Teil des Alzeyer Hügellandes. Wichtig für die Beurteilung der Schichtenfolge des Grabeninhaltes ist außerdem die durch zahlreiche Tiefbohrungen bestätigte Tatsache, daß der Übergang zwischen den tertiären Schichten und dem sie überlagernden Pleistozän im Raum der Nördlichen Oberrheinniederung und im ganzen rechtsrheinischen Grabengebiet durchweg wesentlich tiefer liegt als links des Stromes im Vorderpfälzer Tiefland (221).

2. Grundwasserhöffigkeiten

Für die Beurteilung der hydrogeologischen Eigenschaften der vorstehend nur hinsichtlich ihrer allgemeinen geologischen Verhältnisse betrachteten Landschaften bietet die unter Leitung von R. GRAHMANN bearbeitete „Hydrogeologische Übersichtskarte der Bundesrepublik Deutschland, M 1 : 500 000" (1953) eine gute Grundlage. Die daraus entnommenen, auf praktischen Erfahrungen beruhenden Zahlen der Grundwasserhöffigkeiten, d. h. der von einzelnen Wasserwerken mit vertretbaren Mitteln gewinnbaren Grundwassermengen, geben wertvolle Aufschlüsse über die Durchlässigkit des Untergrundes. Andererseits geben jedoch die Zahlen der möglichen Förderungen keinen Aufschluß über die Größe der Grundwasserspenden in m^3/Tag · km^2 oder $1/s$ · km^2, d. h. über die je Flächeneinheit gewinnbaren Grundwassermengen.

Günstig und auch naheliegend ist es, daß die Grenzen der auf den Blättern Karlsruhe und Stuttgart der hydrogeologischen Karte nach Maßgabe ihrer unterschiedlichen Wasserhöffigkeiten ausgewiesenen Teilräume sich ziemlich weitgehend mit den Grenzen der bisher betrachteten, unter Berücksichtigung ihrer geologischen Verhältnisse ausgewiesenen naturräumlichen Haupteinheiten decken. Daher ergaben sich bei der nachstehenden Bewertung der hydrogeologischen Eigenschaften der Landschaften des Modellgebietes nach dem in den hydrogeologischen Karten angewendeten und in den zugehörigen Erläuterungsberichten begründeten Klassifizierungsprinzip keine wesentlichen Schwierigkeiten.

Von den aus Ablagerungen des Buntsandsteines bestehenden Landschaften werden dem Haardtgebirge und Teilen des Dahner Felsenlandes sehr günstige hydrogeologische Eigenschaften zugeschrieben. Dabei wird zwischen Talräumen mit möglichen Förderungen bis 1000 m^3/Tag = 11,6 l/s und Hochflächen mit möglichen Förderungen bis 500 m^3/Tag = 5,8 l/s unterschieden. Erhebliche Bedeutung wird der Tatsache beigemessen, daß das Haardtgebirge ein Teil der in der Richtung Kaiserslautern, Zweibrücken, Saargemünd, also etwa von Nordosten nach Südwesten verlaufende Pfälzer Triasmulde ist. Dementsprechend wird das Innere der Mulde vor allen Dingen von Schichten des Mittleren

Buntsandsteins eingenommenen, während sowohl am Rande ihres Nordflügels wie auch am Rande ihres Südflügels der Untere Buntsandstein über dem durchweg an seiner Untergrenze liegenden Rotliegenden auftaucht. Das ist für die Beurteilung der hydrogeologischen Verhältnisse sehr wichtig, da der Mittlere Buntsandstein, wie es sich in diesem linksrheinischen Gebiet bestätigt, im allgemeinen wesentlich günstigere Eigenschaften aufweist als der Untere Buntsandstein, der allerdings seinerseits das Rotliegende durchweg erheblich an Durchlässigkeit übertrifft.

Von den zahlreichen Quellen, die im Norden an der Basis des Unteren Buntsandsteins entspringen, speisen die bedeutendsten u. a. die Gruppenwasserversorgung von Gonbach, Langmeil und Alsenbrück am Westrand des zum Modellgebiet gehörenden Teiles des Glan-Alsenz-Berg- und Hügellandes. Ebenfalls recht zahlreich sind die Quellen, die im Südflügel der Mulde an der Basis des Unteren Buntsandsteins, teils am Übergang des Haardtgebirges zum Dahner Felsenland, teils im dortigen Bereich des Haardtrandes, entspringen. Genannt seien die Quellen von Eusserthal (1 l/s), Ramberg (1 l/s), Rodt (zwei Quellen mit 3 l/s und 4 l/s) und Edesheim (zwei Quellen mit 2 l/s und 5 l/s).

Wenn auch hiernach in den Bereichen des Unteren Buntsandsteins der Außenränder der Triasmulde Möglichkeiten für die Wasserversorgung von Ortschaften bestehen, deren Wasserbedarf einige l/s nicht überschreitet, so bietet doch nur der Mittlere Buntsandstein der westlichen Randschwelle des Oberrheingrabens Möglichkeiten, Städte ausreichend mit Wasser zu versorgen. Dafür sprechen nicht nur die Erfahrungen, die bisher im Modellgebiet selbst gewonnen wurden, sondern besonders auch die bedeutenden, nach dem Muldeninneren zunehmenden Grundwasserentnahmen, die westlich des Modellgebietes die Wasserversorgung größerer Städte und Industriegebiete bis zum Saargebiet hin sichern. Als Beispiel sei nur erwähnt, daß nahe der Westgrenze des Modellgebietes östlich von Kaiserslautern aus einem einzelnen Brunnen bei einem Pumpversuch fast 100 l/s gefördert werden konnten. Daher darf angenommen werden, daß auch im Modellgebiet selbst, in dem die nordöstliche Verlängerung der Muldenachse in der Kaiserslauterer Senke (192) verläuft, noch bedeutende Grundwassermengen gefördert werden können, die möglicherweise weit über die gegenwärtig nahe dem Gebirgsfuß aus dem Buntsandstein gewonnenen Grund- und Quellwassermengen hinaus gehen.

Im Gegensatz zum Buntsandstein des Haardtgebirges wird der Bunsandstein des Sandstein-Odenwaldes der östlichen Randschwelle des Oberrheingrabens recht ungünstig beurteilt. Bisher ist dort im allgemeinen nur die Versorgung von Dörfern mit einem Wasserbedarf bis etwa 100 m³/Tag = rd. 1,2 l/s ohne zu große Schwierigkeiten gelungen. Ausgenutzt werden dafür in erster Linie die vorhandenen, meist nur geringe Ergiebigkeiten aufweisenden Quellen, da selbst sehr tiefe und daher kostspielige Bohrungen auch in günstigen Fällen nur wenig l/s lieferten. Die seltenen Ausnahmen von diesem Befund, wie z. B. die Wolfsbrunnenquellen in Heidelberg-Schlierbach, die verhältnismäßig reichliche Schüttungen aufweisen, fallen für die Wasserversorgungsmöglichkeiten des zum Modellgebiet gehörenden Teiles des Sandstein-Odenwaldes nur wenig ins Gewicht.

Recht unterschiedlich sind die Möglichkeiten der Wassergewinnung in dem sich in der westlichen Randschwelle im Norden an das Haardtgebirge anschließenden, aus paläozoischen und vulkanischen Gesteinen bestehenden Glan-Alsenz-Berg- und Hügelland. Dort können in den Räumen der recht ausgedehnten Eruptivmassen aus einzelnen Brunnen nur Wassermengen bis zu etwa 20 m³/Tag = rd. 0,23 l/s gefördert werden. Etwas reichlicher sind lediglich die Mengen der aus alten Bergwerksstollen gewonnenen Spaltengrundwässer.

Günstiger als in den Räumen der Eruptivmassen werden dort die Wassergewinnungsmöglichkeiten in den etwas größeren, vorwiegend von Schichten des Rotliegenden eingenommenen Räumen beurteilt, und zwar kann man damit rechnen, daß aus den vereinzelt vorkommenden Sandstein- und Konglomeratbänken Grundwassermengen bis zu etwa 100 m³/ Tag = rd. 1,2 l/s gefördert werden können. Einzelnen Fällen, in denen Fördermengen bis zu 300 m³/Tag erreicht werden, stehen dort viele Fälle gegenüber, in denen weit weniger als 100 m³/Tag gewonnen werden.

Erhebliche Unterschiede der hydrogeologischen Bedingungen wurden auch im Tertiär des Alzeyer Hügellandes und der sich daran nach Süden anschließenden schmalen Zone des Haardtrandes festgestellt. In diesen Gebieten bestehen günstige Wassergewinnungsmöglichkeiten fast nur in den nicht sehr weit verbreiteten oligozänen Meeressanden und in den beschränkten Vorkommen von Kalktertiär. Aus Meeressanden konnten bei einer Versuchsbohrung in Marnheim etwa 600 m³/Tag = rd. 7 l/s gefördert werden. Ob sich diese Erfahrung auch in anderen Fällen bestätigen wird, muß abgewartet werden. Aus verhältnismäßig zahlreichen, aber durchweg stark schwankenden Quellabflüssen des Kalktertiärs beruht die Wasserversorgung mehrerer Gemeinden des Kreises Kirchheim-Bolanden. Als einmaliger Ausnahmefall ist die aus einem offenbar sehr ausgedehnten Vorkommens verkarsteter Kalke entspringende Seebachquelle bei der am Nordrand des Modellgebietes liegenden Ortschaft Westhofen zu bezeichnen. Diese bedeutendste Quelle Rheinhessens schüttet etwa 5000 m³/Tag = rd 58 l/s. Trotz dieser günstig erscheinenden Voraussetzungen waren die bisherigen Versuche, die Wasservorräte von Kalkbänken durch Bohrungen zu erschließen, wenig erfolgversprechend, da es nur unter außergewöhnlich günstigen Bedingungen gelang, mehr als 1 l/s zu fördern.

Im ganzen gesehen sind nach diesen Feststellungen die Wassergewinnungsmöglichkeiten in den tertiären Bildungen, wenn man von den guten Ergebnissen der Versuchsbohrung in Marnheim und der großen Schüttung der Seebachquelle absieht, als wenig günstig zu bezeichnen. Im allgemeinen kann man im Tertiär des Modellgebietes nur mit einer hinreichenden Wasserversorgung von Ortschaften mit einem Wasserbedarf bis zu 100 m³/ Tag = rd. 1,2 l/s rechnen. Das gilt jedoch nicht für den das Tertiär des Haardtrandes überdeckenden quartären Schwemmfächer des Speyerbaches. In diesem begrenzten Raum sind Förderungen bis etwa 1000 m³/Tag = 11,6 l/s möglich. Dazu kommt, daß dort in Neustadt eine in tertiärem Kalk stehende Bohrung etwa 2900 m³/Tag = rd. 33 l/s liefert. Abgesehen von dieser besonderen Situation, sind jedoch die größeren Ortschaften des Haardtrandes durchweg darauf angewiesen, Wasser mit Hilfe von Rohrleitungen aus dem Buntsandstein der Täler der Haardt zu beziehen.

Besonders ungünstige Bedingungen für die Wasserversorgung bestehen in dem unmittelbar an den Ostrand des Oberrheingrabens grenzenden, dem Sandstein-Odenwald vorgelagerten Vorderen Odenwald. Wenn auch dieses Gebirge, ebenso wie der Sandstein-Odenwald, in der hydrogeologischen Karte zu den Gebieten gestellt worden ist, in denen Wasserversorgungsmöglichkeiten für Dörfer mit einem Wasserbedarf bis zu etwa 100 m³/ Tag bestehen, so ist doch bekannt, daß in seinem Raum in niederschlagsarmen Zeiten fast überall Wassermangel herrscht. Die dadurch für die Bewohner entstehenden Schwierigkeiten wird man, da die vorhandenen Quellen schon fast ausnahmslos in Anspruch genommen werden, und da Bohrungen im kristallinen Gebirge keinen Erfolg haben, nur durch Wasserzufuhr aus hydrogeologisch günstigeren Gebieten beheben können.

Recht unterschiedliche Voraussetzungen bestehen für die Wasserversorgung des südlich an den Sandstein-Odenwald grenzenden Kraichgaues. Dort können in schmalen Räumen der Täler der Elsenz und des von rechts in sie mündenden Schwarzbaches z. T. Wassermengen bis zu etwa 1000 m³/Tag = 11,6 l/s aus quartiären Sand- und Schotterablagerungen der Flüsse gefördert werden. Weniger günstig, aber doch noch z. T. für Wasserentnahme bis zu etwa 500 m³/Tag = 5,8 l/s geeignet sind die Sandsteine des östlich von Oestringen liegenden Keupergebietes. In den weit größeren übrigen Räumen des zum Modellgebiet gehörenden Teiles des Kraichgaues konnten jedoch, ähnlich wie im angrenzenden Standstein-Odenwald, nach bisherigen Erfahrungen nur Dörfer mit einem Wasserbedarf bis etwa 100 m³/Tag = 1,2 l/s ausreichend versorgt werden.

Bei der Beurteilung der Wassergewinnungsmöglichkeiten in dem zum Modellgebiet gehörenden Teil des Oberrheingrabens müssen die sich hinsichtlich ihrer hydrogeologischen Eigenschaften wesentlich unterscheidenden, westlich und östlich des linksrheinischen Randes der Nördlichen Oberrheinniederung liegenden Landschaften je für sich betrachtet werden. Links dieser Grenze liegen außer dem niedrigeren Teil des schon besprochenen Tertiärgebietes des Alzeyer Hügellandes das im Norden bis an den Eckbach reichende und sich dann zu einem schmalen Gebietsstreifen verengende Vorderpfälzer Tiefland und rechts dieser Grenze der umfangreiche Raum der in den hydrogeologischen Karten wesentlich günstiger beurteilten Landschaften des Oberrheingrabens, zu denen außer der Nördlichen Oberrheinniederung selbst die Haardtebenen (223), die Neckar-Rhein-Ebene (224), die Hessische Rheinebene (225) und die Bergstraße (226) gehören.

In dem westlich des linksrheinischen Randes der Nördlichen Oberrheinniederung liegenden Vorderpfälzer Tiefland ändern sich die hydrogeologischen Verhältnisse oft auf kurzen Strecken beträchtlich. Am günstigsten sind dort in der Regel die Wassergewinnungsmöglichkeiten in den sich neben den Haardtbächen entlangziehenden Ablagerungsräumen des aus dem Gebirge stammenden Geschiebes. In diesen sich vielfach mit der Annäherung an den Strom verbreiternden und sich z. T. zusammenschließenden Gebieten können Förderungsmengen bis zu etwa 1000 m³/Tag = 11,6 l/s erreicht werden. Dazu sei an die schon oben erwähnten, besonders günstigen hydrologischen Bedingungen des Schwemmfächers des Speyerbaches erinnert. Durchweg ungünstiger sind die Wassergewinnungsmöglichkeiten auf den zwischen den Bächen auf etwas höherem Niveau liegenden Riedeln. Dort kann man im allgemeinen nur mit Fördermengen bis etwa 500 m³/Tag = 5,8 l/s rechnen.

Wenn auch hiernach im Vorderpfälzer Tiefland ausreichende Möglichkeiten der Wasserversorgung von Dörfern bestehen, so stößt doch die Wasserversorgung städtischer Siedlungen auf Schwierigkeiten. Diese konnten jedoch bisher außer durch den schon erwähnten Wasserbezug aus Tälern der Haardt z. T. dadurch überwunden werden, daß es gelang, Wasser aus dem im Vorland der Haardt durch Tiefbrunnen erschlossenen Buntsandstein zu gewinnen.

Die weitaus günstigsten Voraussetzungen für die Gewinnung größerer Grundwassermengen bestehen in den oben genannten, östlich des linksrheinischen Randes der Nördlichen Oberrheinniederung bis an den Odenwald und den Kraichgau reichenden Landschaften des Oberrheingrabens. In diesen Räumen liegt, wie schon angedeutet wurde, die Untergrenze der pleistozänen Ablagerungen tiefer als im Westen. Während daher die tertiäre Grabenfüllung im Vorderpfälzer Tiefland durchweg nur von meist feinsandigen, vielfach von Tonschichten unterbrochenen Ablagerungen des Altpleistozäns überdeckt ist, nehmen die schon im linksrheinischen Raum der Nördlichen Oberrheinniederung Mächtigkeiten bis etwa 20 m erreichenden, durchweg gröberen und daher porenreicheren jungpleistozänen Ablagerungen nach Osten z. T. bis auf 40 m und mehr zu. Obwohl darin auch schwerdurchlässige, östlich des Rheins z. T. durch Schlammablagerungen in Altarmen des ehemaligen Bergstraßenneckars entstandene Schichten vorkommen, werden hier von vielen Wasserwerken Fördermengen von weit mehr als 10 000 m³/Tag = rd. 116 l/s erreicht. So förderten z. B. die Wasserwerke der Stadt Mannheim in Käfertal und Rheinau zusammen mit den Hilfswasserwerken in Freudenheim und Seckenheim im Jahr 1949 durchschnittlich 85 500 m³/Tag = rd. 1000 l/s. Dazu kamen noch etwa 52 000 m³/Tag = rd. 600 l/s, die von Industriebetrieben Mannheims gefördert wurden.

Wenn sich auch diese bedeutenden Wasserentnahmen im Raum von Mannheim z. T. aus den besonders günstigen hydrogeologischen Bedingungen der mächtigen Ablagerungen des Neckar-Schwemmkegels und aus der Anreicherung des Grundwassers durch versickertes Flußwasser des Neckars und des Rheins erklären lassen, so wurden doch schon damals auch außerhalb des Schwemmkegels große Wassermengen aus den eiszeitlichen Ablagerungen des rechtsrheinischen Gebietes des Oberrheingrabens bis nahe an die östliche Randschwelle gewonnen. Das gilt z. B. für das Wasserwerk von Weinheim, das nahe den Höhen des kristallinen Odenwaldes etwa 2800 m³/Tag = rd. 320 l/s förderte. In der gleichen Größenordnung lagen auch die Wasserentnahmen in dem linksrheinischen Tal der nördlichen Oberrheinniederung. Dort förderten die Badischen Anilin- und Sodafabriken u. a. mit einem einzigen Horizontalbrunnen im Mittel 43 000 m³/Tag = rd. 500 l/s. Weiter nach Norden wird allerdings die Situation ungünstiger, da sich der westliche Rand der Niederung allmählich bis auf eine geringe Entfernung dem Strom nähert. Daher war die Stadt Worms genötigt, einen erheblichen Teil des für die Bevölkerung und die Industrie benötigten Wassers mittels einer Dükerleitung aus dem rechtsrheinischen Raum von einem nördlich von Lambertheim liegenden Wasserwerk zu beziehen. Dort wurden z. Z. der Bearbeitung der hydrogeologischen Karten 26 000 m³/Tag = rd. 300 l/s gefördert.

3. Grundwasserspenden

Wie nochmals hervorgehoben werden möge, geben die vorstehend angegebenen Zahlen der unter verschiedenen hydrogeologischen Bedingungen zu erwartenden Förderleistungen einzelner Wasserwerke keinen Aufschluß über die Größe der Grundwasserabflüsse A_u je Flächeneinheit in m³/Tag · km² oder l/s km². Diese leider nur näherungsweise bestimmmbaren Grundwasserabflußspenden entsprechen, wie schon begründet wurde, praktisch den Überschüssen des mittleren jährlichen Niederschlages N über die mittlere jährliche Summe des kurzfristigen Abflusses A_o und der Gesamtverdunstung V. Sie lassen sich daher, wenn die kurzfristigen Abflüsse A_o und die Verdunstung V bekannt sind, für genügend lange Jahresreihen, in denen der Beitrag der Speicherglieder $\triangle$ S der Gleichung (1 a) nicht ins Gewicht fällt, aus der Gleichung

$$A_u = N - V - A_o = A - A_o \qquad (1\,b)$$

berechnen.

Leider sind die Voraussetzung für die Auswertung dieser Gleichung im Modellgebiet durchweg nicht gegeben, da für die dortigen Rheinzuflüsse noch keine Ergebnisse von Untersuchungen über die nicht zur Grundwasserbildung beitragenden kurzfristigen Abflüsse A_o zur Verfügung stehen. Denken könnte man unter diesen Umständen daran, wenigstens Näherungswerte der kurzfristigen Abflüsse unter Verwendung der oben genannten, aus Untersuchungen von G. SCHROEDER stammenden, auf die mittleren Niederschlagshöhen bezogenen Prozentsätze zu ermitteln. Ein entsprechender Versuch für den Raum des Haardtgebirges ergab jedoch für das Gebiet des Speyerbachpegels Neustadt (W) eine zu geringe mittlere jährliche Spende langfristigen Grundwassers, die nicht der Wirklichkeit entsprechen kann. Das geht aus den folgenden Ausführungen hervor.

Wie schon angegeben wurde, fließen im Gebiet der Schwarzwald-Kinzig etwa 44 % und im Gebiet der Ems oberhalb des Pegels Rheine etwa 26,5 % des mittleren jährlichen Niederschlages kurzfristig ab. Danach müßte man im Gebiet der Haardt wegen der erheblichen Reliefenergie ihres stark zertalten Raumes auch unter Berücksichtigung des Umstandes, daß dort wegen der lockeren Böden des Mittleren Buntsandsteins und wegen der fast lückenlosen Bewaldung wahrscheinlich außergewöhnlich günstige Versickerungsbedingungen bestehen, mindestens mit dem für das Emsgebiet geltenden kurzfristigen Abfluß von 26,5 % des mittleren jährlichen Niederschlages rechnen. Unter dieser Voraussetzung würde sich die mittlere jährliche Höhe des kurzfristigen Abflusses des Speyerbachgebietes gemäß der dortigen, näherungsweise 750 mm betragenden mittleren jährlichen Niederschlagshöhe zu 750 mm · 0,265 = rd. 199 mm ergeben. Danach würden, wenn man in Betracht zieht, daß nach Tabelle 1 der weiter unten folgenden Ausführungen über die oberirdischen Gewässer des Modellgebietes die mittlere jährliche Abflußhöhe des Speyerbachgebietes oberhalb des Pegels Neustadt (W) rd. 220 mm beträgt, nur 220 mm — 199 mm = 21 mm, d. s. rd. 0,67 l/s km² auf den mittleren langfristigen Grundwasserabfluß A_u entfallen. Dieser Wert ist jedoch wesentlich zu klein, da nach der ebenfalls weiter unten folgenden Tabelle 3 die am Pegel Neustadt (W) in dem 20jährigen Zeitraum 1946/65 beobachtete kleinste Abflußspende 3,0 l/s km² betrug. Daraus geht nämlich hervor, daß die mittlere jährliche Grundwasserabflußspende größer gewesen sein muß als 3,0 l/s km², denn es ist bekannt, daß in Niederschlaggebieten geringer Größe die kleinsten Abflüsse nur bei Unterbrechung der Grundwasserbildung und fehlenden kurzfristigen Abflüssen auftreten und daher stets mit den kleinsten Grundwasserabflüssen übereinstimmen.

Bei dem Versuch, auf Grund dieses Sachverhaltes die mittleren jährlichen Grundwasserabflußspenden abzuschätzen, muß man die in den Ausführungen über die Wasserhaushaltsgesetze hervorgehobene Tatsache berücksichtigen, daß die Halbwertszeiten der Grundwasserabflüsse unter sonst gleichen Bedingungen den Quadraten der Vorfluterabstände proportional sind, und daß daher die Unterschiede der mittleren und der kleinsten Grundwasserabflüsse im allgemeinen bei großen Vorfluterabständen geringer sind als bei kleinen Vorfluterabständen. Da nun das Gebiet des Speyerbaches, wie aus den Ausführungen des folgenden Abschnittes über die oberirdischen Gewässer hervorgeht, eine sehr geringe Flußdichte, also relativ große Vorfluterabstände aufweist, ist kaum anzunehmen, daß die dortige mittlere jährliche Grundwasserabflußspende den Kleinstwert von 3,0 l/s km² sehr wesentlich überschreitet. Daher dürfte man ihrer wirklichen Größe nahekommen, wenn man diesen Kleinstwert nur um 20 % erhöht, also mit einem Mittelwert von 3,6 l/s · km² rechnet.

Die große Abweichung dieser Spende von dem oben ermittelten Wert von 0,67 l/s km² läßt erkennen, daß sich durch Abschätzung der kurzfristigen Abflüsse auf Grund der bisher nur für zwei Niederschlagsgebiete bekannten, auf die mittleren jährlichen Niederschläge bezogenen Prozentsätze im allgemeinen keine brauchbaren Näherungswerte der mittleren jährlichen Grundwasserabflüsse bestimmen lassen. Ausnahmen in dieser Hinsicht gelten jedoch für Gebiete, in denen wegen ihrer fast ebenen Geländeoberfläche und wegen ihrer durchweg gut durchlässigen Böden die kurzfristigen Abflüsse nur wenige Prozent der mittleren jährlichen Niederschläge betragen, so daß Verschätzungen ihrer Größe wenig ins Gewicht fallen.

Diese Voraussetzung ist in dem östlich der linksrheinischen Grenze der Nördlichen Oberrheinniederung liegenden Gebiet des Oberrheingrabens weitgehend erfüllt. Dort dürfte man daher, wenn man mit einem kurzfristigen Abfluß von nur 10 % des mittleren jährlichen Niederschlages rechnet, keine wesentliche Übereinschätzung des mittleren jährlichen Grundwasserabflusses zu befürchten brauchen.

Erschwert wird die Ermittlung der Grundwasserbildung des Oberrheingrabens leider dadurch, daß keine Ergebnisse von Abflußmessungen in Wasserläufen zur Verfügung stehen, die innerhalb seines Raumes entstehen. Als unmöglich erweist es sich auch, den mittleren jährlichen Abfluß des zwischen dem Pegel Weinheim und dem Pegel Lorch überwiegend im Raum des Oberrheingrabens liegenden Teilgebieten der Weschnitz aus der Differenz der für diese beiden Pegel ermittelten mittleren jährlichen Abflüsse zu bestimmen. Dieser Ausweg liefert keinen zutreffenden Wert des in diesem Zwischengebiet entstehenden Abflusses, da nach dem im Wasserwirtschaftlichen Rahmenplan Weschnitz (1964) wiedergegebenen Grundwasserhöhenplan ein großer Teil des Grundwassers unter der westlichen oberirdischen Wasserscheide dem Rhein zufließt. Dazu kommt, daß von dem schon erwähnten, bei Weinheim liegenden Wasserwerk wahrscheinlich nicht nur das in seinem Einzugsgebiet gebildete Grundwasser, sondern z. T. auch versickertes Wasser der Weschnitz gefördert wird.

In Anbetracht dieser Sachlage bleibt nur die Möglichkeit, den mittleren jährlichen Abfluß des betrachteten Gebietes als Differenz des mittleren jährlichen Niederschlages und der mittleren jährlichen Verdunstung zu bestimmen. Dabei kann die für diesen Bericht von H. SCHIRMER nach dem Verfahren von W. WUNDT entworfene Karte der mittleren jährlichen Abflußhöhen $A = N - V$ des Modellgebietes verwendet werden. Das ist vertretbar, da die auf dem gleichen Wege ermittelten Abflußhöhen von Gebieten geringer Reliefenergie, wie viele Vergleichsuntersuchungen gezeigt haben, den Ergebnissen von Abflußbeobachtungen recht nahe kommen. Weniger zuverlässige Ergebnisse liefert das Verfahren andererseits für Gebiete mit großer Reliefenergie, weil es dort wegen der großen Höhenunterschiede schwierig ist, die Mittelwerte der Niederschlagshöhen und der von den Temperaturen abhängenden Verdunstungshöhen hinreichend genau zu bestimmen. Das gilt im Modellgebiet auch für die gebirgigen Teile der Randschwellen des Oberrheingrabens. Darauf mag es zurückzuführen sein, daß die z. B. oben für das Gebiet des Speyerbaches bis zum Pegel Neustadt (W) angegebene, auf Abflußbeobachtungen beruhende mittlere jährliche Abflußhöhe von 220 mm, wie ein Blick auf die Karte leicht erkennen läßt, beträchtlich kleiner ist als die sich nach den Isolinien ergebende durchschnittliche Abflußhöhe des Gebietes. Allerdings ist es auch denkbar, daß am Pegel Neustadt (W) ein Teil des Gesamtabflusses unterirdisch durch den spalten- und klüftereichen Buntsandstein abfließt und daher nicht durch die dortigen Abflußmessungen erfaßt wird. Daraus mag sich wenigstens teilweise der Widerspruch erklären, daß die oben aus der Differenz der gemessenen Abflußhöhe und der geschätzten Höhe des kurzfristigen Abflusses berechnete mittlere jährliche langfristige Grundwasserabflußspende von 0,67 l/s km² wesentlich kleiner ist als die dortige kleinste Abflußspende von 3,0 l/s km².

Da im Gegensatz zu den Gebirgen des Modellgebietes der hier betrachtete Raum des Oberrheingrabens eine sehr geringe Reliefenergie aufweist, kann man dort, ohne wesentliche Fehler befürchten zu müssen, mit der sich aus der Karte ergebenden durchschnittlichen Abflußhöhe von etwa 180 mm rechnen. Zieht man davon, wie angegeben, 10 % der nach dem Klima-Atlas von Hessen (1949/50) durchschnittlich etwa 600 mm betragenden mittleren jährlichen Niederschlagshöhe für den kurzfristigen Abfluß A_0 ab, so erhält man als Näherungswert der mittleren jährlichen Höhe des langfristigen Grundwasserabflusses den Differenzbetrag $A_u = A — A_o = 180$ mm $— 60$ mm $= 120$ mm. Dem entspricht eine Grundwasserspende von 3,8 l/s km².

Weitere Zahlen von Grundwasserabflußspenden lassen sich, wenn auch wieder nur als grobe Nährungswerte, für diejenigen Niederschlagsgebiete des Modellraumes angeben, von denen, ebenso wie für das Gebiet des Speyerbaches, Ergebnisse von Abflußbeobachtungen und daher auch Zahlen der bisher beobachteten kleinsten Abflußspenden zur Verfügung stehen. Das gilt für die aus der Haardt kommenden Isenach, für die aus dem Vorderen Odenwald kommende Weschnitz und für den aus dem Kraichgau kommenden Leimbach.

In dem oberhalb von Bad Dürkheim liegenden Gebiet der Isenach bestehen nach den unten folgenden Ausführungen in dem Abschnitt über die oberirdischen Gewässer etwa die gleichen Vorfluterabstände wie im Gebiet des Speyerbaches. Daher dürfte auch für die Isenach eine Erhöhung der kleinsten bisher beobachteten Abflußspende um 20 % ausreichend sein. Unter dieser Voraussetzung erhält man, da die kleinste bei Bad Dürkheim im Zeitraum 1958/65 beobachtete Abflußspende nach Tabelle 3 1,9 l/s km² betrug, für die Isenach eine mittlere jährliche langfristige Grundwasserabflußspende von rd. 2,3 l/s km².

Bedeutend kleinere Vorflutabstände als in der Haardt bestehen im Vorderen Odenwald. Das spricht dafür, daß im dortigen oberhalb von Weinheim liegenden Niederschlagsgebiet der Weschnitz die mittlere jährliche Grundwasserabflußspende die kleinste Abflußspende wesentlich mehr übertrifft als in den Gebieten der beiden Haardtbäche. Das kann auch daraus geschlossen werden, daß sich die Schüttungen der im Odenwald für Wasserversorgungszwecke ausgenutzten Quellen in niederschlagsarmen Zeiten außergewöhnlich stark verringern. Daher ist es durchaus möglich, daß dort die kleinsten Abflüsse nur etwa die Hälfte der mittleren jährlichen Grundwasserabflüsse betragen, bzw. daß die Mittelwerte der Grundwasserabflußspenden doppelt so groß sind wie ihre Kleinstwerte. Sieht man das als annähernd zutreffend an, so ergibt sich auf Grund der nach Tabelle 3 für den Zeitraum 1950/62 geltenden kleinsten Abflußspende der Weschnitz von 1,1 l/s km² eine mittlere jährliche Grundwasserabflußspende von 2,2 l/s km².

Im Gebiet des Leimbaches oberhalb des Pegels Wiesloch sind die Abstände der Vorfluter bedeutend größer als im Vorderen Odenwald, aber nicht sehr viel kleiner als in der Haardt. Daher dürfte dort der Unterschied zwischen den Mittelwerten und den Kleinstwerten der langfristigen Grundwasserabflüsse den für die beiden Haardtbäche geschätzten Unterschied von 20 % nicht allzu sehr überschreiten. Sieht man daher einen Zuschlag von 30 % zu der nach Tabelle 3 im Zeitraum 1946/65 am Leimbachpegel Wiesloch beobachteten kleinsten Abflußspende von 1,8 l/s · km² als ausreichend an, so ergibt sich ein Näherungswert der mittleren langfristigen Grundwasserabflußspende von rd. 2,3 l/s · km².

Die Grundwasserabflußspende des Gebietes des Leimbaches kann auch als Anhalt für die Abschätzung der Grundwasserabflußspenden der ähnliche Reliefenergie aufweisenden Gebiete des Alzeyer Hügellandes und des Haardtrandes dienen. Wenn man nämlich in Betracht zieht, daß die mittleren jährlichen Abflußhöhen nach der Abflußhöhenkarte im Leimbachgebiet rd. 280 mm, im Alzeyer Hügelland und am Haardtrand aber nur etwa 130 mm bzw. 150 mm betragen, so wird man kaum bezweifeln können, daß die Grundwasserabflußspenden dieser beiden Gebiete erheblich kleiner sind als sie zu rd. 2,3 l/s · km² geschätzte Spende des Leimbachgebietes. Daher wird man dort kaum mit Spenden von wesentlich mehr als etwa 1,2 l/s · km² rechnen können. Ähnlich gering dürfte auch die Grundwasserabflußspende des Glan-Alsenz-Berg- und Hügellandes sein, denn wenn dort auch die Abflußhöhe etwa 210 mm beträgt, so weist doch die große Höhe des Donnersberges von 687 m darauf hin, daß die den kurzfristigen Abfluß fördernde Reliefenergie dieser Landschaft die des Leimbachgebietes z. T. wesentlich übertrifft.

Zu beantworten ist schließlich noch die Frage, mit welchen ungefähren mittleren jährlichen Grundwasserabflußspenden im Gebiet des Vorderpfälzer-Tieflandes und im Gebiet des Sandstein-Odenwaldes zu rechnen ist. Im Vorderpfälzer Tiefland beträgt die mittlere jährliche Abflußhöhe nach der Abflußhöhenkarte durchschnittlich etwa 135 mm. Das sind nur rd. 75 % der durchschnittlich etwa 180 mm betragenden Abflußhöhe des rechts der linksrheinischen Grenze der Nördlichen Oberrheinniederung liegenden Gebietes des Oberrheingrabens. Zieht man außerdem in Betracht, daß das überwiegend sehr engmaschige Gewässernetz des Vorderpfälzer Tieflandes sehr wahrscheinlich den kurzfristigen Abfluß fördert, daß dort also ein etwas größerer Prozentsatz des mittleren jährlichen Niederschlages, also vielleicht 15 % statt 10 %, nicht zur Grundwasserbildung beiträgt, so ergibt sich gemäß der etwa 550 mm betragenden mittleren jährlichen Niederschlagshöhe dieses Gebietes ein mittlerer jährlicher langfristiger Grundwasserabfluß von 135 mm — 0,15 · 550 mm = rd. 52,5 mm. Dem entspricht eine Grundwasserabflußspende von rd. 1,7 l/s · km².

Besonders schwierig ist die Abschätzung der mittleren jährlichen Grundwasserbildung des Sandstein-Odenwaldes. Wie weiter oben festgestellt wurde, sind dort die Möglichkeiten der Grundwasserförderung wesentlich ungünstiger als in dem gleichfalls aus Buntsandstein bestehenden Haardtgebirge. Vermutet werden kann, daß das z. T. auf eine geringere Durchlässigkeit der Böden und auf die weit weniger dichte Bewaldung des Sandsteinodenwaldes zurückzuführen ist. Daher dürfte dort die Grundwasserbildung beträchtlich geringer sein als in der Haardt, wenn sie auch sicher größer sein wird als in dem benachbarten, aus besonders dichten Gesteinen bestehenden kristallinen Vorderen Odenwald. Das bedeutet allerdings nur, daß die mittlere jährliche Grundwasserabflußspende des Sandstein-Odenwaldes kleiner als 3,8 l/s · km², aber größer als 2,2 l/s · km² ist. Da jedoch keine anderen Anhaltspunkte zur Verfügung stehen, bleibt nichts anderes übrig als mit dem arithmetischen Mittel dieser beiden Zahlen, also mit einer Spende von rd. 3,0 l/s · km² zu rechnen.

Abschließend sei noch hervorgehoben, daß die mittleren jährlichen langfristigen Grundwasserabflußspenden nur unter besonders günstigen Bedingungen annähernd vollkommen für Wasserversorgungszwecke ausgenutzt werden können. Dazu sei daran erinnert, daß die Grundwasserabflüsse sich in niederschlagsarmen Zeiten je nach der Dauer ihrer Halbwertszeiten mehr oder weniger schnell verringern und am Ende von Trockenzeiten ihren Mittelwert wesentlich unterschreiten können. Eine Annäherung der Gewinnungsmengen an die mittleren Grundwasserabflüsse ist daher nur in Fällen möglich, in denen es gelingt, die Dauer der Halbwertszeiten durch die bei Absenkung des Grundwasserspiegels unter die Sohlen benachbarter Vorfluter eintretende Ausweitung der Grundwassereinzugsgebiete zu vergrößern. Auf diese wichtige Frage der Praxis der Grundwassergewinnung kann erst bei der Darstellung der wasserwirtschaftlichen Verhältnisse des Modellraumes eingegangen werden.

V. Oberirdische Gewässer

1. Gewässernetze

Um die Gestalten der Gewässernetze der Landschaften des Modellgebietes zu veranschaulichen, sind in der Abflußhöhenkarte auch die in der topographischen Karte 1 : 200 000 wiedergegebenen Wasserläufe dargestellt. Dadurch vermittelt die Karte einen guten Überblick über die neben den geologischen Verhältnissen für die Ausbildung der Gewässernetze besonders wichtigen Abflußspenden. Vorteilhaft ist, daß die Linien gleicher Abflußhöhen zugleich die Unterschiede der topographischen Verhältnisse recht gut zum Ausdruck bringen, da die mittleren Abflüsse im allgemeinen mit den Geländehöhen zunehmen. Wesentliche Abweichungen von dieser Regel lassen sich fast stets darauf zurückführen, daß die Niederschlagshöhen an den Windseiten von Gebirgen und Höhenzügen größer sind als in ihrem Windschatten. Daraus erklärt es sich auch, daß im Raum des Modellgebietes, in dem regenbringende Winde aus westlichen Richtungen vorherrschen, die Abflußhöhen in dem im Windschatten der westlichen Randschwelle liegenden linksrheinischen Raum des Oberrheingrabens erheblich kleiner sind als in dem an der Windseite der östlichen Randschwelle liegenden rechtsrheinischen Raum. Außerdem ist diese Wirkung auch daran erkennbar, daß nach der Abflußhöhenkarte im Haardtgebirge nur Abflußhöhen bis etwas über 400 mm/Jahr, dagegen in dem ähnliche Geländehöhen erreichenden Odenwald Abflußhöhen bis über 550 mm/Jahr erreicht werden.

Für die Gestaltung der Laufstrecken des Rheins und des Neckars im Modellraum sind die dortigen Abflußverhältnisse ohne wesentliche Bedeutung. Vielmehr wurde ihre Laufentwicklung von den Abflüssen ihrer oberhalb der Süd- und Ostgrenze des Modellgebietes liegenden weiträumigen Niederschlagsgebiete bestimmt, bis man begann, ihren Lauf künstlich zu regeln.

Die ersten erfolgreichen Arbeiten zur Regelung des in seiner Alluvialrinne hin- und herpendelnden, bei jedem größeren Hochwasser neue Abflußarme bildenden Rheins wurden seit dem Jahr 1817 nach Plänen des Direktors der badischen Wasser- und Straßenbauverwaltung, Oberst Gottfried Tulla (1770—1828), durchgeführt. Im Rahmen dieser Arbeiten wurde die Stromstrecke entlang der badischen Grenze um 80 km verkürzt. Dadurch wurde vor allen Dingen eine wesentliche Verringerung der Überschwemmungsschäden erreicht, die bis dahin fast bei jedem Hochwasser erhebliche wirtschaftliche Verluste für die Stromanlieger gebracht hatten. Außerdem hatte die Laufverkürzung eine fortschreitende Senkung der Grundwasserstände zur Folge, so daß das Gelände vieler versumpfter Altarme in wertvolles Ackerland verwandelt wurde. Im Laufe der Zeit stellten sich jedoch auch erhebliche Nachteile ein, da die Ertragsfähigkeit weiter Landstriche infolge des allmählichen Absinkens des Grundwasserspiegels in eine für die Pflanzenwurzeln unerreichbare Tiefe stark beeinträchtigt wurde.

Weniger bedeutend waren die Regelungsarbeiten, die in jener Zeit auch nördlich der badischen Grenze durchgeführt wurden. Dort wurde im Raum des Modellgebietes nur der Anfang des 19. Jahrhunderts durch ein Hochwasser entstandene Durchbruch der Rheinschleife von Lampertheim nachreguliert. Trotzdem haben die das Sinken der Grundwasserstände verursachenden Erosionswirkungen der Laufverkürzungen sich laufend bis weit über Worms hinaus nach Norden fortgesetzt. Wie man festgestellt hat, betrugen die Senkungen der Rheinsohle auf der Stromstrecke des Modellgebietes seit Beginn der dortigen Beobachtungen in den Jahren 1820/22 bis zum Jahr 1875 durchschnittlich rd. 0,3 m, bis zum Jahr 1955 aber schon durchschnittlich 1,7 m. Daher ist noch nicht abzusehen, bis wann sich ein neuer Gleichgewichtszustand der Rheinsohle eingestellt haben wird. Jedoch hat sich gezeigt, daß die Intensität der Senkung geringer wird.

Während so der Verlauf des Rheinstromes durch die vielen Durchstiche grundliegend geändert wurde, blieben die durch Regelungsarbeiten bewirkten Umgestaltungen des Neckarlaufes in engen Grenzen. Bedeutsam ist jedoch, daß der Ausbau des Neckars zu einer leistungsfähigen Binnenwasserstraße zur Erhöhung der Fahrwassertiefe durch den Bau von Stauanlagen und durch Baggerungen nötigte.

Im Gegensatz zum Rhein und zum Neckar wird der Charakter ihrer im Modellgebiet mündenden Nebenflüsse fast ausschließlich von den dort bestehenden, stark wechselnden Bedingungen bestimmt. Vergleicht man zunächst an Hand der Abflußhöhenkarte die Gewässernetze des von der Weschnitz entwässerten Teiles des kristallinen Odenwaldes mit den Gewässernetzen des u. a. vom Speyerbach, von der Isenach, vom Eckbach und z. T. vom Eisbach entwässerten Buntsandsteingebirges der Haardt, so erkennt man, daß, wie schon weiter oben vermerkt wurde, in dem harten Kristallin wesentlich größere Flußdichten entstanden sind als in dem klüfte- und spaltenreichen Mittleren Buntsandstein der westlichen Randschwelle des Oberrheingrabens. Das erklärt sich, wie aus den Betrachtungen über die Wasserhaushaltsgesetze hervorgeht, daraus, daß die grundwasserführenden Verwitterungsschichten des kristallinen Odenwaldes eine geringere Durchflußhöhe h_u aufweisen und außerdem wesentlich weniger durchlässig sind als die grundwasserführenden Verwitterungsschichten der Haardt. Auf den gleichen Ursachen beruht auch die zwar aus der Abflußhöhenkarte weniger deutlich erkennbare, aber in dem Beitrag von J. H. SCHULTZE über die Struktur des Modellgebietes hervorgehobene Tatsache, daß die Flußdichte des Vorderen Odenwaldes 1,5 km/km² beträgt und somit mehr als doppelt so groß ist wie die nur 0,6 bis 0,7 km/km² betragende Flußdichte des vom Ulfenbach und vom Steinbach entwässerten Teiles des Sandstein-Odenwaldes.

Einleuchtend erklären lassen sich auch die unterschiedlichen Flußdichten der im nördlichen Raum der westlichen und im südlichen Raum der östlichen Randschwelle des Oberrheingrabens liegenden Landschaften. Die verhältnismäßig geringe Flußdichte des von der Pfrimm entwässerten, z. T. aus schwerdurchlässigen vulkanischen Gesteinen bestehenden Glan-Alsenz-Berg- und Hügellandes ist zweifellos auf die oben geschätzte, relativ geringe Grundwasserbildung in diesem Raum zurückzuführen. Der Einfluß der Wasserzufuhren zum Grundwasser, der ja in engem Zusammenhang mit den mittleren jährlichen Abflußhöhen steht, zeigt sich besonders deutlich in der Abnahme der Flußdichte des zur westlichen Randschwelle des Oberrheingrabens gehörenden westlichen Teiles des Alzeyer Hügellandes in Richtung der nach Osten zurückgehenden Abflußhöhen. Demgegenüber lassen sich die überwiegend größeren Flußdichten des vom Leimbach und von der Elsenz entwässerten, im Südosten des Modellgebietes liegenden Kraichgaues vor allen Dingen aus der reichlicheren Grundwasserbildung dieser Landschaft erklären. Das schließt allerdings nicht aus, daß dort stellenweise auch oberflächennahe Sohlschichten der Grundwasserleiter, wie wahrscheinlich im Gebiet Waldangerbaches, die Entstehung kleiner Vorfluterabstände gefördert haben.

Teilweise andere Voraussetzungen für die Ausbildung der Gewässernetze als in den mehr oder weniger stark zertalten Landschaften der Randschwellen bestehen in den überwiegend verhältnismäßig flachen Räumen des Oberrheingrabens. Wie bei Erörterung der Wasserhaushaltsgesetze hervorgehoben wurde, bilden sich in ebenen Gebieten, in denen das Vorfluterniveau in der Regel nicht sehr tief unter dem benachbarten Gelände liegt, notwendig kürzere Vorfluterabstände aus als in Gebieten, in denen sich die Wasserläufe mehr oder weniger tief in das Gelände einschneiden können. Darauf ist es zweifellos zurückzuführen, daß in dem von den Bächen der westlichen Randschwelle durchflossenen Vorderpfälzer Tiefland trotz der nicht sehr reichlichen Grundwasserbildung stellenweise sehr kleine Vorfluterabstände entstanden sind. Andererseits macht jener Sachverhalt auch die Tatsache verständlich, daß sich in dem zum Oberrheingraben gehörenden östlichen Teil des Alzeyer Hügellandes, in dem allerdings die Grundwasserbildung geringer ist als im größten Teil des Vorderpfälzer Tieflandes, auffallend große Vorfluterabstände ausgebildet haben. Das erklärt sich daraus, daß dieses Gebiet, wie schon die Bezeichnung Hügelland erkennen läßt, höher liegt als der ganze übrige Raum des Oberrheingrabens, und daß sich daher die Hauptvorfluter im Laufe der Zeit tiefer in das Gelände eingeschnitten haben und ihre Zubringer trockenfallen ließen.

Als sehr bedeutsam hat sich im linksrheinischen Teil des Oberrheingrabens die Abzweigung des Rehbaches aus dem Speyerbach bei Neustadt (W) erwiesen. Diese Abflußteilung, die sich vermutlich schon in sehr früher Zeit ausgebildet hat, gibt eine Erklärung für die große Ausdehnung des Speyerbach-Schwemmkegels. Zwar sind solche Geschiebeablagerungen vor dem Austritt von Bächen aus einem Gebirge in eine Ebene eine bekannte Erscheinung, die sich zwanglos darauf zurückführen läßt, daß das aus dem Gebirge kommende, meist sehr reichliche Erosionsmaterial erst abgeführt werden kann, wenn sich das Fließgefälle hinreichend durch Ablagerungen erhöht hat. Die ungewöhnlich große Ausdehnung des Speyerbach-Schwemmkegels wird jedoch erst verständlich, wenn man in Betracht zieht, daß das Gleichgewichtsgefälle von Wasserläufen, das dazu ausreicht, das aus ihren Niederschlagsgebieten kommende Geschiebe laufend abzuführen, um so größer sein muß, je kleiner ihre mittleren Abflüsse sind. Daher hatte die Teilung des Abflusses des Speyerbaches auf zwei Arme mit entsprechend geringeren Abflüssen notwendig zur Folge, daß sich ein besonders hoher und ausgedehnter Schwemmkegel aufbauen mußte, bevor das Gefälle der beiden Abflußarme für die laufende Abführung des aus dem Gebirge kommenden Geschiebes des ungeteilten Speyerbaches ausreichte.

Übergangen werden kann die Frage der Ausbildung der Gewässer der besonders südlich der badischen Grenzen von zahlreichen Altarmen durchzogenen und im übrigen von den Mündungsstrecken der beiderseitigen Rheinzuflüsse durchflossenen Nördlichen Oberrheinniederung. Näher betrachtet werden müssen jedoch die Besonderheiten der Vorflutverhältnisse der östlich angrenzenden Landschaften des Oberrheingrabens. Sehr auffällig ist vor allen Dingen im Hinblick auf die dortige recht beträchtliche Grundwasserspeisung das Fehlen von Wasserläufen in weiten Räumen der Hessischen Rheinebene und der Neckar-Rhein-Ebene. Diese Erscheinung erklärt sich zwar in erster Linie daraus, daß die aus dem Odenwald kommenden Bäche größtenteils im Süden vom Neckar und auf der Strecke von Großsachsen bis Bensheim von der in Richtung des ehemaligen Bergstraßenneckars nach Norden fließenden Weschnitz aufgenommen werden. Sehr wesentlich ist jedoch auch, daß das in den beiden Ebenen gebildete stellenweise durch unterirdische Zuflüsse aus dem Gebirge angereicherte Grundwasser infolge der guten Durchlässigkeit und der großen Mächtigkeit des jungpleistozänen Untergrundes mit relativ geringem Gefälle dem Rhein und in beschränktem Maße auch dem Neckar und der Weschnitz zufließen kann, ohne die Bodenoberfläche zu erreichen und selbständige oberirdische Wasserläufe zu bilden.

Es braucht kaum erwähnt zu werden, daß das ganz andere Bild des Gewässernetzes des zum Modellgebiet gehörenden Raumes der Haardtebenen von den unmittelbar dem Rhein zufließenden Bächen des Kraichgaues, u. a. vom Leimbach, vom Kraichbach und vom Kriegbach bestimmt wird. Ähnlich ist die Situation in dem vom Unterlauf der

Weschnitz in westlicher Richtung durchflossenen nördlichen Raum des zum Modellgebiet gehörenden Teiles der Hessischen Rheinebene.

2. Abflußregime

Wie schon hervorgehoben wurde, weist der Rhein infolge seines umfangreichen, seit Ende des Altpleistozäns auch große Teile der Alpen umfassenden Stromgebietes nicht nur im Durchschnitt der Jahre, sondern auch in den Sommerhalbjahren, in denen die Abflüsse seiner Zuflüsse durchweg mehr oder weniger stark zurückgehen, in der Regel noch eine verhältnismäßig reichliche Wasserführung auf. Um das nachzuweisen, sind in den Spalten 5, 8 und 9 der Tabelle 1 dem mittleren jährlichen Abfluß des Rheines und den zugehörigen prozentualen mittleren halbjährlichen Abflüssen die entsprechenden Abflußgrößen seiner im Modellgebiet mündenden Zuflüsse gegenübergestellt, von denen Abflußzahlen im Deutschen Gewässerkundlichen Jahrbuch (1968) veröffentlicht sind.

Tabelle 1: *Mittlere Abflüsse*

1	2	3	4	5	6	7	8	9
Flußgebiet	Pegel	Fläche km²	Zeitraum	mittlere jährliche Abflüsse			Winter	Sommer
				m³/s	l/s km²	mm	%	%
Rhein	Worms	68 936	36/65	1 370	19,9	630	94	106
Neckar	Rockenau	12 710	51/65	121	9,5	300	130	70
Leimbach	Wiesloch	113	46/65	0,86	7,6	240	117	83
Weschnitz	Weinheim	174	50/62	2,19	12,6	400	128	72
Weschnitz	Lorch	400	56/65	3,05	7,6	240	116	84
Speyerbach	Neustadt (W)	313	46/65	2,21	7,1	220	110	90
Isenach	Bad Dürkheim	67,2	58/65	0,25	3,7	120	100	100
Eckbach	Gr. Karlbach	63,6	57/65	0,11	1,7	53	113	87

Während danach die mittleren halbjährlichen Abflüsse des Stromes selbst im Sommer 106 % und im Winter 94 % des mittleren jährlichen Abflusses betrugen, waren die mittleren halbjährlichen Abflüsse seiner Zuflüsse im Sommer durchweg kleiner als im Winter. Dieser Sachverhalt wird sich sicher auch dann bestätigen, wenn die z. T. erst für kurze Jahresreihen geltenden Prozentsätze der mittleren halbjährlichen Abflüsse der Zubringer des Srtomes sich nach längeren Beobachtungszeiten etwas geändert haben werden.

Noch deutlicher geht das günstigere Abflußregime des Rheins aus einem Vergleich der in Tabelle 2 wiedergegebenen, auf die mittleren jährlichen Abflüsse bezogenen prozentualen mittleren Abflüsse der einzelnen Monate hervor. Danach fielen die in der Zusammenstellung unterstrichenen kleinsten Mittelwerte der relativen Abflüsse der Monate am Rheinpegel Worms mit 82 % auf den Oktober, am Neckarpegel Rockenau mit 51 % auf den September, am Weschnitzpegel Weinheim mit 63 % auf den August und am Speyerbachpegel Neustadt. a. d. W. mit 76 % sowie am Leimbachpegel Wiesloch mit 70 % auf den Oktober. Die hiernach im Durchschnitt der Jahre auch noch am Ende des Sommers sehr reichliche Wasserführung des Rheins erklärt sich vor allen Dingen daraus, daß die Sommeranteile der Niederschläge im Alpengebiet auch in großen Höhen vielfach noch weit über 50 % betragen, und daß die Verdunstung dort wegen der auch im Sommer

Tabelle 2: Prozentuale mittlere monatliche und halbjährliche Abflüsse bezogen auf den mittleren Abfluß der Beobachtungszeiten

1	2	3	4	5	6	7	8	9	10	11	12	13	14	15	16	17
Flußgebiet	Pegel	XI	XII	I	II	III	IV	V	VI	VII	VIII	IX	X	Winter	Sommer	Jahr
Rhein	Worms	86	84	90	98	101	104	105	126	125	107	93	82	94	106	100
Neckar	Rockenau	88	106	143	161	160	125	88	96	76	59	51	55	130	70	100
Weschnitz	Weinheim	97	124	151	155	132	112	77	77	65	63	69	82	128	72	100
Speyerbach	Neust. (W)	77	96	108	126	126	123	119	106	94	81	77	76	110	90	100
Leimbach	Wiesloch	92	122	126	140	133	105	94	97	85	78	71	70	117	83	100

Tabelle 3:

Äußerste Abflüsse

1	2	3	4	5	6	7	8	9	10	11
		Zeit-	größter Abfluß				kleinster Abfluß			
Flußgebiet	Pegel	raum	m³/s	$\frac{l}{s \cdot km^2}$	Dat.	*)	m³/s	$\frac{l}{s \cdot km^2}$	Dat.	*)
Rhein	Worms	36/65	5600	81,2	I.55	4,1	408	5,9	XI.47	0,30
Neckar	Rockenau	51/65	2150	169	III.56	17,8	20	1,6	XII.62	0,17
Leimbach	Wiesloch	46/65	16	142	III.47	18,6	0,20	1,8	X.49	0,23
Weschnitz	Weinheim	50/62	49	282	III.56	22,4	0,19	1,1	VIII.52	0,09
Weschnitz	Lorch	56/65	37,1	92,8	VI.56	12,2	0,65	1,6	1964	0,21
Speyerbach	Neust. (W)	46/65	14,7	47,0	XII.52	6,7	0,95	3,0	X.47	0,43
Isenach	Bad Dürkh.	58/65	3,45	51,3	VII.62	13,8	0,13	1,9	1964	0,52
Eckbach	Gr.Karlb.	57/65	1,81	28,5	VIII.58	16,5	0,008	0,13	XIII.64	0,07

Überhaupt bekannte äußerste Abflüsse

Rhein	Worms	seit 1921	5600	81,2	I.55	4,1	370	5,4	III.21	0,27
Neckar	Rockenau	seit 1949	2500	197	1824	20,7	13	1,0	X.49	0,11

*) Relative äußerste Abflüsse, bezogen auf den mittleren Abfluß nach Tabelle 1, Spalte 5.

recht niedrigen Temperaturen und wegen der spärlichen Vegetation des Hochgebirges relativ gering ist. Der außerdem bestehende Einfluß der Schmelzwässer der Gletscher dürfte demgegenüber zurücktreten, da am Bodenseeausfluß des Rheins nur etwa 2,4 % und an dem unterhalb der Einmündungen der Reuß und der Limmat liegenden Aarepegel Stilli nur etwa 1,1 % des Niederschlagsgebietes auf Gletscher entfallen.

Ein weiterer wichtiger Beweis für die vergleichsweise geringen Schwankungen der Abflüsse des Rheins ist schließlich auch darin zu sehen, daß seine relativen äußersten Abflüsse nach den Spalten 7 und 11 der Tabelle 3 den mittleren Abfluß der Beobachtungszeit weit weniger überschritten und auch, abgesehen von den noch zu betrachtenden Ausnahmefällen der reichlichen Niedrigwasserabflüsse des Speyerbaches und der Isenach, auch weniger unterschritten haben als das für die äußersten Abflüsse seiner Zuflüsse gilt. Auch bezüglich dieser Feststellung muß allerdings wieder in Betracht gezogen werden, daß die Zahlen der relativen äußersten Abflüsse sich nach längeren Beobachtungszeiten ändern werden. Das ist mit Sicherheit vorauszusehen, da erfahrungsgemäß um so größere Maxima und um so kleinere Minima der Abflüsse auftreten, je länger die Beobachtungszeiten sind. Das wird auch dadurch bestätigt, daß in den Zeiten vor 1936/65 und 1951/65, für die durch regelmäßige Kontrollen gesicherte Beobachtungsergebnisse für den Rhein und den Neckar vorliegen, nach den näherungsweise geltenden Zahlen der überhaupt bekannten äußersten Abflüsse der beiden letzten Zeilen der Tabelle 3 am Rheinpegel Worms im März 1921 und ebenso auch am Neckarpegel Rockenau im Oktober 1949 kleinere Niedrigwasser auftraten als in den beiden kürzeren Zeiträumen. Dabei verringerten sich die Relativzahlen der kleinsten Abflüsse nach Spalte 11 am Rheinpegel von 0,30 auf 0,27 und am Neckarpegel von 0,17 auf 0,11.

Diese Zahlen sprechen im übrigen dafür, daß die in kurzen Zeiträumen ermittelten Extremwerte der Abflüsse sich bei Verlängerung der Beobachtungszeiten im allgemeinen mehr verändern als die in langen Zeiträumen ermittelten Extremwerte. Das wird u. a. dadurch bestätigt, daß der Verlängerung der Beobachtungszeit des Rheinpegels Worms von 30 Jahren auf 45 Jahre eine Verringerung des kleinsten relativen Niedrigwasserabflusses von 0,30 auf 0,27, also um nur 10 % entsprach, daß aber bei Verlängerung der Beobachtungszeit des Neckarpegels Rockenau von 15 Jahren auf 17 Jahre der kleinste relative Niedrigwasserabfluß von 0,17 auf 0,11, also um 35 % zurückging.

Diese Beobachtungsergebnisse lassen erwarten, daß die festgestellte geringere Schwankungsweite der extremen Abflüsse des Rheins gegenüber denen seiner Zuflüsse sich auch in Zukunft bestätigen wird, wenn Ergebnisse längerer Beobachtungszeiten zur Verfügung stehen werden. Das gilt mit Einschluß der sich durch relativ große Niedrigwasserabflüsse auszeichnenden Gebiete des Speyerbaches und der Isenach, da der Quotient des größten Hochwasserabflusses und des kleinsten Niedrigwasserabflusses am Rheinpegel Worms im Zeitraum 1921/65 5600 : 370 = 15,1 betrug, also trotz der längeren Beobachtungszeit kleiner war als die sich für den Speyerbachpegel Neustadt (W) im Zeitraum 1946/65 zu 14,7 : 0,95 = rd. 15,5 und für den Isenachpegel Bad Dürkheim im Zeitraum 1958/65 zu 3,45 : 0,13 = 26,5 ergebenden Quotienten.

Von nicht geringerer Bedeutung als die Unterschiede der Schwankungsweiten der Abflüsse, die zwischen dem Rhein einerseits und seinen im Modellgebiet mündenden Zuflüsse andererseits festgestellt wurden, sind die Unterschiede der Schwankungsweiten der Abflüsse, die zwischen diesen Zuflüssen selbst bestehen. Von erheblichem Interesse sind insbesondere die nach längeren niederschlagsarmen Zeiten auftretenden, in kleineren Wasserläufen praktisch allein aus Grundwasser bestehenden Niedrigwasserabflüsse.

Leider ist es nicht möglich, der Beurteilung des Einflusses der Landschaftseigenschaften auf die Größenunterschiede dieser kleinsten Abflüsse ihr Verhältnis zu den oben angegebenen mittleren jährlichen langfristigen Grundwasserabflüssen zugrunde zu legen. Das kommt nicht in Betracht, da ja letztere mangels zuverlässiger Unterlagen gewissermaßen auf dem umgekehrten Wege auf Grund ihres geschätzten Verhältnisses zu den kleinsten bisher beobachteten Abflüssen ermittelt worden sind. Daher muß man sich auf Vergleiche der kleinsten Abflüsse mit den mittleren jährlichen Gesamtabflüssen begnügen.

Wie aus Spalte 11 der Tabelle 3 und aus der Abflußhöhenkarte hervorgeht, stehen die sich für die kleinsten und mittleren Abflüsse ergebenden Verhältniszahlen in sehr enger Beziehung zu den oben näher betrachteten Flußdichten der Niederschlagsgebiete. So sind z. B. die 0.43 bzw. 0,52 betragenden Verhältniszahlen der Gebiete des Speyerbaches oberhalb von Neustadt (W) und der Isenach oberhalb von Bad Dürkheim etwa 5—6mal so groß wie die nur 0,09 betragende Verhältniszahl des Gebietes der Weschnitz oberhalb von Weinheim. Dieser große Unterschied kann zwar nicht als einwandfreie Bestätigung, aber doch als ein deutliches Anzeichen dafür gelten, daß großen Vorfluterabständen lange Halbwertzeiten der Grundwasserabflüsse entsprechen und umgekehrt. Für diesen Sachverhalt spricht auch die Feststellung, daß die Verhältniszahl des Gebietes des Leimbaches oberhalb von Wiesloch, in dem kleinere Vorfluterabstände bestehen als in der Haardt, 0,23 beträgt, also nur etwa halb so groß ist wie die für die Gebiete des Speyerbaches und der Isenach geltenden Verhältniszahlen.

Nicht verwendbar für solche Vergleiche sind die Abflußzahlen des Eckbaches, da der Pegel Großkarlbach außerhalb des Haardtgebirges im Raum des Vorderpfälzer Tieflandes liegt, und da oberhalb des Pegels Grundwassergewinnungsanlagen liegen, die dem Eckbach wahrscheinlich erhebliche Wassermengen entziehen.

Nachteilig ist, daß keine Möglichkeit besteht, die Grundwasserverhältnisse der wasserwirtschaftlich wichtigen Gebiete der Nördlichen Oberrheinniederung und der sich nach Osten anschließenden Landschaften des Oberrheingrabens nach den Ergebnissen von Abflußbeobachtungen zu beurteilen.

Darin wird sich auch in Zukunft kaum etwas ändern lassen, da, wie schon bezüglich des Gebietes des Mittellaufes der Weschnitz festgestellt wurde, die unterirdischen Wasserscheiden der Niederschlagsgebiete dieser Räume vielfach wesentlich von den sich aus der Topographie ergebenden Wasserscheiden abweichen und sich außerdem dauernd verlagern. Dadurch wird die Bedeutung der Feststellung, daß das Verhältnis des kleinsten bisher beobachteten Abflusses zum mittleren jährlichen Gesamtabfluß am Weschnitzpegel Lorch nach Spalte 11 der Tabelle 3 0,21 bträgt, also mehr als doppelt so groß ist wie das 0,09 betragende Verhältnis des Gebietes der Weschnitz oberhalb von Weinheim wesentlich beeinträchtigt. Trotzdem wird man in diesem großen Unterschied der Verhältniszahlen eine Bestätigung der Tatsache sehen dürfen, daß die Halbwertszeiten des Grundwasserabflusses der sich durch ungewöhnlich große Vorfluterabstände auszeichnenden Hessischen Rheinebene wesentlich länger sind als die des kristallinen Odenwaldes.

Verzichtet werden muß bei diesen großräumigen Betrachtungen auf den Versuch, die Frage zu klären, wie die Niedrigwasserabflüsse innerhalb der einzelnen Landschaften des Modellraumes durch Unterschiede der Eigenschaften der Böden beeinflußt werden. Gesagt werden kann darüber nur, daß, wie weiter oben begründet wurde, in Gebieten geringer Niederschläge, also besonders im linksrheinischen Teil des Oberrheingrabens, Böden großen Wasserhaltevermögens, wie vor allen Dingen Lößböden, die Grundwasserbildung beeinträchtigen und die Niedrigwasserabflüsse verringern können. Noch weniger ist eine einwandfreie Beantwortung der unzureichend geklärten Frage möglich, wie sich Unterschiede der Bodennutzung auf die Niedrigwasserabflüsse auswirken. So ist z. B. die oft wiederholte Behauptung, daß Bewaldung die Grundwasserabflüsse erhöht, in dieser allgemeinen Form nicht vertretbar, da Waldbestände zwar in der Regel günstigere Versickerungsbedingungen schaffen als Äcker und Grünland, andererseits aber auch oft mehr Wasser durch Verdunstung verbrauchen. Daher kann nur vermutet aber nicht mit Sicherheit behauptet werden, daß die nach Spalte 11 der Tabelle 3 wesentlich größeren relativen Niedrigwasserabflüsse der Bäche des Haardtgebirges gegenüber dem relativen Niedrigwasserabfluß der aus dem Vorderen Odenwald kommenden Weschnitz am Pegel Weinheim zum Teil auf den Unterschied der Bewaldung der beiden Gebirge zurückzuführen sind.

Wie schon aus einigen oben genannten Zahlen hervorgeht, sind auch die Voraussetzungen der Entstehung von Hochwasserabflüssen in den Vorflutern des Modellgebietes sehr unterschiedlich. Wichtige Aufschlüsse darüber geben die in Tabelle 3, Spalte 7, berechneten Quotienten der größten bisher beobachteten Abflüsse und der mittleren Abflüsse der Beobachtungszeiten. Der Quotient betrug für den in den 45 Jahren 1921/65 entstandenen größten Hochwasserabfluß des Rheins 4,1, während die Quotienten der größten, durchweg in wesentlich kürzeren Zeiträumen beobachteten Abflüsse seiner im Modellgebiet mündenden Zuflüsse durchweg die mehrfache Größe erreichten.

Die kleinere Relativzahl des Rheins läßt sich vor allen Dingen daraus erklären, daß die jährlichen Hochwasserabflüsse der Alpen gewöhnlich im Sommer auftreten und daher nicht mit den gewöhnlich im Winter auftretenden Hochwasserabflüssen des außerhalb der Alpen liegenden Raumes seines Niederschlagsgebietes zusammenfallen. Dazu kommt, daß ohnehin die größten relativen Hochwasserabflüsse in der Regel mit wachsender Größe der Niederschlagsgebiete zurückgehen, da damit die Wahrscheinlichkeit geringer wird, daß in vielen Teilgebieten gleichzeitig die Bedingungen für die Entstehung großer Abflüsse entstehen.

Der sich so ergebende Ausgleich der Hochwasserabflüsse der Teilräume von Niederschlagsgebieten kann sich bei sommerlichen Schauerniederschlägen, die oft nur auf kleinen Flächen hohe Intensitäten erreichen, auch in den eng begrenzten Gebieten der Bäche des Modellraumes stark auswirken. Daraus dürfte es sich erklären, daß in dem nach Tabelle 1 313 km² umfassenden Gebiet des Speyerbaches oberhalb von Neustadt (W) der größte Hochwasserabfluß in den 20 Jahren 1946/65 nur das 6,7fache des mittleren jährlichen Abflusses betrug, daß aber in den nur 67,2 km² und 63,6 km² großen, ebenfalls ganz oder überwiegend im Haardtgebirge liegenden Gebieten der Isenach und des Eckbaches in den 8 Jahren 1958/65 bzw. in den 9 Jahren 1957/65 die größten in den Monaten Juli und August zweifellos durch Schauerniederschläge entstandenen Hochwasserabflüsse das 13,8fache bzw. das 16,5fache des mittleren jährlichen Abflusses erreichten.

Von Bedeutung ist ferner, daß in dem nach Tabelle 1 174 km² großen Niederschlagsgebiet der Weschnitz am Pegel Weinheim in den 13 Jahren 1950/62 der Quotient des größten Hochwasserabflusses und des mittleren jährlichen Abflusses 22,4 betrug, also beträchtlich größer war als die für drei Haardtbäche angegebenen Quotienten. Das läßt es trotz der unterschiedlichen Dauer der Beobachtungszeiten als ziemlich sicher erscheinen, daß die geringe Durchlässigkeit der Gesteine und die großen waldfreien Flächen des Odenwaldes die Entstehung relativ großer Hochwasserabflüsse fördern, und daß andererseits die gute Durchlässigkeit des Buntsandsteins der Haardt und die dortigen fast lückenlosen Waldbestände die Hochwasserabflüsse dämpfen. Das scheint dadurch bestätigt zu werden, daß die nach Tabelle 3, Spalte 5, 282 l/s · km² betragende größte Hochwasserabflußspende der Weschnitz am Pegel Weinheim das Mehrfache der größten Hochwasserabflußspenden der drei Haardtbäche betrug. Zwingend ist aber auch dieser Schluß nicht, da zu der wesentlich höheren Hochwasserabflußspende der Weschnitz am Pegel Weinheim außer den dortigen höheren mittleren jährlichen Niederschlägen auch die Tatsache beigetragen haben dürfte, daß nach den Untersuchungen von H. Schirmer in Band 1 dieser Forschungsberichte (FuS Bd. XXXIII) im Gebiet der oberen Weschnitz mehrere Faktoren zusammentreffen, die eine Verstärkung der Intensität von Schauerniederschlägen bewirken können.

Erwähnt zu werden verdient auch, daß nach Tabelle 3, Spalte 7, der am Weschnitzpegel Weinheim 22,4 betragende relative Hochwasserabfluß bis zum Pegel Lorch auf 12,2 zurückgeht. Dieser starke Rückgang dürfte sich nicht allein aus der Zunahme der Flächen der Niederschlagsgebiete von 174 km² auf 400 km² und aus den Unterschieden ihrer Reliefenergien und ihrer Bodenarten, sondern z. T. auch aus der Retentionswirkung des Überschwemmungsgebietes des Mittellaufes der Weschnitz erklären.

Hinsichtlich der für die Wasserwirtschaft des Modellgebietes besonders wichtigen Hochwasserverhältnisse seiner beiden Hauptvorfluter, des Rheins und des Neckars, sei an den Hinweis erinnert, daß im Alpengebiet große Hochwasserabflüsse besonders im Sommer auftreten, daß aber die aus dem nördlich der Alpen liegenden Gebiet kommenden Hochwasserabflüsse, abgesehen von kleinen Niederschlagsgebieten, in denen die größten Abflüsse durch Schauerniederschläge des Sommers entstehen können, überwiegend in das Winterhalbjahr fallen. Das wird oft zur Folge haben, daß der Neckar im Winter und Frühjahr einen bedeutenden Beitrag zum Hochwasserabfluß des Rheins leistet. Das liegt auch im Hinblick darauf nahe, daß nach Tabelle 1 das 68 936 km² große Niederschlagsgebiet des Rheins am Pegel Worms zwar rd. 5,4 mal so groß ist wie das 12 710 km² große Niederschlagsgebiet des Neckars am Pegel Rockenau, daß aber der nach Spalte 7 der Tabelle 3 17,8 betragende relative Hochwasserabfluß des Neckars rd. 4,3 mal so groß ist, wie der rd. 4,1 betragende relative Hochwasserabfluß des Rheins.

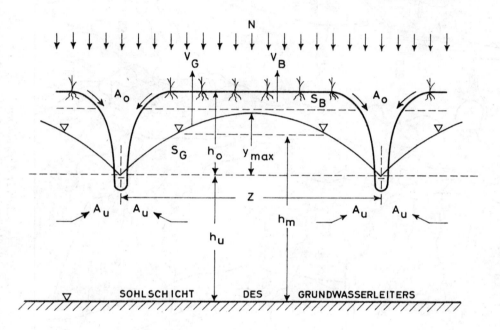

Abb. 1: Modellskizze des Grundwasserflusses zwischen zwei Vorflutern

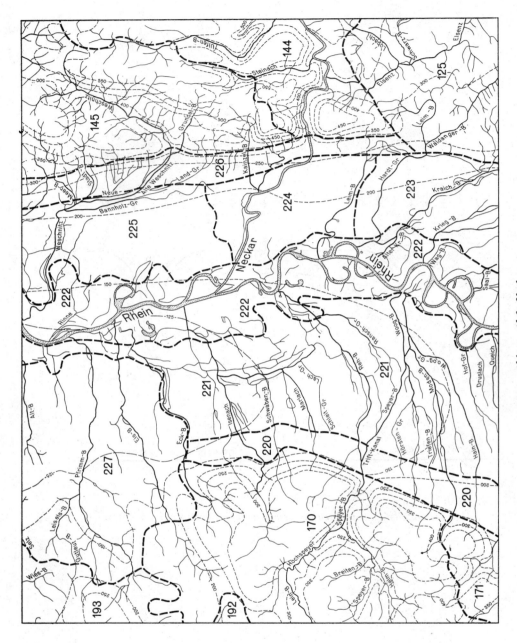

Abb. 2: *Abflußhöhen*
(Mittlere jährliche Abflußhöhen in mm, Periode 1931—1960, nach dem Verfahren von W. WUNDT. Entwurf H. SCHIRMER)

Literaturhinweise

BRINKMANN, R.: Abriß der Geologie, 2. Band: Historische Geologie. Stuttgart 1959.
DELFS, J. / FRIEDRICH, W. / KIESEKAMP, H. und WAGENHOFF, A.: Der Einfluß des Waldes und des Kahlschlages auf den Abflußvorgang, den Wasserhaushalt und den Bodenabtrag. Aus dem Walde 1958, Mitt. aus der Niedersächsischen Landesforstverwaltung.
GRAHMANN, R.: Hydrologische Übersichtskarte der Deutschen Bundesrepublik M 1 : 500 000, Blatt Karlsruhe 1953; Bearbeiter: Pfeiffer, D., Schädel, K. und Scherer, H. Blatt Stuttgart 1952; Bearbeiter: Carlé, W. und Pfeiffer, D.
HERZBERG, A.: Ursachen und Auswirkungen der Veränderungen im Wasserhaushalt des Hessischen Riedes. Diss. der Universität Frankfurt am Main 1962.
HORST, H.: Beiträge zur Theorie des Grundwasserhaushaltes. Gewässerkundl. Mitt. 1958, H. 6, S. 114—125.
MATTHES, G.: Geologische und hydraulische Untersuchungen in der östlichen Vorderpfalz zwischen Worms und Speyer. Aus: Notizblatt des Hess. Landesamtes für Bodenforschung zu Wiesbaden, Band 86, 1958.
THURNER, A.: Hydrologie. Wien 1967.
SCHROEDER, G.: Die Grundwasserreserven der Flußgebiete. Der Zuschußwasserbedarf der Flüsse. Bes. Mitt. zum Deutschen Gewässerkundlichen Jahrbuch, Nr. 13, Koblenz 1955.
WAGNER, W. und WITTMANN, O.: Die Entstehung des Rheintales vom Austritt des Flusses aus dem Bodensee bis zur Mündung. Teil I (Wittmann) Hochrhein und Oberrhein bis Karlsruhe; Teil II (Wagner) Der Rhein im Rheintalgraben und im Mainzer Becken. Aus: Beiträge zur Rheinkunde, 14. Heft. Koblenz 1962.
Deutsches Gewässerkundliches Jahrbuch. Rheingebiet, Abflußjahr 1965. Koblenz 1968.
Klima-Atlas von Hessen. Deutscher Wetterdienst in der US-Zone, Zentralamt Bad Kissingen 1949/50.
Rahmenplan Weschnitz. Hess. Ministerium für Landwirtschaft und Forsten. Wiesbaden 1964.

Zur Wasserwirtschaft des Modellgebietes

von

Hans Horst, Koblenz

I. Einleitung

Wie J. H. Schultze in der Einführung zum ersten Teil dieser Berichte ausführte, hat sich der Forschungsausschuß „Raum und Natur" die Aufgabe gestellt, anhand der konkreten Situation des gewählten Modellgebietes die verschiedenartigen, oft auf engem Raum miteinander kollidierenden und sich nicht selten auch in entfernteren Gebieten auswirkenden Ansprüche der modernen Industriegesellschaft an den Raum zu erforschen und so darzustellen, daß die Möglichkeiten ihres rationellen Ausgleiches erkennbar werden. Für den Bereich der Wasserwirtschaft erfordert das vor allen Dingen die Darstellung der gegenwärtig bestehenden und der zukünftig zu erwartenden Voraussetzungen:

a) der Sicherung eines nach Menge und Güte für die vielseitigen Bedürfnisse der Industriegesellschaft ausreichenden Wasserdargebotes,

b) der Reinhaltung der Gewässer,

c) des Schutzes gegen Wasserschäden,

d) der Pflege der Gewässer im Interesse der Volkserholung und der Landschaftsgestaltung.

Neben diesen eigentlichen Aufgaben der Wasserwirtschaft müssen jedoch auch die mit ihnen in Zusammenhang stehenden Probleme der Binnenschiffahrt wenigstens kurz erörtert werden.

Hervorgehoben werden muß, daß der vorgesehene begrenzte Umfang dieses Beitrages zu den Forschungsberichten des Ausschusses ausschließt, die genannten Themen für jedes der vielen sich hinsichtlich ihrer natürlichen Bedingungen und ihrer wirtschaftlichen Struktur unterscheidenden Teilgebiete des fast 4000 km² umfassenden Modellgebietes erschöpfend zu behandeln. Statt dessen kann nur versucht werden, einen auf das Wesentliche abgestellten Überblick über die wichtigsten wasserwirtschaftlichen Probleme des Gesamtraumes zu geben und spezielle Fragen, die eine eingehende Darstellung erfordern, anhand repräsentativer Beispiele zu beleuchten.

Das für die Befriedigung des Wasserbedarfes der Bevölkerung und der Wirtschaft verfügbare Wasserdargebot kann in herkömmlicher Weise in das aus wasserführenden Schichten des Untergrundes und das aus oberirdischen Gewässern stammende Wasser unterschieden werden. Diese Einteilung ist zweckmäßig, da die Eigenschaften des unterirdischen Wassers, zu dem auch das Quellwasser gehört, in hygienischer Hinsicht den Eigenschaften des gewöhnlich weit mehr der Verschmutzung ausgesetzten oberirdischen Wassers in der Regel überlegen sind.

II. Wasserdargebot

Als Grundlage für eine angenäherte quantitative Bestimmung des im Modellgebiet verfügbaren nutzbaren Dargebotes an Grund- und Quellwasser können die in dem Beitrag „Hydrographie des Modellgebietes" ermittelten Zahlen der Grundwasserspenden der Landschaftsräume dienen, die in Anlehnung an die naturräumliche Gliederung des Raumes für die gewässerkundlichen Untersuchungen ausgewählt wurden. Berücksichtigt werden muß jedoch, daß die angegebenen Zahlen für langjährige Mittelwerte gelten und daher, wie schon im Anschluß an ihre Ermittlung betont wurde, keinen unmittelbaren Aufschluß über die auch unter ungünstigen meteorologischen Bedingungen für die Nutzung verfügbaren Mengen unterirdischen Wassers geben. Dieser Einschränkung des Aussagewertes der Zahlen muß Rechnung getragen werden, da der Wasserbedarf im Sommer, also in einer Zeit, in der das natürliche Wasserdargebot oft stark zurückgeht, in der Regel größer ist als im Durchschnitt der Jahre. Daher ist hier eine Erläuterung der Gesetze erforderlich, die bei der Abschätzung der ständig für die Wasserversorgung verfügbaren Anteile der mittleren jährlichen Grundwasserspenden berücksichtigt werden müssen.

Betrachtet seien zunächst zwei Fälle, in denen es nicht möglich ist, ständig mehr natürliches, nicht mit versickertem Flußwasser vermischtes Grundwasser zu fördern als im ungünstigsten Fall auf natürlichem Wege in die Vorfluter abfließt. Besonders leicht zu erkennen ist das in dem in Abb. 1a dargestellten Fall eines auf einer geneigten schwerdurchlässigen Grundwassersohlschicht abfließenden Grundwasserstromes. In dieser Skizze sind Q_g und Q_g min der mittlere und der kleinste Grundwasserzufluß aus dem oberhalb der Brunnenanlage liegenden Niederschlagsgebiet, während Q_{gf} die konstante Grundwasserförderung angibt. Aus dieser Darstellung dürfte leicht zu erkennen sein, daß die konstante Wasserentnahme Q_{gf} nicht größer gewählt werden kann als der kleinste natürliche Grundwasserabfluß Q_g min.

Etwas eingehender muß der Fall der Grundwasserförderung aus speicherfähigen Grundwasserleitern mit tiefliegender Sohlschicht besprochen werden. Das ist deshalb nötig, weil zuweilen angenommen wird, daß in solchen Fällen kein Wassermangel zu befürchten sei, wenn die konstante Förderung Q_{gf} mit dem mittleren Grundwasserabfluß übereinstimmt. Dieser Ansicht liegt die an sich naheliegende Vorstellung zugrunde, daß bei Unterschreitung

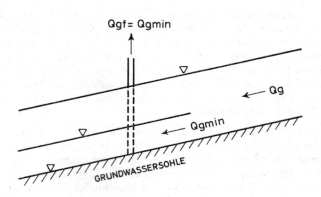

Abb. 1a: Grundwassergewinnung; auf geneigter Sohle abfließendes Grundwasser

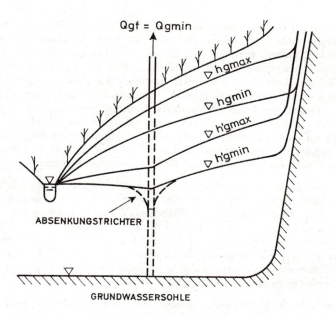

Abb. 1b: Grundwassergewinnung; über tieferliegender Sohle abfließendes Grundwasser

der mittleren Grundwassererneuerung der Fehlbetrag der Sollförderung aus dem im Untergrund gespeicherten Grundwasservorrat gedeckt werden könnte, da der verbrauchte Teil des Vorrates immer wieder bei Überschreitung der mittleren Grundwasserbildung ergänzt würde.

Um zu zeigen, daß diese Ansicht nicht verallgemeinert werden kann, sei der in Abb. 1b dargestellte Fall der Förderung aus einem zwischen einem Vorfluter und einem Berghang liegenden speicherfähigen Grundwasserleiter mit tiefliegender Sohlschicht betrachtet. In dieser Skizze geben die Kurven hg max und hg min die dem natürlichen unbeeinflußten Zustand entsprechenden Grundwasserspiegellinien und die Kurven h'g max und h'g min die Grundwasserspiegellinien wieder, die sich bei konstanter Förderung des kleinsten natürlichen Grundwasserabflusses Q_g min durch eine parallel zum Fluß liegende Brunnenreihe ausbilden würden.

Um beurteilen zu können, wie die Grundwasserspiegellinien durch die Grundwasserförderung verändert werden, muß man sich vergegenwärtigen, daß für den durch die Grundwasserförderung verringerten natürlichen Abfluß in die Vorfluter ein entsprechend kleineres Gefälle des Grundwasserspiegels ausreicht. Das hat notwendig zur Folge, daß die Grundwasseroberfläche sich solange senkt, bis wieder in jedem Zeitpunkt das für den verringerten Grundwasserabfluß erforderliche Gefälle vorhanden ist. Bei konstanter Förderung in Höhe des kleinsten natürlichen Grundwasserabflusses wird daher das Gefälle am Vorfluterufer annähernd zu Null, wenn die meteorologischen Bedingungen wiederkehren, bei denen der kleinste natürliche Grundwasserabfluß auftrat. Das bedeutet, daß bei einer konstanten Förderung, die größer ist als der kleinste natürliche Grundwasserabfluß, zeitweilig der Vorfluter angezapft, also mit Flußwasser vermischtes Grundwasser gefördert wird.

Hiernach kann man sagen, daß das Speichervermögen der Grundwasserleiter bei konstanter Förderung nicht besser ausgenutzt wird als bei natürlichem Grundwasserabfluß. Dieser Sachverhalt kommt in Abb. 1b dadurch zum Ausdruck, daß die vertikalen Abstände der Grundwasserspiegellinien, die sich schließlich bei fortdauernder Förderung des kleinsten natürlichen Grundwasserabflusses einstellen, mit den vertikalen Abständen der Grundwasserspiegellinien des ursprünglichen Zustandes übereinstimmen. Außerdem ist aus der Darstellung zu ersehen, daß die durch die Grundwasserförderung geänderte Gleichgewichtslage der Grundwasserspiegellinien erst nach Ablaufen erheblicher Grundwassermassen erreicht wird. Daraus erklärt es sich, daß nach Aufnahme des Betriebes neuer Grundwasserwerke regelmäßig beträchtliche, sich oft über einen langen Zeitraum erstreckende Senkungen der Grundwasserstände weiter Räume beobachtet werden.

Diese unvermeidliche Begleiterscheinung der Grundwasserförderung kann für die Land- und Forstwirtschaft durchaus erwünscht sein, wenn das Pflanzenwachstum durch zu hohe Grundwasserstände beeinträchtigt wird. Dagegen können dadurch in Gebieten, in denen der Grundwasserspiegel bisher in der für das Pflanzenwachstum günstigen Tiefe von etwa 1,0 m unter Äckern und etwa 0,5 bis 0,6 m unter Wiesen lag, zeitweilig erhebliche Dürreschäden entstehen. Das gilt besonders für Gebiete mit sandigen Böden, da deren Wasserhaltevermögen in niederschlagsarmen Zeiten oft nicht für die Deckung des Wasserbedarfs der Kulturpflanzen ausreicht.

Wenn es auch durchaus erwünscht erscheint, für die Wasserversorgung der Bevölkerung nur natürliches, nicht mit oberirdischem Wasser vermischtes Grundwasser zu verwenden, so hat doch die Erfahrung gelehrt, daß die bekanntgewordenen Absenkungen der Grundwasserstände weiter Gebiete bis unter das Niveau kleinerer Vorfluter im allgemeinen keinen wesentlichen, auf die Beimischung oberirdischen Wassers zurückzuführenden Einfluß auf die Wassergüte und auf die für Grundwasser geltenden, für Trinkwasser erwünschten geringen Temperaturschwankungen zur Folge gehabt haben. Daher bestehen nur selten Bedenken dagegen, die Förderung von Brunnenanlagen gemäß der Darstellung in Abb. 2

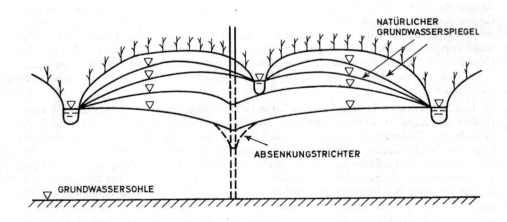

Abb. 2: *Zunahme der nutzbaren Grundwassermengen durch Absenkung des Grundwasserspiegels unter das Niveau kleiner Vorfluter*

durch Absenkung des Grundwasserspiegels bis unter das Niveau benachbarter kleinerer Vorfluter zu vergrößern. Dadurch wird neben der auch durch Vermehrung der Brunnenanlagen erreichbaren Ausweitung der Gewinnungsgebiete vor allen Dingen eine Vergrößerung der Feldweiten zwischen den Scheiteln des Grundwasserspiegels und den Brunnenanlagen erreicht. Damit ist nach den Ausführungen über die „Hydrographie des Modellgebietes" der große Vorteil verbunden, daß die Halbwertzeiten des Grundwasserabflusses verlängert werden und daß daher bei Unterbrechungen der Sickerwasserzufuhr entsprechend größere Grundwasservorräte für die Nutzung verfügbar bleiben. Die Nachteile, die in solchen Fällen durch die Beimischung oberirdischen Wassers entstehen können, brauchen im übrigen nicht überschätzt zu werden, da aus kleineren und mittleren Wasserläufen in der Regel nur sehr wenig Wasser durch die — oft infolge abgelagerten Schlammes verdichteten — Sohlen in tiefer liegendes Grundwasser versickert. Davon wird noch bei Erörterung des Problems der Gewinnung uferfiltrierten Wassers aus größeren Flüssen die Rede sein.

Die Möglichkeit, die gewinnbaren Anteile der mittleren jährlichen Grundwasserspenden durch Senkung des Grundwasserspiegels zu erhöhen, wird dadurch begrenzt, daß eine ausreichende Höhe zwischen den Brunnenwasserspiegeln und den Sohlschichten der Grundwasserleiter für den Durchfluß des Grundwassers durch die Filterrohre der Brunnen bestehen bleiben muß. Dabei muß berücksichtigt werden, daß das konzentrisch auf die Filterrohre zufließende Grundwasser immer kleiner werdende Querschnitte durchfließt und daher mit der Annäherung an die Brunnen ein immer steiler werdendes Spiegelgefälle annimmt, wie das in den Abb. 1 und 2 durch die Darstellung der so entstehenden „Absenkungstrichter" angedeutet ist.

Infolge dieses Sachverhaltes ist eine weitgehende Annäherung der ständigen Grundwasserförderung an die durch die mittleren jährlichen Grundwasserspenden gegebene Grenze gewöhnlich nur in Gebieten mit tiefliegenden Sohlschichten der Grundwasserleiter möglich. Das gilt in nur wenig eingeschränktem Maße auch bei Verwendung von Horizontalbrunnen, wenn auch deren Filterrohre geringere zusätzliche Senkungen des Grundwasserspiegels bewirken.

Berücksichtigt man diese Zusammenhänge, so kann man die gewinnbaren Anteile der mittleren jährlichen Grundwasserspenden wenigstens näherungsweise auf Grund der jeweils gegebenen hydrogeologischen Bedingungen abschätzen. Dabei ist gegebenenfalls in Betracht zu ziehen, daß durch die Förderung aus hinreichend mächtigen unteren Grundwasserstockwerken, d. h. aus gut durchlässigen Schichten des tieferen Untergrundes, u. U. ähnlich weitreichende Grundwasserspiegelsenkungen erreichbar sind wie durch die Förderung aus oberen Grundwasserstockwerken mit tiefliegender Sohlschicht. Das besagt, daß auch in solchen Fällen günstige Aussichten für die Annäherung der ständigen Förderung an jene durch die mittlere jährliche Grundwasserspende gegebene Grenze bestehen können.

Es braucht nicht näher begründet zu werden, daß selbst bei sorgfältiger Berücksichtigung der vorstehend angegebenen Gesichtspunkte nur eine ungefähre Bestimmung der im Modellgebiet ständig gewinnbaren Grundwassermengen möglich ist. Eine zuverlässige Berechnung ihrer Größen scheitert daran, daß nicht nur die verfügbaren geologischen Unterlagen für eine genauere Bewertung der auch von Ort zu Ort wechselnden hydrogeologischen Eigenschaften der einzelnen Landschaften unzureichend sind, sondern daß auch die in der „Hydrographie des Modellgebietes" angegebenen Zahlen der mittleren jährlichen Grundwasserspenden auf Schätzungen beruhen. Daher konnte nur versucht werden, die ungefähren Mindestgrößen der durchschnittlich in den einzelnen Teilräumen des Modellgebietes ständig gewinnbaren Grundwassermengen abzuschätzen.

Tabelle 1:

Näherungswerte der bei konstanter Förderung nutzbaren Grundwasserdargebote der naturräumlichen Haupteinheiten des Modellgebietes

	1	2	3	4	5	6	7	8
1	naturräum. Haupteinheiten	Nq l/s · km²	Mq des Grundw. l/s · km²	Nutzungsgrad %	nutzb. Spende l/s · km²	Gebietsfläche km²	Grundw. dargeb. m³/s	beobachtete Gewässer
2	222 bis 226		3,8	90	3,4	1114	3,79	
3	170, 171 und 192	2,45	2,95	90	2,65	626	1,66	Speyerb. Isenach
4	145	1,1	2,2	55	1,2	375	0,45	Weschnitz
5	125	1,8	2,3	85	2,0	247	0,49	Leimbach
6	220 und 227		1,2	75	0,9	563	0,51	
7	193		1,2	65	0,8	109	0,09	
8	221		1,7	80	1,4	610	0,85	
9	144		3,0	60	1,8	273	0,49	
						3917	8,33	

Die Ergebnisse dieses Versuches sind in Tab. 1 zusammengestellt. Darin enthält die Spalte 1 die Ziffern der naturräumlichen Haupteinheiten, auf die sich die nachstehenden Angaben der Spalten 2 bis 9 beziehen:

Spalte 2: bekannte kleinste Abflußspenden der in der Spalte 8 genannten Wasserläufe (in Zeile 3 ist der Mittelwert der für den Speyerbach und die Isenach geltenden Zahlen angegeben) in l/s · km²,

Spalte 3: Näherungswerte der mittleren jährlichen Grundwasserspenden in l/s · km²,

Spalte 4: geschätzte Prozentsätze der bei konstanter Förderung ausnutzbaren Anteile der Spendenwerte der Spalte 3,

Spalte 5: nutzbare Spenden (Produkte der Zahlen der Spalten 3 und 4) in l/s · km²,

Spalte 6:   Flächengrößen der Gebiete der Spalte 1 in km²,

Spalte 7:   nutzbares Grundwasserdargebot (Produkte der Zahlen der Spalten 5 und 6 in m³/s,

Spalte 8:   Wasserläufe, deren Abflußzahlen verwertet werden konnten (die Zahlen der Spalten 3 bis 7 der Zeile 3 sind, ebenso wie die Zahl der Spalte 2 der Zeile 3, Mittelwerte der für den Speyerbach und die Isenach geltenden Zahlen).

Nach dieser Tabelle beträgt die Gesamtsumme der bei konstanter Förderung gewinnbaren Grundwassermengen der 8 Teilgebiete des 3917 km² großen Modellgebietes 8,33 m³/s. Dem entspricht eine durchschnittliche Grundwasserspende von rd. 2,1 l/s · km² und ein tägliches Grundwasserangebot je Kopf der rd. 1,67 Mio. Einwohner des Jahres 1961 von rd. 430 l/E · Tag.

Schwer zu entscheiden ist, bis zu welcher Grenze eine Inanspruchnahme dieses recht beträchtlichen, gegenwärtig noch weit über den Trinkwasserbedarf der Bevölkerung hinausgehenden Grundwasserdargebotes vertretbar ist. Abgesehen davon, daß die stets bei Grundwasserentnahmen eintretenden Absenkungen des Grundwasserspiegels erhebliche Nachteile für die Land- und Forstwirtschaft zur Folge haben können, muß auch in Betracht gezogen werden, daß jede Grundwasserförderung einen Rückgang des natürlichen Grundwasserabflusses durch die Vorfluter des Gewinnungsgebietes bewirkt. Das ist ein schwerwiegender Nachteil, weil der natürliche Abfluß kleiner und mittlerer Wasserläufe in regenarmen Zeiten des Sommers oft nur aus Grundwasser besteht. In dem praktisch kaum erreichbaren Grenzfall vollkommener Ausnutzung des angegebenen Grundwasserdargebotes von rd. 8,0 m³/s würden daher mit Ausnahme des Rheins und des Neckars alle Vorfluter des Modellgebietes in der Regel während langer Zeiten des Sommers und oft sogar bis in den Herbst hinein weit überwiegend von den Abwässern der Siedlungen und Industriebetriebe gespeist werden, die ihren Wasserbedarf mit Grundwasser decken.

Erzwungen werden kann eine Beschränkung der Grundwassernutzung außerdem durch zu starke Beeinträchtigung der Wassergüte durch das Versickern gelöster Stoffe der verschiedensten Art. Das gilt u. a. für die aus der Auswaschung von Düngesalzen stammenden Nitratgehalte des Grundwassers, da diese schon jetzt in vielen Gebieten intensiver Bodennutzung weit über der Grenze von 100 mg NO₃/l liegen, die nach Empfehlungen der Weltgesundheitsorganisation in Trinkwasser nicht überschritten werden sollte. So sind nach H. Harth (1969) z. B. im Gemüseanbaugebiet des Raumes um Ludwigshafen vielfach Nitratgehalte des Grundwassers von 300 mg/l und im Kraichgau stellenweise Nitratgehalte von 200 mg/l festgestellt worden. Zu befürchten ist, daß nicht nur in diesen, sondern auch in vielen anderen Räumen des Modellgebietes die Düngesalze infolge des durch den Rückgang der Stallmistdüngung entstandenen Humusschwundes der Böden zukünftig noch schneller als bisher ausgewaschen werden und sich zunehmend im Grundwasser anreichern. Diese Beschleunigung der Auslaugung der Böden bringt außerdem die Gefahr mit sich, daß Pflanzenschutzmittel und Unkrautvertilgungsmittel ins Grundwasser gelangen. Weit geringer sind demgegenüber nach H. E. Klotter (1968) die Gefahren der Verschmutzung des Grundwassers durch das Sickerwasser ordnungsgemäß angelegter Mülldeponien einzuschätzen, da dafür, gemessen an den großen Räumen, in denen intensive Landwirtschaft betrieben wird, nur geringe Flächen benötigt werden. Weit schwieriger ist es andererseits, den Gefahren zu begegnen, die durch den schnell zunehmenden Ölverbrauch der Wirtschaft entstehen, da es nicht mit Sicherheit möglich ist, Beschädigungen von Ölleitungen und Öltanks zu verhindern und Unfälle von Öltransportfahrzeugen zu vermeiden. Dieses Problem ist deshalb von besonderer Bedeutung, weil schon geringste Ölmengen den Geschmack des Wassers so verschlechtern können, daß es nicht mehr für die öffentliche Wasserversorgung verwendet werden kann.

Hinzuweisen ist noch auf die Gesichtspunkte, die bei der künstlichen Bewässerung land- und forstwirtschaftlich genutzter Böden mit Grundwasser zu beachten sind. Für diese Art der Wasserverwendung ist kennzeichnend, daß das Wasser bei dem zukünftig voraussichtlich fast ausschließlich angewendeten Beregnungsverfahren praktisch vollkommen durch Verdunstung verbraucht wird, also nicht wieder, wie das für alle anderen Verwendungsarten gilt, nach dem Gebrauch in wenig verringerter Menge als Abwasser anfällt. Wichtig für die Frage der Wasserbeschaffung ist außerdem der Umstand, daß die anfeuchtende Bewässerung nur während der etwa von April bis September dauernden Vegetationsperiode in Betracht kommt und, soweit sie sich bei zu geringen Niederschlägen als nötig erweist, gewöhnlich etwa während 5 Monaten angewendet wird.

Diese Beschränkung des Wasserbedarfes auf die Vegetationsperiode hat bei der Verwendung oberirdischen Wassers den Nachteil, daß der Bedarf in eine Zeit fällt, in der die Abflüsse der in Anspruch genommenen Wasserläufe gewöhnlich stark zurückgehen und im Durchschnitt wesentlich kleiner sind als die mittleren jährlichen Abflüsse. Das ist mit ein Grund für das Bestreben, für Bewässerungsanlagen Grundwasser zu verwenden, um das im Untergrund gespeicherte Wasser ausnutzen zu können. Dabei gelingt es jedoch ebensowenig wie bei konstanter Förderung, den mittleren jährlichen Grundwasserabfluß vollständig auszunutzen. Das wäre, wie H. Horst (1958) nachgewiesen hat, nur in dem nie verwirklichten Grenzfall unendlich großer Halbwertszeiten des Grundwasserabflusses möglich. Dagegen muß man in allen praktisch vorkommenden Fällen wegen der stets begrenzten Dauer der Halbwertszeiten mehr oder weniger große Unterschreitungen der in jenem theoretischen Grenzfall möglichen Förderung in Kauf nehmen. Nahe kommen kann man diesem Grenzwert nur in Gebieten, in denen aus den oben erörterten Gründen auch bei konstanter Förderung ein hoher Ausnutzungsgrad der mittleren Grundwasserspenden erreichbar ist, wie das nach Tab. 1 für die Gebiete der naturräumlichen Haupteinheiten 222—226 und 170, 171, 192 gilt. Ähnliche Überlegungen gelten auch für die nur im Frühjahr und Spätherbst in Betracht kommende, in kurzen Zeiten erhebliche Wasserentnahmen erfordernde Frostschutzberegnung.

Bezüglich der Wasserqualität ist man bei der künstlichen Bewässerung an weniger enge Grenzen gebunden als bei der Trinkwasserversorgung. Das geht allein schon daraus hervor, daß man noch vor nicht allzu langer Zeit auch ungeklärte Siedlungsabwässer für diesen Zweck verwendet hat und daß heute trotz wesentlich strengerer Anforderungen an die Eigenschaften des Bewässerungswassers keine Bedenken gegen die Verwendung unverdünnten biologisch geklärten Siedlungsabwassers bestehen. Sehr nachteilig können sich jedoch hohe Chloridgehalte des verwendeten Wassers auf die Bodenerträge auswirken. Ihre nur unter günstigen Bedingungen noch tragbare Höchstgrenze dürfte bei etwa 200 mg/l liegen, jedoch muß berücksichtigt werden, daß z. B. Bohnen, Erdbeeren und vor allen Dingen Tabak wesentlich empfindlicher gegen Salze sind als z. B. Gerste und Zuckerrüben, und daß auf schweren Böden geringere Chloridgehalte des Wassers für die Kulturpflanzen verträglicher sind als auf leichten Sandböden.

2. Oberirdisches Wasser

Oberirdisches Wasser kann entweder unmittelbar aus den Gewässern oder als Uferfiltrat aus ufernahen Brunnen gefördert werden. Von der unmittelbaren Wasserentnahme aus den Gewässern wird gewöhnlich dann Gebrauch gemacht, wenn nur geringe Anforderungen an die Wassergüte gestellt werden. Das gilt nicht nur für das Waschwasser, das zur Aufbereitung von Rohstoffen, wie Erz, Kohle, Kies, oder zur Reinigung von Hackfrüchten, wie Zuckerrüben, verwendet wird, sondern vor allen Dingen auch für die bedeutenden, etwa $^2/_3$ des industriellen Wasserbedarfes betragenden Kühlwassermengen, die von Wärmekraftwerken und Betrieben der chemischen Industrie benötigt werden.

Für die Verwendung als Waschwasser genügt im allgemeinen die Zurückhaltung des von den Wasserläufen mitgeführten Treibzeuges mit Hilfe einfacher, vor den Einlaufkanälen der Pumpen liegender Rechen. Dagegen muß Kühlwasser in der Regel darüber hinaus mit Hilfe von Sandfängern und Schnellfiltern auch von Schwebstoffen befreit werden. Weit intensivere Aufbereitungsverfahren müssen angewendet werden, wenn unmittelbar aus Wasserläufen entnommenes Wasser in die Leitungsnetze der öffentlichen Wasserversorgung eingespeist werden soll. Erforderlich ist dann stets eine besonders wirksame Filterung, bei der nötigenfalls Fällmittel zu verwenden sind. Unerläßlich ist außerdem eine möglichst vollkommene Abtötung der regelmäßig im oberirdischen Wasser vorhandenen Bakterien, z. B. durch Chlorung. Ein nicht mit wirtschaftlich vertretbaren Mitteln abwendbarer Nachteil sind jedoch die starken Temperaturschwankungen unmittelbar entnommenen oberirdischen Wassers, da hohe Temperaturen des Trinkwassers in den Sommermonaten als sehr unangenehm empfunden werden, besonders, wenn das Flußwasser durch Einleitung von Kühlwasser zusätzlich erwärmt wird.

Im Gegensatz zu der unmittelbaren Entnahme oberirdischen Wassers, die nur durch die Größe der Abflüsse der in Anspruch genommenen Wasserläufe begrenzt wird, hängt die Möglichkeit der Gewinnung ausreichender Mengen von Uferfiltrat auch von der Breite und Durchlässigkeit der Flußsohlen und von der Mächtigkeit und Durchlässigkeit der unter den Flußsohlen liegenden Grundwasserleiter ab. Genauere Angaben über die gewinnbaren Mengen von Uferfiltrat sind daher nur auf Grund der Ergebnisse von Untersuchungen möglich, die hinreichenden Aufschluß über diese Voraussetzungen geben. Da solche Untersuchungen jedoch noch nicht im Modellgebiet durchgeführt worden sind, bleibt hier nur der Ausweg, auf die in anderen Gebieten gewonnenen Untersuchungsergebnisse zurückzugreifen. Verwendet werden können dabei die Angaben eines von H. KALWEIT (1968) unter Mitarbeit von H. HORST für den Regierungspräsidenten Köln und den Großen Erftverband erstatteten Gutachtens über die „Grundwassererneuerung der Kölner Scholle". Zuvor soll jedoch ein Einblick in die sich bei der Gewinnung von Uferfiltrat abspielenden Vorgänge und die dabei zur Wirkung kommenden allgemeinen hydraulischen Gesetze gegeben werden.

Zur Veranschaulichung dieser Vorgänge ist in Abb. 3 der allgemeine Verlauf der sich in zwei charakteristischen Fällen bei der Förderung von Uferfiltrat einstellenden Grundwasserspiegellinien wiedergegeben. Dieser Darstellung liegt die in der Regel verwirklichte Annahme zugrunde, daß die obere Schicht der Flußsohle infolge der Einschwemmung von Sinkstoffen weniger durchlässig ist als das Material des unter der Flußsohle liegenden Grundwasserleiters. Unter solchen Bedingungen hat nach H. HORST (1965) eine zunehmende Entnahme von Uferfiltrat zur Folge, daß schließlich aus den über dem Grundwasserspiegel der Ufer liegenden lufterfüllten Bodenschichten in den unter der Flußsohle liegenden Raum Luft eindringt und die wirksame Druckhöhe des Seihwasserzuflusses zum Grundwasserleiter auf den Höhenabstand zwischen dem Flußwasserspiegel und der Unterkante der Sohlschicht begrenzt.

Aus dieser Feststellung geht hervor, daß die Förderung von Uferfiltrat nicht mehr verstärkt werden kann, wenn sich die unter dem Fluß liegende lufterfüllte Zone über die ganze Breite des Flusses ausgedehnt hat. Diesem Grenzfall entspricht die Darstellung in Abb. 3 a. Dabei wurde angenommen, daß von zwei in verschiedenen Abständen von den Ufern liegenden Brunnenreihen gleich große Wassermengen gefördert werden und daß ihre Gesamtförderung so groß ist, daß der Scheitel der unter der Flußsohle liegenden Grundwasserspiegellinie bis unter die Unterkante der verdichteten Sohlschicht gesenkt wird. Wenn sich eine solche Situation ausgebildet hat, ist eine weitere Verstärkung der Förderung nur noch zu Lasten landeinwärts liegender Grundwasserwerke möglich. Das kann wegen der damit verbundenen Senkung des Grundwasserspiegels zur Folge haben, daß die Brunnen dieser Werke trocken fallen und durch neue tiefere Brunnen ersetzt werden müssen, um dem Wasserentzug durch die Uferbrunnen begegnen zu können.

Häufiger verwirklicht als der vorstehend betrachtete Grenzfall ist der Fall einseitiger Uferfiltratförderung gemäß Abb. 3 b. Dieser Darstellung liegt die Annahme zugrunde, daß der Grundwasserspiegel durch die Förderung nur in einer schmalen Zone bis unter die Flußsohle abgesenkt wird. Für die jenseits dieser Zone bestehenden Druckverhältnisse gilt die am gegenüberliegenden Ufer in den dortigen freien Grundwasserspiegel übergehende Drucklinie. Aus ihrem Verlauf ist zu entnehmen, daß die Seihwasserzufuhr zum Grundwasser auf die Bereiche beschränkt ist, in denen die Drucklinie unter dem Flußwasserspiegel bzw. unter der Unterkante der verdichteten Schicht der Flußsohle liegt, daß aber dort, wo die Drucklinie über dem Flußwasserspiegel verläuft, Grundwasser in den Fluß gedrückt wird. Bemerkenswert ist außerdem, daß die Drucklinie an ihrem Schnittpunkt mit dem Flußwasserspiegel ein zur Brunnenanlage gerichtetes Gefälle aufweist, denn daraus geht hervor, daß dort ein Teil des vom jenseitigen Ufer kommenden Grundwassers zur Brunnenanlage weiterfließt. Wenn es in solchen Fällen einseitiger Förderung gelingt, den Grundwasser-

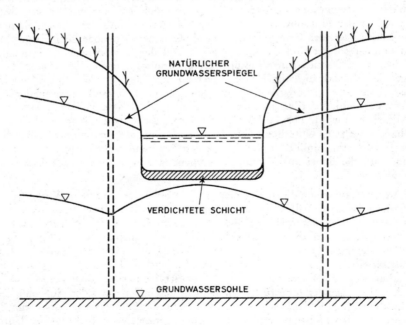

Abb. 3a: Förderung von Uferfiltrat; zweiseitige Förderung

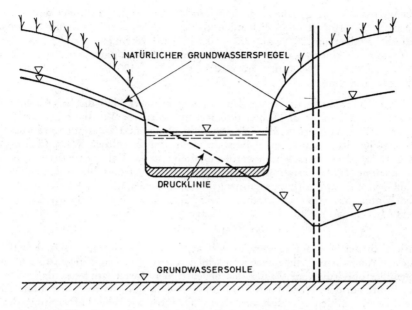

Abb. 3b: Förderung von Uferfiltrat; einseitige Förderung

spiegel auf der ganzen Flußbreite unter die Unterkante der verdichteten Schicht der Flußsohle zu senken, würde sogar das vom jenseitigen Ufer kommende Grundwasser unvermindert der Brunnenanlage zufließen. Damit läge dann der in Abb. 2 dargestellte Fall vor.

Diese Betrachtungen zeigen, daß bei der Seihwassergewinnung aus einem größeren Fluß die gleichen hydraulischen Gesetze zur Wirkung kommen wie bei der Verstärkung der Grundwasserförderung durch Absenkung des Grundwasserspiegels unter das Niveau benachbarter kleiner und mittlerer Vorfluter. Entscheidend dafür, ob durch eine Brunnenanlage mehr versickertes oberirdisches Wasser oder mehr natürliches Grundwasser gefördert wird, sind in beiden Fällen die Breite und Durchlässigkeit der Sohlen der Wasserläufe und die Mächtigkeit und Durchlässigkeit der Grundwasserleiter.

Der Klärung der für das Modellgebiet außerordentlich wichtigen Frage der Möglichkeiten der Gewinnung von Uferfiltrat aus dem Rhein kann die Angabe des oben genannten Gutachtens zugrunde gelegt werden, daß auf der Rheinstrecke der Kölner Scholle der kleinsten dort vorkommenden Druckhöhe von etwa 3,0 m zwischen der Wasserspiegeloberfläche und der Unterkante der verdichteten Schicht der Flußsohle ein Seihwasserzufluß zum Grundwasser je Flächeneinheit der Flußsohle von $3,0 \cdot 10^{-3}$ l/s · m² entspricht. Angenommen werden kann, daß ein Wert dieser Größenordnung bei gleicher wirksamer Druckhöhe auch auf der Rheinstrecke des Modellgebietes erreicht werden würde, da dort mit ähnlicher Mächtigkeit und Durchlässigkeit des unter der Stromsohle liegenden Grundwasserleiters gerechnet werden kann, und da auch die Vermutung naheliegt, daß die Durchlässigkeiten der Rheinsohlen der beiden Stromstrecken sich nicht allzu sehr unterscheiden.

Daher dürfte man die Möglichkeit der Gewinnung von Uferfiltrat auf der Stromstrecke des Modellgebietes nicht überschätzen, wenn man im Hinblick auf die dortigen etwas geringeren Wassertiefen mit einer kleinsten Druckhöhe von 2,5 m rechnet und wenn man den sich so zu $2,5 \cdot 10^{-3}$ l/s $\cdot$ m² ergebenden kleinsten Seihwasserzufluß zum Grundwasser noch sicherheitshalber um 20 % auf $2,0 \cdot 10^{-3}$ l/s $\cdot$ m² verringert. Danach würden hier, wenn man nur mit einer — meist überschrittenen — Strombreite von 200 m rechnet, je Stromkilometer 200 m $\cdot$ 1000 m $\cdot$ $2,0 \cdot 10^{-3}$ l/s $\cdot$ m² = 400 l/s = 0,4 m³/s Uferfiltrat gewonnen werden können.

In diesem Zusammenhang sei an den Hinweis erinnert, daß die bei Absenkung des Grundwasserspiegels unter die Sohlen kleiner und mittlerer Vorfluter ins Grundwasser versickernden Mengen oberirdischen Wassers nicht überschätzt zu werden brauchen. Diese Angabe bestätigt sich, wenn man in Betracht zieht, daß in solchen Wasserläufen Druckhöhen von 1,5 m selten überschritten werden dürften und daß daher nach der für die Rheinstrecke der Kölner Scholle ermittelten Durchlässigkeit der Stromsohle in derartigen Fällen im allgemeinen nicht mit Sickerwassermengen von mehr als $1,5 \cdot 10^{-3}$ l/s $\cdot$ m² zu rechnen sein wird. Unter solchen Voraussetzungen würden z. B. aus einem 5 m breiten, also nicht besonders kleinen Wasserlauf, auf 1 km Länge nur etwa 5,0 m $\cdot$ 1000 m $\cdot$ $1,5 \cdot 10^{-3}$ l/s $\cdot$ m² = 7,5 l/s ins Grundwasser versickern.

Hinsichtlich der Wassergüte von Uferfiltrat hat die Erfahrung bestätigt, daß dieses „künstliche Grundwasser", abgesehen von seinen relativ geringen Temperaturschwankungen, gegenüber oberirdischem Wasser den bedeutenden Vorteil aufweist, daß viele unerwünschte Stoffe auf dem Wege durch den Untergrund zurückgehalten werden und daß sich auch die Bakterienzahlen erheblich verringern. Dadurch wird die Aufbereitung des Wassers wesentlich erleichtert. Unvermeidlich ist jedoch bei Verwendung von Uferfiltrat für die öffentliche Wasserversorgung eine Sicherheitsdesinfektion, z. B. durch Chlorung, um etwaige noch im Wasser enthaltene Krankheitserreger abzutöten. Schwierigkeiten können sich außerdem dadurch ergeben, daß gewisse schwer zu identifizierende gelöste Stoffe, die aus den Abwässern von Industriebetrieben stammen, den Geruch und Geschmack des Wassers beeinträchtigen. In solchen Fällen hat sich schon oft eine Filterung durch Aktivkohle als wirksam erwiesen.

Sicher ist, daß die Wirkung der natürlichen Filterung um so besser ausgenutzt wird, je länger der Weg des Filtrats durch den Untergrund ist. Dabei ist jedoch zu berücksichtigen, daß die für gleiche Förderungen erforderlichen Absenkungstiefen der Brunnenwasserstände, wie aus Abb. 3a zu ersehen ist, mit der Entfernung der Brunnen von den Ufern zunehmen und daß dementsprechend höhere Pumpkosten und gegebenenfalls auch größere Nachteile für landeinwärts liegende Brunnenanlagen entstehen. Dazu kommt, daß der Absenkung der Brunnenwasserstände durch die Tiefenlage der Sohlschichten der Grundwasserleiter Grenzen gesetzt sind.

Die gleiche Verbesserung der Eigenschaften oberirdischen Wassers wie durch die Förderung von Uferfiltrat kann man auch dadurch erreichen, daß man unmittelbar entnommenes und durch Schnellfilter von seinen Schwebstoffen befreites Flußwasser auf Sickerflächen leitet und wenn man es dann in angemessener Entfernung durch Brunnenanlagen wiedergewinnt. Dieser Umweg hat sich schon oft bei zu geringer Breite und Durchlässigkeit der Flußsohlen bewährt. Dieses Verfahren kann auch zur Erhöhung der Leistung bestehender Grundwasserwerke angewendet werden und wird dann als „Grundwasseranreicherung" bezeichnet.

Abschließend sei noch bemerkt, daß die chemischen Eigenschaften der Böden und der Gesteine des Untergrundes sich naturgemäß sowohl im Grund- und Quellwasser wie auch im oberirdischen Wasser bemerkbar machen, daß aber letzteres wegen seiner Herkunft aus weiträumigeren Gebieten seltener extrem hohe Gehalte der aus den Böden und Gesteinen stammenden Stoffe aufweist. Daher werden im natürlichen unverschmutzten Flußwasser z. B. die für Trinkwasser gewünschten Werte der Wasserhärte von möglichst nicht wesentlich mehr als 15° deutscher Härte, der Chlorionengehalte von möglichst nicht mehr als 150 mg/l, der Eisengehalte von höchstens 0,1 mg/l und der Mangangehalte von höchstens 0,05 mg/l selten überschritten.

III. Wasserbedarf

Eines der schwierigsten Probleme der wasserwirtschaftlichen Planung ist die Abschätzung des zukünftig zu erwartenden Wasserbedarfes der Bevölkerung und der Wirtschaft. Versuche, seine voraussichtliche Zunahme bis zu einem bestimmten Zeitpunkt zu ermitteln, liefern um so zuverlässigere Ergebnisse, je eingehender man sich durch Umfragen bei möglichst vielen Bedarfsträgern über die bisherige und die zukünftig erwartete Entwicklung des Wasserbedarfes unterrichtet. Die Durchführung und Auswertung solcher Erhebungen für den Gesamtraum des Modellgebietes hätte jedoch einen zu großen Zeitaufwand erfordert. Daher kam hier nur eine Abschätzung des in Zukunft möglichen Wasserbedarfes der Bevölkerung, der Landwirtschaft und der Industrie des Modellgebietes auf Grund der aus entsprechenden Literaturangaben abgeleiteten Zuwachsraten in Betracht.

1. *Wasserbedarf der Bevölkerung einschließlich Kleingewerbe und der öffentlichen Einrichtungen der Wohngebiete*

Die Abschätzung der voraussichtlichen Entwicklung des Wasserbedarfes der Bevölkerung wird dadurch erschwert, daß das an die mehr oder weniger zahlreichen kleineren gewerblichen Betriebe gelieferte Wasser gewöhnlich zusammen mit dem Haushaltswasser durch Wasserzähler erfaßt wird. Dieser Umstand trägt zweifellos erheblich zu den großen Unterschieden der von den Unternehmungen der öffentlichen Wasserversorgung je Einwohner der Städte und Gemeinden gelieferten Wassermengen bei. Für das Modellgebiet geben darüber die in Tab. 2 nach Angaben der Wasserstatistik des Verbandes der Deutschen Gas- und Wasserwerke (1966/67) berechneten Zahlen Aufschluß.

Um die Orientierung über die Lage der Versorgungsgebiete der durch diese Statistik erfaßten Wasserwerke bzw. Wasserverteilungsstellen zu erleichtern, sind die in Spalte 3 dieser Tabelle angegebenen, von öffentlichen Wasserwerken versorgten Städte und Gemeinden getrennt für die 3 Länder Baden-Württemberg, Hessen und Rheinland-Pfalz aufgeführt. Die Spalten 4 bis 7 enthalten die zugehörigen Zahlen der Wasserabgabe der in diesen Orten liegenden Wasserwerke bzw. der zusätzlich oder ausschließlich von anderen Wasserwerken belieferten Wasserverteilungsstellen in 1000 m³/Jahr. Die Division dieser Zahlen durch die in Spalte 8 in 1000 E angegebenen Einwohnerzahlen ergibt die in den Spalten 9 bis 12 berechneten Wassernutzungen je Einwohner und Jahr in m³. In den Spalten 13 bis 15 sind außerdem die auf Grundwasser, Quellwasser und oberirdischen Wasser entfallenden Prozentsätze der an den Orten der Spalte 3 geförderten Wassermengen angegeben, soweit sich dort nicht ausschließlich Wasserverteilungsstellen befinden, wie das im baden-württembergischen Bereich für Seimen und Brühl und im hessischen Bereich für Viernheim, Lampertheim, Bürstadt und Hofheim-Ried gilt.

Wie die in Spalte 9 angegebenen Zahlen bestätigen, schwanken die je Einwohner an die Haushaltungen einschl. Kleingewerbe abgegebenen Wassermengen von Ort zu Ort in weiten Grenzen. Außer der unterschiedlichen Besetzung mit Betrieben des Kleingewerbes

Tabelle 2: *Öffentliche Wasserversorgung des Modellgebietes im Jahr 1967*
(nach Wasserstatistik 1966/67 des Deutschen Vereins der Gas- und Wasserwerke)
a) Baden-Württemberg

1	2	3	4	5	6	7	8	9	10	11	12	13	14	15
lfd. Nr.	Nr. der Statistik	Ort	Wasserabgabe im eigenen Versorgungsgebiet				Versorgte Einwohner	Wassernutzung je Einwohner des eigenen Versorgungsgeb.				Wasserarten der eigenen Förderung		
			Haush. Gew.	Indu- strie	f. öff. Zwecke	ge- samt	in 1000	Haush. Gew.	Indu- strie	f. öff. Zwecke	ge- samt	Grund- wasser	Quell- wasser	ober- ird. W.
			in 1000 m³/Jahr					in m³/Einw. · Jahr				in v. H.		
1	26	Mannheim[1]	—	—	—	—	—	—	—	—	—	—	—	—
2	27	Mannheim	14 323	6 454	5 712[2]	26 489	324,0	44,2	19,9	17,6	81,7	100	—	—
3	55	Heidelberg	4 853	2 713	3 130	10 696	123,4	39,3	22,0	25,4	86,7	84	16	—
4	236	Wiesloch	539	1 158	84	1 781	16,5	32,7	70,2	5,1	108,0	100	—	—
5	255	Weinheim	1 109	149	170	1 428	29,3	37,9	5,1	5,8	48,8	100	—	—
6	257	Schwetzingen	1 218	395	132	1 745	24,7	49,3	16,0	5,3	70,6	100	—	—
7	428	Heckenheim	598	154	68	820	14,8	40,4	10,4	4,6	55,4	100	—	—
8	657	Eppelheim	487	42	43	572	10,6	45,9	4,0	4,1	54,0	100	—	—
9	724	Neckargemünd	351	87	13	451	8,5	41,3	10,2	1,5	53,0	80	20	—
10	751	Leimen	483	—	4	487	8,9	54,2	—	0,5	54,7	—	—	—
11	786	Schriesheim	331	34	42	407	8,2	40,4	4,1	5,1	49,6	74	26	—
12	832	Ladenburg	253	140	4	397	8,5	29,7	16,5	0,5	46,7	100	—	—
13	930	Plankstadt	301	—	1	302	8,8	34,2	—	0,1	34,3	100	—	—
14	935	Brühl	320	20	2	342	9,9	32,3	2,0	0,2	34,5	—	—	—
15	962	Ziegelhausen[3]	290	—	—	290	9,0	32,2	—	—	32,2	—	100	—
16	1004	Dossenheim[4]	286	4	—	290	8,1	35,3	0,5	—	35,8	64	36	—
17	1090	Heddesheim	232	—	1	233	7,8	29,7	—	0,1	29,8	100	—	—
		Summen:	25 974	11 350	9 406	46 730	621,0	41,8	18,3	15,1	75,2			
								Quotienten der Summen						

[1] Energie- und Wasserwerke Rhein-Neckar-AG.
[2] Darin enthalten 1066 · 1000 m³/Jahr, die unmittelbar von der Rhein-Neckar-AG an das Gebiet von Mannheim abgegeben werden.
[3] 1963   [4] 1966

b) Hessen

1	2	3	4	5	6	7	8	9	10	11	12	13	14	15
lfd. Nr.	Nr. der Statistik	Ort	Wasserabgabe im eigenen Versorgungsgebiet				Versorgte Einwohner	Wassernutzung je Einwohner des eigenen Versorgungsgeb.				Wasserarten der eigenen Förderung		
			Haush. Gew.	Industrie	f. öff. Zwecke	gesamt	in 1000	Haush. Gew.	Industrie	f. öff. Zwecke	gesamt	Grundwasser	Quellwasser	oberird. W.
			in 1000 m³/Jahr					in m³/Einw. · Jahr				in v. H.		
1	339	Bensheim	1 177	—	230	1 407	26,1	45,1	—	8,8	53,9	76	24	—
2	444	Viernheim	924	—	97	1 021	26,3	35,1	—	3,7	38,8	—	—	—
3	454	Lampertheim	805	124	44	973	22,8	35,3	5,4	1,9	42,6	75	25	—
4	500	Heppenheim	475	248	73	796	16,5	28,8	15,0	4,4	48,2	100	—	—
5	670	Lorsch	(315)[1]	(32)[1]	(34)[1]	381	16,7	18,9	1,9	2,0	22,8	—	—	—
6	757	Bürstadt	440	—	—	440	12,4	35,5	—	—	35,5	92	8	—
7	977	Fürth/Odenw.[2]	186	33	22	241	4,5	41,3	7,3	4,9	53,5	61	39	—
8	1015	Birkenau	125	31	—	156	5,1	24,5	6,1	—	30,6	—	—	—
9	1166	Hofheim/Ried	178	—	—	178	4,9	36,3	—	—	36,3	—	—	—
			4 625	468	500	5 593	135,3	34,2	3,4	3,7	41,3			
								Quotienten der Summen						

[1]) Geschätzt, da nur die Gesamtabgabe an die Stadt Lorsch bekannt ist.
[2]) 1965.

Wasserabgabe der öffentlichen Wasserversorgung des Modellgebietes nach der Wasserstatistik des VGW
c) Rheinland-Pfalz

1	2	3	4	5	6	7	8	9	10	11	12	13	14	15
lfd. Nr.	Nr. der Statistik	Ort	Wasserabgabe im eigenen Versorgungsgebiet				Versorgte Einwohner in 1000	Wassernutzung je Einw. d. eigen. Vers.-Geb.				Wasserarten der eigenen Förderung		
			Haush. Gew.	Industrie	f. öff. Zwecke	gesamt		Haush. Gew.	Industrie	f. öff. Zwecke	gesamt	Grundwasser	Quellwasser	oberird. W.
			in 1000 m³/Jahr					in m³/Einw. · Jahr				in v. H.		
1	37	Ludwigshafen	8 070	7 318	1 312	16 700	174,7	46,2	41,9	7,5	95,6	100	—	—
2	74	Worms	2 632	2 198	353	5 183	62,9	41,9	34,9	5,6	82,4	92	—	8
3	161	Speyer	1 723	636	329	2 688	41,5	41,5	15,3	7,9	64,7	100	—	—
4	190	Frankental	1 670	424	107	2 201	48,5	34,4	8,7	2,2	45,3	100	—	—
5	202	Neustadt/Wstr.	1 607	235	377	2 219	31,4	51,2	7,5	12,0	70,7	93	7	—
6	208	Schifferstadt	1 960	296	24	2 280	50,4	38,9	5,9	0,5	45,3	100	—	—
7	317	Grünstadt	370	853	60	1 283	8,8	42,0	97,0	6,8	145,8	90	10	—
8	328	Osthofen	1 126	73	2	1 201	42,0	26,8	1,8	0,0	28,6	100	—	—
9	410	Haßloch	627	186	81	894	23,2	27,1	8,0	3,5	38,6	100	—	—
10	424	Germersheim	305	321	266	892	16,1	19,0	19,9	16,5	55,4	100	—	—
11	469	Bad Dürkheim	614	220	65	899	14,7	41,8	15,0	4,4	61,2	52	48	—
12	478	Ellerstadt	860	—	—	860	26,8	32,1	—	—	32,1	100	—	—
13	753	Kirchheim/Wstr.	312	95	1	408	9,7	32,2	9,8	0,1	42,1	100	—	—
14	842	Freinsheim	381	—	2	383	8,9	42,8	—	0,2	43,0	—	100	—
15	847	Edenkoben	297	50	50	397	7,1	41,9	7,0	7,0	55,9	11	89	—
16	956	Annweiler	164	69	63	296	6,5	25,2	10,6	9,7	45,5	83	17	—
17	1042	Eisenberg	203	17	25	245	7,0	29,0	2,4	3,6	35,0	—	100	—
18	1047	Deidesheim	254	—	9	263	3,1	81,9	—	2,9	84,8	29	71	—
19	1115	Lambrecht	169	35	—	204	5,2	32,5	6,7	—	39,2	38	62	—
20	1123	Lachen-Speyerd.	124	68	8	200	4,0	31,0	17,0	2,0	50,0	100	—	—
21	1132	Gr. Niedesheim	185	—	8	193	6,7	27,6	—	1,2	28,8	100	—	—
22	1151	Mußbach/Wstr.	136	42	8	186	4,0	34,0	10,5	2,0	46,5	91	9	—
23	1162	Hambach/Wstr.[1]	177	—	3	180	4,4	40,2	—	0,7	40,9	—	100	—
24	1165	Altrip[1]	145	1	13	159	5,0	29,0	0,2	2,6	31,8	100	—	—
		Übertrag:	24 111	13 137	3 166	40 414	612,6							

noch c): *Rheinland-Pfalz*

1	2	3	4	5	6	7	8	9	10	11	12	13	14	15
	Nr. der Statistik	Ort	Wasserabgabe im eigenen Versorgungsgebiet				Versorgte Einwohner in 1000	Wassernutzung je Einw. d. eigenen Versorgungsgeb.				Wasserarten der eigenen Förderung		
			Haush. Gew.	Industrie	f. öff. Zwecke	gesamt		Haush. Gew.	Industrie	f. öff. Zwecke	gesamt	Grundwasser	Quellwasser	Oberird. W.
lfd. Nr.			in 1000 m³/Jahr					in m³/Einw. · Jahr				i. v. H.		
1/24		Übertrag:	24111	13137	3166	40414	612,6							
25	1192	Böhl	109	8	18	135	3,7	29,4	2,2	4,9	36,5	100	—	—
26	1209	Dudenhofen	128	18	2	148	3,9	32,8	4,6	0,5	37,9	100	—	—
27	1231	St. Martin	80	—	—	80	2,0	40,0	—	—	40,0	—	100	—
28	1233	Enkenbach	114	—	3	117	3,8	30,0	1,8	0,8	30,8	100	—	—
29	1235	Dernbach	115	5	—	120	2,8	41,1	—	—	42,9	—	100	—
30	1259	Hellenleidelheim	77	7	4	88	3,1	24,8	2,3	1,3	28,4	—	100	—
31	1261	Alsenborn	86	1	1	88	2,5	34,4	0,4	0,4	35,2	—	100	—
32	1264	Edesheim[1]	67	—	14	81	2,7	24,8	—	5,2	30,0	—	100	—
		Summen:	24887	13176	3208	41271	637,1	39,06	20,68	64,77	5,03			
								Quotienten der Summen						

[1]) 1966.

Tab. 3: *Wasserabgabe öffentlicher Wasserwerke des Modellgebietes für die Belange der Bevölkerung im Jahr 1967*

m 1	2	3	4	5	6
Land	Wasserabgabe an die Bevölkerung			Versorgte Bevölkerung	Wasserabgabe je Einw. Sp 4:Sp 5
	Haush. einschl. Kleingew.	für öffentliche Zwecke	gesamt		
	in 1000 m³/Jahr			in 1000	in m³/E · Jahr
Baden-Württemberg	25 974	9 406	35 380	621,0	57,0
Hessen	4 625	500	5 125	135,3	37,9
Rheinland-Pfalz	24 884	3 208	28 095	637,1	44,1
zusammen	55 486	13 114	68 600	1 393,4	49,2

tragen dazu zweifellos auch der mit der Bevölkerungszahl zunehmende städtische Charakter der Orte und besonders in Badeorten der Fremdenverkehr bei. Das gilt auch für die dem Wasserbedarf der Bevölkerung zuzurechnenden Zahlen des in Spalte 6 der Tab. 2 angegebenen Wasserbedarfes für öffentliche Zwecke. Dazu gehören die Versorgung von Schulen, Krankenhäusern und Gebäuden der öffentlichen Verwaltung sowie auch die Wasserabgaben für Feuerwehr, Straßenreinigung, Kanalspülung, öffentlicher Brunnen, öffentliche Gärten und Parks, Badeanstalten, Bedürfnisanstalten u. a. Mit Einschluß dieses zusätzlichen Bedarfes ergeben sich die in Spalte 6 der Tab. 3 getrennt für die Bereiche der 3 Länder berechneten Zahlen der im Jahr 1967 für die Belange der Bevölkerung je Einwohner abgegebenen Wassermengen. Im Gesamtraum des Modellgebietes betrug danach im Jahre 1967 die jährliche Wasserabgabe je Einwohner 49,2 m³/E · Jahr. Dem entspricht eine durchschnittliche tägliche Abgabe von rd. 135 l/E.

Als Grundlage für die Abschätzung der voraussichtlichen Zunahme des je Einwohner für die Belange der Bevölkerung benötigten Wassers bis zum Jahr 2000 können Angaben von S. CLODIUS (1968) dienen, nach denen die Wasserabgabe der Wasserwerke der Bundesrepublik an die Haushaltungen einschließlich Kleingewerbe und der öffentlichen Einrichtungen von 2025 Mio m³ im Jahr 1959 auf 2387 Mio m³ im Jahr 1966 zugenommen hat.

Da in dieser Zeit die Bevölkerung der Bundesrepublik von 54,876 Mio. E auf 59,8 Mio. E gewachsen ist, hat sich die Wasserabgabe für die Belange der Bevölkerung in diesen 7 Jahren von 2025 Mio. : 54,876 Mio. = 36,90 m³/E · Jahr = 101,0 l/E · Tag auf 2387 Mio. : 59,8 Mio. = 39,90 m³/E · Jahr = 109,5 l/E · Tag erhöht. Dem entspricht eine jährliche Zuwachsrate der Wasserabgabe je Einwohner von 1,12 %. Würde sich diese Entwicklung fortsetzen, so würde sich die Wasserabgabe der öffentlichen Wasserwerke des Modellgebietes für die Belange der Bevölkerung von durchschnittlich 135 l/E · Tag im Jahr 1967 in den 33 Jahren bis zum Jahr 2000 auf durchschnittlich

$$135 \cdot 1{,}0112^{33} = 135 \cdot 1{,}444 = \text{rd. } 195 \text{ l/E} \cdot \text{Tag}$$

erhöhen. Fraglich ist allerdings, ob die für die Zeit von 1959 bis 1966 berechnete Zuwachsrate von jährlich 1,12 % sich wirklich bis zum Jahr 2000 fortsetzen wird. Das erscheint zweifelhaft wenn man in Betracht zieht, daß sowohl der Wasserbedarf der Haushaltungen einschließlich Kleingewerbe wie auch der Wasserbedarf öffentlicher Einrichtungen sich allmählich einer Sättigungsgrenze nähern wird. Andererseits kann die Möglichkeit nicht ausgeschlossen werden, daß trotzdem die relativ stärkere Zunahme der Bevölkerungszahlen der großen Städte einen schnelleren Zuwachs des Wasserbedarfes für diese Zwecke bewirken wird. Dafür sprechen die nach der Spalte 12 der Tab. 2 weit über dem in Tab. 3 berechneten Durchschnitt des Modellgebietes von 49,2 l/E · Jahr liegenden Zahlen der Wasserabgabe für die Belange der Bevölkerung von 44,2 + 17,6 = 61,8 m³/E · Jahr in Mannheim, von 39,3 + 25,4 = 64,7 m³/E · Jahr in Heidelberg und von 46,2 + 7,5 = 53,7 m³/E · Jahr in Ludwigshafen. Daher dürfte es sich empfehlen, eine etwas größere Zunahme des Bedarfes bis zum Jahr 2000 anzunehmen, also den oben berechneten Bedarf von 195 l/E · Tag sicherheitshalber um 10 % anf 215 l/E · Tag zu erhöhen.

Zu klären ist nun die wichtige Frage, ob es im Jahr 2000 noch möglich sein wird, den voraussichtlich auf die Belange der Bevölkerung entfallenden Wasserbedarf von 215 l/E · Tag auch dann noch allein aus dem Grundwasserdargebot des Modellgebietes zu decken, wenn dann, wie vorausgesetzt werden kann, praktisch alle Gemeinden des Modellgebietes an öffentliche Wasserwerke angeschlossen sein werden. Um das entscheiden zu können, muß zunächst die im Jahr 2000 zu erwartende Bevölkerungszahl ermittelt werden. Dabei ist die Aufnahme vertretbar, daß die Bevölkerung des Modellgebietes zukünftig annähernd im gleichen Maße zunehmen wird wie die nach R. WATERKAMP (1970) voraussichtlich bis zum Jahr 2000 auf 70 Mio. E anwachsende Bevölkerung der Bundesrepublik. Unter dieser Voraussetzung kann man, da die Bevölkerungszahl der Bundesrepublik im Jahr 1961, für das auch die 1,67 Mio. E betragende Bevölkerungszahl des Modellgebietes bekannt ist, 56,2 Mio. E betrug, für die 39 Jahre bis zum Jahr 2000 mit einer Bevölkerungszunahme von 24,5 % rechnen. Danach müßte im Modellgebiet im Jahr 2000 der Wasserbedarf von 1,67 Mio. E · 1,245 = rd. 2,08 Mio. E von öffentlichen Wasserwerken gedeckt werden. Dazu wäre gemäß dem bis dahin voraussichtlich auf 215 l/E · Tag = rd. 78,5 m³/E · Jahr anwachsenden Wasserbedarf je Einwohner ein jährliches Wasserdargebot von 78,5 m³/E · Jahr · 2,08 Mio. E = rd. 163 Mio. m³/Jahr = rd. 5,17 m³/s erforderlich. Da das nur etwa 62 % des in Tab. 1 berechneten mittleren jährlichen Grundwasserdargebotes von 8,33 m³/s sind, scheint es grundsätzlich möglich zu sein, den im Jahr 2000 auf die Belange der Bevölkerung des Modellgebietes entfallenden Wasserbedarf mit Grundwasser zu decken.

Erreicht werden kann dieses erstrebenswerte Ziel nur dann, wenn das verfügbare Grundwasserdargebot nicht wesentlich mehr als gegenwärtig für industrielle Zwecke und für die Bewässerung landwirtschaftlich genutzter Böden in Anspruch genommen wird. Bisher wurden, wie aus den Zahlen der Spalte 5 der Tab. 2 zu entnehmen ist, in den zum Modellgebiet gehörenden Teilen der drei Länder 11,35 + 0,47 + 13,18 = 25 Mio. m³/Jahr = rd. 0,8 m³/s von den öffentlichen Wasserwerken, die ja, wie aus den Spalten 13 bis 15 der Tab. 2 zu ersehen ist, praktisch nur Grundwasser gewinnen, an Industriebetriebe geliefert. Die folgenden Ausführungen werden außerdem zeigen, daß Pläne bestehen, wesentlich größere Flächen des Modellgebietes als bisher künstlich zu bewässern und dafür, wie es gegenwärtig überwiegend der Fall ist, nach Möglichkeit Grundwasser zu verwenden.

2. Wasserbedarf der Landwirtschaft

Da der Wasserbedarf der landwirtschaftlichen Betriebe für den Hausgebrauch und die Viehwirtschaft in den Zahlen der Wasserabgabe der in erheblichem Umfang auch bäuerliche Siedlungen beliefernden öffentlichen Wasserwerke an die Haushaltungen einschließlich

Kleingewerbe zum Ausdruck kommt, braucht hier nur der zusätzliche Wasserbedarf der Bewässerungsanlagen behandelt zu werden.

In Betracht kommt dieses Mittel der Sicherung und Steigerung der Bodenerträge naturgemäß vor allen Dingen in Gebieten mit besonders geringen Niederschlägen, in denen der Wasserbedarf der Kulturpflanzen in der etwa von April bis September dauernden Wachstumsperiode sehr oft nicht durch die Niederschläge und die im Winter im Boden gespeicherte Feuchtigkeit gedeckt wird. Im Modellgebiet gilt das in besonders starkem Maße für den links des Stromes im Regenschatten der westlichen Randschwelle des Rheintalgrabens liegenden Teil der Oberrheinischen Tiefebene. Dort wird nach R. LILLINGER (1968) das als Richtmaß der Rentabilität von Bewässerungsanlagen geltende Niederschlagsdefizit der Wachstumsperiode von mindestens 80 mm im Nordteil der Vorderpfalz auf einer Fläche von 49 000 ha und im Südteil der Vorderpfalz auf einer Fläche von 25 000 ha häufig überschritten. Nach Abzug der Rebflächen, für die wegen der zu hohen Kosten der Wasserzuführung keine künstliche Bewässerung gewünscht wird, gelten davon insgesamt 52 000 ha als bewässerungswürdig. Vorgesehen für die nähere Zukunft ist einstweilen die künstliche Bewässerung einer Fläche von 26 000 ha. Dafür rechnet man unter der Voraussetzung optimaler Beregnung mit einem jährlichen Wasserbedarf in der Wachstumsperiode von 36 Mio m³. Dem entspricht im Durchschnitt des vollen Jahres ein Wasserbedarf von 1,14 m³/s und, wenn man mit einer Beregnungszeit von 5 Monaten rechnet, während der Dauer der Beregnungszeit ein durchschnittlicher Wasserbedarf von 2,74 m³/s. Da es als sicher gilt, daß davon nur ein Tal aus örtlichem Grundwasservorkommen gedeckt werden kann, ist beabsichtigt, auf das praktisch in unbeschränktem Maße verfügbare Rheinwasser zurückzugreifen. Dabei wird berücksichtigt werden, daß die weit überwiegend aus den Kalibergwerken des südlichen Oberrheintales stammenden Chloridgehalte des Rheinwassers im Mittel 200 mg/l betragen, also durchweg zu hoch sind, daß sie aber an Ruhetagen der Werke auf 20—30 mg/l zurückgehen. Daher ist vorgesehen, die Wasserentnahmeanlagen an Altarme des Rheins zu legen und deren Fassungsvermögen zur Speicherung des chloridarmen Wassers auszunutzen.

Außer dem Wasserbedarf dieses bedeutendsten Bewässerungsvorhabens des Modellgebietes wird auch der Wasserbedarf der bewässerungswürdigen Flächen des etwas regenreicheren, rechts des Stromes liegenden Gebiete des Oberrheingrabens ins Gewicht fallen. Zahlenangaben darüber sind im „Wasserwirtschaftlichen Rahmenplan Weschnitz" (1964) enthalten.

Im Niederschlagsgebiet dieses Rheinzubringers rechnet man mit einer Erhöhung des gegenwärtig noch geringen Grundwasserbedarfes für Bewässerungszwecke bis zum Jahr 1987 auf maximal 5,7 Mio m³/Jahr in trockenen Jahren. Da jedoch der außerhalb des Odenwaldes liegende Teil des Weschnitzgebietes nur einen geringen Teil des gesamten zum Modellgebiet gehörenden rechtsrheinischen Raumes des Oberrheingrabens umfaßt, ist dort mit dem Mehrfachen dieses zukünftigen Grundwasserbedarfes zu rechnen.

Nach diesen Feststellungen ist es wenig wahrscheinlich, daß es noch im Jahr 2000 möglich sein wird, aus dem oben errechneten Grundwasserdargebot von 8,33 m³/s, das ja, wie ausgeführt wurde, sicher nicht annähernd voll in Anspruch genommen werden kann, nicht nur den Wasserbedarf der Bevölkerung und den auf das bisherige Maß begrenzten Grundwasserbedarf der Industrie, sondern auch den bisherigen und den zukünftig entstehenden Grundwasserbedarf der Bewässerungswirtschaft zu decken. Daher muß man mit der Möglichkeit rechnen, daß es sich im Modellgebiet zukünftig als nötig erweisen wird, die Grundwassergewinnung weitgehend den Unternehmungen der öffentlichen Wasserversorgung vorzubehalten und die Industrie und die Bewässerungswirtschaft auf die Verwendung von oberirdischem Wasser zu verweisen. Denkbar ist allerdings, daß sich ein solcher Eingriff in bestehende Rechte vermeiden lassen wird, wenn es sich für die öffentliche Wasserversorgung der Bevölkerungsballung um Mannheim-Ludwigshafen zukünftig als wirtschaftlicher erweisen sollte, weitgehend uferfiltriertes Rheinwasser zu verwenden, statt in ständig wachsendem Umfang Grundwasser aus weit entfernten Gebieten beizuleiten.

3. Wasserbedarf der Industrie

Für den Wasserbedarf der Industrie eines Wirtschaftsraumes sind außer den Größen der vorhandenen Betriebe vor allen Dingen die sehr unterschiedlichen, auf die Bruttoproduktion bezogenen Wasserbedarfsquoten der vertretenen Industriezweige entscheidend. Das geht sehr deutlich aus der Tatsache hervor, daß in der Zeit um 1960 etwa 68 % des industriellen Wasserbedarfes, aber nur 18 % der Bruttoproduktion der Bundesrepublik auf Werke der chemischen Industrie, auf Hochofen-, Stahl- und Walzwerke, auf den Kohlenbergbau und auf Werke der Holzstoff-, Zellstoff-, Papier- und Pappeindustrie entfielen. Hiernach wäre eine hinreichend zutreffende Schätzung des zukünftig zu erwartenden industriellen Wasserbedarfes des Modellgebietes nur auf Grund einer sorgfältigen Untersuchung der Entwicklungstendenzen der vorhandenen Industriezweige und ihres Wasserbedarfes möglich. Für die Ziele dieser Arbeit genügt es jedoch, die Größenordnung des zukünftigen Wasserbedarfes der Industrie des Modellgebietes zu ermitteln, da einerseits für die meisten industriellen Zwecke unmittelbar entnommenes oder uferfiltriertes Flußwasser verwendet werden kann, und da andererseits kein Zweifel besteht, daß die Wasserführung des Rheins auch bei niedrigstem Abfluß weit über den im äußersten Fall zu erwartenden zukünftigen Wasserbedarf hinausgeht.

Der größte Anteil der industriellen Wassernutzung dürfte im Modellgebiet, wie bisher, auch in Zukunft auf die BASF entfallen. Nach Angaben der Werksleitung aus dem Jahr 1967 betrug die damalige Gesamtentnahme der im Norden, in der Mitte und im Süden der Rheinfront des Werksgeländes vorhandenen Wasserwerke jährlich etwa 1 Milliarde m³, das sind durchschnittlich 31,7 m³/s. Der Ermittlung der voraussichtlichen Zunahme dieses Bedarfes kann man die von H. Schrewe (1968) in sehr überzeugender Weise begründete Annahme zugrundelegen, daß die jährliche Zuwachsrate des industriellen Wasserbedarfes der Bundesrepublik in den nächsten 30 Jahren wahrscheinlich nicht mehr als 0,5 % betragen wird. Mit dieser geringen, weit unter dem zu erwartenden durchschnittlichen jährlichen Produktionszuwachs liegenden Rate glaubt der genannte Fachmann deshalb rechnen zu können, weil in fast allen Industriezweigen mit oft bedeutendem Erfolg versucht worden ist und auch weiterhin versucht werden wird, den Wasserbedarf durch Änderung der Produktionsverfahren und durch Wiederverwendung des genutzten und entsprechend aufbereiteten Wassers einzuschränken.

Rechnet man mit diesem Zuwachs auch für den für das Jahr 1967 mit 1 Milliarde m³ angegebenen Wasserbedarf der BASF, so wird dieser in den 33 Jahren bis zum Jahr 2000 auf etwa 1,18 Milliarden m³ anwachsen.

Bei der Abschätzung des Wasserbedarfes aller übrigen Industriebetriebe des Modellgebietes kann davon ausgegangen werden, daß in der Bundesrepublik das Verhältnis des Wasserbedarfes der Industrie zur Wasserabgabe der öffentlichen Wasserwerke an die Haushaltungen einschließlich Kleingewerbe und an öffentliche Einrichtungen nach R. Clodius (a. a. O.) im Jahr 1959 etwa 4,74 : 1, und im Jahr 1963 etwa 4,83 : 1 betragen hat. Setzt man voraus, daß dieses anscheinend langsam zunehmende Verhältnis im Jahr 1967 auf etwa 5 : 1 angewachsen war, und daß das wenigstens mit roher Annäherung auch für die nicht zur BASF gehörenden Industriebetriebe des Modellgebietes zutraf, so ergibt sich der Wasserbedarf der letzteren je Kopf des zugehörigen Bevölkerungsanteils für das Jahr 1967 zum Fünffachen des damaligen Wasserbedarfes je Kopf der Bevölkerung des Modellgebietes von 135 l/E · Tag, also zu 675 l/E · Tag.

Den dazugehörigen Bevölkerungsanteil der nicht zur BASF gehörenden Betriebe kann man näherungsweise berechnen, wenn man das sich aus der Bevölkerungsstatistik der Bundesrepublik ergebende Verhältnis von 7 : 1 für die Zahl der Einwohner, die auf einen Beschäftigten der Industrie entfällt, zugrunde legt. Danach haben im Jahr 1967 zu den damaligen etwa 47 000 Beschäftigten der BASF etwa 330 000 Einwohner gehört. Demnach können von der sich nach früheren Angaben für das Jahr 1967 zu rd. 1,73 Mio. E ergebenden Bevölkerungszahl des Modellgebietes 1,73 Mio · E — 0,33 Mio · E = 1,4 Mio · E den nicht zur BASF gehörenden Industriebetrieben zugeordnet werden. Danach ergibt sich im Jahr 1967 nach dem oben berechneten industriellen Wasserbedarf je Kopf der Bevölkerung von 675 l/E · Tag der Wasserbedarf dieses Industrieanteils zu 675 l/E · T · 1,4 Mio. · E = 945 Mio. · l/Tag = 345 Mio. · m³/Jahr. Dem entspricht, wenn man auch in diesem Fall mit einer jährlichen Zuwachsrate von 0,5 % rechnet, im Jahr 2000 ein Wasserbedarf von 345 Mio. · m³/Jahr · 1,18 = 407 Mio. · m³/Jahr. Zusammen mit dem Wasserbedarf der BASF wird daher der industrielle Wasserbedarf des Modellgebietes im Jahr 2000 voraussichtlich eine Größenordnung von 1,18 Mrd. · m³/Jahr + 0,407 Mrd. · m³/Jahr = 1,587 Mrd. · m³/Jahr, also von rd. 1,6 Mrd. · m³/Jahr erreichen. Dazu wäre eine durchschnittliche jährliche Wasserentnahme aus oberirdischen Gewässern von rd. 51 m³/s und, wenn man mit einer Schwankungsbreite des Bedarfes von ± 10 % rechnet, eine maximale Entnahme von rd. 56 m³/s erforderlich.

Nicht berücksichtigt wurde bei dieser Berechnung der Plan der BASF, auf dem Werksgelände ein Atomkraftwerk zu errichten und das dazu benötigte Kühlwasser dem Rhein zu entnehmen. Davon wurde abgesehen, da es keineswegs sicher ist, daß dieses Vorhaben von der zuständigen Genehmigungsbehörde, dem Arbeitsministerium in Mainz, genehmigt werden wird. Wenn dieses Projekt verwirklicht werden sollte, würde ein erheblicher zusätzlicher Kühlwasserbedarf entstehen. Auch dann würden sich jedoch keine Schwierigkeiten für die Wasserversorgung der Industrie des Modellgebietes ergeben können, da der kleinste bisher beobachtete Abfluß des Rheines am Pegel Worms nach Tab. 3 der „Hydrographie des Modellgebietes" im Mai 1921 370 m³/s, also ein Mehrfaches des im äußersten Fall denkbaren industriellen Wasserbedarfes des Modellgebietes betrug. In Betracht zu ziehen ist außerdem, daß das von der Industrie genutzte Wasser, ebenso wie das von der Bevölkerung genutzte Wasser, im Gegensatz zu dem fast restlos verdunstenden Beregnungswassers der Bewässerungswirtschaft, zum größten Teil nach der Nutzung wieder in die Gewässer gelangt.

IV. Reinhaltung der Gewässer

Die schwierigste Aufgabe der Wasserwirtschaft ist, wie fast überall in der Bundesrepublik, auch im Modellgebiet die Reinhaltung der Gewässer. Gelöst sein wird dieses Problem erst dann, wenn alles genutzte Wasser soweit gereinigt werden wird, daß es ohne wesentliche Vorbehandlung erneut für jeden in Betracht kommenden Zweck verwendet werden kann. Dieses Ziel wird man jedoch voraussichtlich erst in ferner Zukunft erreichen, da die Abwässer zahlreicher Industriebetriebe schädliche chemische Verbindungen enthalten, deren Entfernung oder Wiedergewinnung zwar, wie u. a. G. MÜLLER-NEUHAUS (1968) hervorhebt, praktisch in ausreichendem Maße möglich wäre, aber, wie der Gütezustand vieler

Gewässer beweist, oft unterbleibt. Der Grund dafür ist zweifellos der, daß die durch intensive Reinigung der Abwässer entstehenden Kosten die Betriebsgewinne in vielen Fällen zu stark beeinträchtigt würden oder sogar zur Aufgabe der Produktion zwingen könnten. So gesehen ist die Reinhaltung der Gewässer vor allen Dingen ein wirtschaftliches Problem. Seine auch heute schon erreichbare schnelle Lösung durch rücksichtslose Anwendung der durch die Wassergesetze des Bundes und der Länder gegebenen Möglichkeiten, die Ableitung jeder Art unerwünschter Stoffe in die Gewässer zu verbieten, wäre daher nur denkbar, wenn die Bevölkerung zugunsten dieser Aufgabe einen sicher nicht unerheblichen Konsumverzicht in Kauf nehmen würde. Im Falle des Rheins kommt hinzu, daß ein erheblicher Teil seiner Belastung mit unerwünschten Stoffen aus Betrieben Frankreichs und der Schweiz stammt. Das gilt u. a. für die schon erwähnten hohen Salzgehalte des Rheinwassers.

Mit Fragen der Sanierung des Rheins befassen sich u. a. seit 1950 die „Internationale Kommission zum Schutze des Rheins gegen Verunreinigung" und für die Rheinstrecke der Bundesrepublik seit 1963 auch die „Arbeitsgemeinschaft der Länder zur Reinhaltung des Rheins". Von den in Betracht kommenden Maßnahmen zur Verbesserung des Rheinwassers ist besonders der 1966 von der Internationalen Kommission einem französischen Ingenieurbüro erteilte Auftrag von Bedeutung, Versuche über die Möglichkeit der Aufhaldung der Rückstandssalze des elsässischen Kalibergbaues durchzuführen. Wenn sich dieser Weg als geeignet erweisen sollte, ist in absehbarer Zeit mit einer ins Gewicht fallenden Verringerung der Versalzung auf der Rheinstrecke des Modellgebietes zu rechnen.

Eine erhebliche Gefahr für die Bevölkerung stellt die mögliche Anreicherung des aus oberirdischen Gewässern gewonnenen Trinkwassers mit den auf dem Umweg über das Grundwasser auch in die Bäche und Flüsse gelangenden Pflanzenschutzmitteln und Unkrautvertilgungsmitteln dar. Wie festgestellt wurde, wirken viele dieser nur schwer von der Landwirtschaft zu entbehrenden und in wachsendem Umfang verwendeten Erzeugnisse, wie in neuerer Zeit ein Fischsterben größten Umfanges im Rhein gezeigt hat, schon in geringsten Konzentrationen für Wassertiere als tödliches Gift. Außer Frage steht, daß das auch für Menschen gilt.

Stark erschwert wird die Sanierung der Gewässer dadurch, daß der Nachweis zahlreicher, zweifellos aus den Abwässern von Industriebetrieben stammender gelöster Stoffe, die den Geschmack und Geruch des Wassers beeinträchtigen und seine Färbung verändern, noch nicht gelungen ist, und daß es daher erhebliche Schwierigkeiten macht, ihre Herkunft zu ermitteln. Wenig Klarheit besteht im übrigen auch darüber, wie weit diese Eigenschaften, die nur als unangenehm empfunden werden, bei dauerndem Genuß des Wassers gesundheitliche Schäden zur Folge haben können.

Vergleichsweise geringere Schwierigkeiten wird es machen, die Belastung der Gewässer mit den besonders in den Abwässern der Haushaltungen enthaltenen organischen Verbindungen in Grenzen zu halten. Diese Stoffe können fast vollkommen durch bewährte biologische Klärverfahren oxydiert werden, so daß sie dann keine Schäden durch zu starke Verringerung der Sauerstoffgehalte der Gewässer bewirken können. Das gleiche gilt auch für viele aus Betrieben der Nahrungsmittelindustrie stammende organische Verbindungen, wenn auch in einzelnen Fällen noch Schwierigkeiten zu überwinden sind.

Einen gewissen, allerdings nur unter günstigen Bedingungen ausreichenden Beitrag zum Abbau der in die Wasserläufe gelangten organischen Stoffe leistet auch die auf dem Sauerstoffeintrag aus der Luft beruhende und im Sommer durch die biogene Sauerstofferzeugung pflanzlicher Organismen geförderte Selbstreinigung der Gewässer.

Hiernach sind die Voraussetzungen der Sanierung von Gewässern, die nur mit organisch verschmutzten Abwässern belastet werden, durchaus günstig. Trotzdem ist auch im Modellgebiet der Gütezustand vieler Wasserläufe, für die diese Voraussetzung erfüllt ist, noch vollkommen unbefriedigend. So sind nach R. LILLINGER (a. a. O.) die vorderpfälzischen Wasserläufe noch vielfach stark verschmutzt, weil sie mit ungereinigten Abwässern belastet werden. Ähnlich mit Schmutzstoffen überlastet ist nach dem „Wasserwirtschaftlichen Rahmenplan Waschnitz" (a. a. O.) auch das Gewässernetz dieses im Nordrand des Modellgebietes von rechts in den Strom mündenden Rheinzubringers. Nach Karte 41 dieses Rahmenplanes, in dem die Wassergüteverhältnisse nach dem Saprobiensystem, d. h. auf Grund der im Wasser angetroffenen Arten von Organismen, klassifiziert sind, ist dieser Wasserlauf unterhalb von Weinheim bis an seine Mündung in den Rhein, also auf der ganzen Strecke, auf der er die Tiefebene durchfließt, „sehr stark verschmutzt". Das gleiche wurde auch für viele Laufstrecken seiner Zubringer festgestellt.

Während erwiesen ist, daß es mit Hilfe biologischer Kläranlagen gelingt, den Gütezustand von Wasserläufen, die überwiegend durch organische Stoffe verschmutzt sind, befriedigend zu verbessern, kann man dadurch die Verschmutzung von Wasserläufen, die zusätzlich mit industriellen Abwässern belastet werden, zwar in der Regel beträchtlich verringern, aber selten soweit beseitigen, daß die Wiederverwendung ihres Wassers ohne wesentliche Vorbehandlung möglich ist. Das gilt im Modellgebiet vor allen Dingen für den Rhein und den Neckar. Nach einer Karte der Wasserbeschaffenheit, die der „Denkschrift der Arbeitsgemeinschaft der Länder zur Reinhaltung des Rheins" (1965) beigefügt ist, wird der Rhein im Raum Mannheim-Ludwigshafen so stark zusätzlich verschmutzt, daß sein nach dem Saprobiensystem klassifizierter Gütezustand schnell von „mäßiger" über „starke" in „sehr starke" Verschmutzung übergeht. Erst etwa 5 km weiter unterhalb macht sich eine Verbesserung bemerkbar, jedoch herrscht von dort bis weit über Worms hinaus noch der Zustand „starker Verschmutzung". Zu dem schnellen Anwachsen der Verschmutzung im Bereich der beiden Städte trägt zweifellos auch der unterhalb von Heidelberg „stark verschmutzte" Neckar bei.

Sicher ist, daß dieser unhaltbare Zustand zu einem erheblichen Teil auf die Einleitung organischer Schmutzstoffe zurückzuführen ist. Das ist daraus zu entnehmen, daß nach den Angaben der Denkschrift die beiden Großstädte und auch die Stadt Frankenthal nur mechanische Kläranlagen betreiben und daß die z. T. in starkem Maße mit organischen Stoffen belasteten Abwässer der großen industriellen Unternehmungen des Raumes, denen die gleiche Wirkung auf den Sauerstoffhaushalt zugeschrieben wird, wie den Abwässern von 3 Mio. Einwohnern, bisher nur mechanisch-chemisch oder lediglich mechanisch gereinigt werden. Zu erwarten ist daher, daß nach weitgehender Entlastung des Stromes von dieser starken organischen Verschmutzung, die man durch den geplanten Ausbau biologischer und chemisch-biologischer Kläranlagen und der Eindampfungsanlage des Werkes Zellstoff-Waldhof zu erreichen hofft, eine wesentliche Verbesserung des Gütezustandes der Rheinstrecke des Modellgebietes eintreten wird. Bestehen bleibt dann noch die Schwierigkeit, das Rheinwasser von den aus Industriebetrieben stammenden, seine Wiederverwendung erschwerenden chemischen Verbindungen zu befreien, die nicht dem biologischen Abbau zugänglich sind. Das wird sich nur durch Anwendung spezieller, u. U. sehr kostspieliger Reinigungsverfahren für die solche Stoffe enthaltenden Abwässer erreichen lassen.

Außer durch die Einleitung ungenügend gereinigter Abwässer wird die Wassergüte des Rheins auch dadurch beeinträchtigt, daß immer noch infolge des ständig zunehmenden Schiffsverkehrs erhebliche Mengen von Wasser-Öl-Gemischen in den Strom gelangen. Dem hat man bisher noch nicht durch Einrichtung von Sammelstellen für Ölrückstände und durch Gründung der schon mit großem Erfolg auf dem Rhein und seinen schiffbaren Nebengewässern arbeitenden „Bilgenentölungsgesellschaft" in ausreichendem Maße begegnen können. Erst im Laufe der Zeit dürfte es gelingen, Einrichtungen auf allen Binnenschiffen zu schaffen, die es verhindern, daß während der Fahrt Öl ins Wasser gelangt. Nicht mit Sicherheit vermeiden lassen sich jedoch Kollisionen von Öltankschiffen. Daher ist man schon seit langem bemüht, Verfahren zur schnellen Abschöpfung der in solchen Fällen oft in großen Mengen aus den beschädigten Tanks ablaufenden Öle zu entwickeln.

Nicht unterschätzt werden dürfen die sich in neuerer Zeit abzeichnenden Gefahren, die durch die Kühlwassereinleitungen der in großer Zahl am Rhein und seinen Nebenflüssen geplanten Kernkraftwerke für die biologischen Eigenschaften des Rheinwassers entstehen können. So wird es für wahrscheinlich gehalten, daß bei Anwendung der Frischwasserkühlung für die oberhalb des Modellgebietes von Unternehmungen der Schweiz, Frankreichs und der Bundesrepublik geplanten Kernkraftwerke die Wassertemperatur des Stromes im Sommer zeitweilig weit über die als noch tragbar geltende Grenze von etwa 28° C erhöht werden würde. Man befürchtet nämlich, daß das durch die Kühlwassereinleitungen aufgeheizte Wasser sich auf den zwischen den Kernkraftwerken liegenden Stromstrecken bei hohen Lufttempetraturen und starker Sonneneinstrahlung so langsam abkühlt, daß die für eine wirksame Betriebswasserkühlung erforderliche Wärmeabgabe eine in der Stromrichtung von Kraftwerk zu Kraftwerk wachsende Überschreitung der zulässigen Grenztemperatur zur Folge haben würde. Da das, abgesehen von den am weitesten stromaufwärts liegenden Kraftwerken, nur durch starke Einschränkung der Frischwasserkühlung und Übergang zu der weniger wirksamen und weit höheren Investitionskosten erfordernden Luftkühlung vermieden werden könnte, bestehen erhebliche Zweifel, ob jene Pläne in vollem Umfang verwirklicht werden können.

V. Hochwasserschutz

Wie in der „Hydrographie des Modellgebietes" näher ausgeführt wurde, haben die schon in sehr früher Zeit begonnenen Versuche, die Hochwassergefahren am Oberrhein einzuschränken, erst nach Durchführung der von Tulla geplanten Rheinkorrektion einen dauernden Erfolg gebracht. Durch die sich daran anschließenden Arbeiten wurde bis etwa Ende des 19. Jahrhunderts erreicht, daß große Hochwasserschäden nur noch selten auftraten. Seitdem hat man sich im allgemeinen auf den weiteren Ausbau des Strombettes zur Vergrößerung der Fahrwassertiefen und auf Verstärkung der bis dahin entstandenen Deiche beschränkt. Dagegen hat man davon abgesehen, die Deiche näher an den Strom heranzurücken, da man erkannt hatte, daß jede Einschränkung der Überschwemmungsflächen gleichbedeutend ist mit einer Verringerung natürlicher, den Hochwasserabfluß dämpfender Speicherräume. Infolgedessen sind auch heute noch erhebliche Flächen beiderseits des Stromes bei Hochwasser der Überflutung ausgesetzt. Im Raum des Modellgebietes gilt das nach H. Horst (Dezember 1965) auf der 42,5 km langen Strecke von Speyer bis Worms für etwa 78,5 km². Allerdings kommt es nur bei sehr großen Hochwasserabflüssen vor, daß diese Flächen völlig unter Wasser gesetzt werden. Dagegen dringt das Wasser bei mittleren Hochwasserabflüssen nur stellenweise bis an die Deiche vor, während kleinere Hochwasserabflüsse gewöhnlich innerhalb des Strombettes ablaufen. Recht günstig hat sich in dieser Hinsicht die auch heute noch nicht abgeschlossene Senkung der Stromsohle infolge der durch die Begradigungen des Stromes verstärkten Erosion ausgewirkt.

Angenommen wird, daß die Hochwasserabflüsse des Rheines sich in neuerer Zeit infolge der zur Verbesserung der Schiffahrtsbedingungen mit Hilfe von Stauanlagen und

Seitenkanälen durchgeführten Kanalisierung des Oberrheins auf der Strecke Basel— Straßburg wieder etwas erhöht haben. Wieweit das zutrifft, wird erst nachgewiesen werden können, wenn Beobachtungsergebnisse für einen mehrjährigen Zeitraum zur Verfügung stehen werden. Nach K. FELKEL (1969) wird durch diese Arbeiten erreicht werden, daß nach Fertigstellung der am Ende der kanalisierten Strecke liegenden Staustufe Straßburg von Basel bis dort die volle Abladetiefe der auf dem Rhein verkehrenden größten Binnenschiffe ganzjährig gewährleistet sein wird. Dagegen können vorläufig auf der Strecke St. Goar—Straßburg, also auch auf der Rheinstrecke des Modellgebietes, größere Frachtschiffe, die in voll beladenem Zustand einen Tiefgang von 2,50 m haben, nur etwa während der Hälfte des Jahres mit voller Abladetiefe fahren. Vorgesehen ist daher, die Fahrwassersohle oberhalb St. Goar auf das weiter unterhalb bereits vorhandene Maß von 2,10 m unter GLW zu vertiefen. Dieser als „Gleichwertiger Wasserstand" bezeichnete, an allen Rheinpegeln in Abständen von 10 Jahren neu ermittelte Wasserstand wird durchschnittlich nur an 20 eisfreien Tagen des Jahres unterschritten. Daher werden in nicht zu ferner Zeit auch größere Lastschiffe während wesentlich längerer Zeit des Jahres als bisher auf der ganzen Rheinstrecke zwischen Basel und der Rheinmündung mit voller Abladetiefe verkehren können.

Erhebliche Schwierigkeiten wird die durch die Ausbauarbeiten verstärkte Erosion mit sich bringen. Das gilt besonders für die kanalisierte Strecke, da dort die Zurückhaltung des Geschiebes in den Staustufen auf der anschließenden Laufstrecke eine starke Sohlenerosion und erfahrungsgemäß weiter unterhalb unregelmäßige Ablagerungen des erodierten Sohlenmaterials zur Folge hat, die den Schiffsverkehr behindern können. Dem konnte man bisher durch schnelle zeitliche Aufeinanderfolge der Errichtung der Staustufen Rechnung tragen. Erwogen wird daher, nach Fertigstellung der ursprünglich als letzte Anlage der Kanalisierung vorgesehenen Staustufe Straßburg stromabwärts weitere Staustufen zu errichten. Geplant sind vorläufig zwei weitere Staustufen, die jedoch keine Seitenkanäle erhalten werden. Sie sollen in deutsch-französischer Zusammenarbeit bei Gambsheim-Freistett (Rhein km 309) und bei Iffezheim-Beinheim (Rhein km 334) errichtet werden. Schon jetzt beschäftigt man sich auch mit der Frage, wie man den Schwierigkeiten begegnen kann, die mit Sicherheit zu erwarten sind, wenn die letzte dieser beiden Staustufen fertiggestellt sein wird. Vorauszusehen ist, daß sich die Folgen des Ausbaues des Oberrheins in nicht allzu ferner Zeit auch auf der Stromstrecke des Modellgebietes auswirken werden, da die an seinem Südrand liegende Stadt Germersheim (Rhein km 382) nur 48 km unterhalb Iffezheim-Beinheim liegt. Nicht zu erwarten ist jedoch, wie schon gesagt wurde, daß die bisher durchgeführten und die noch geplanten Ausbauarbeiten eine wesentliche Erhöhung der Spitzenabflüsse der Hochwasser des Stromes mit sich gebracht haben und noch mit sich bringen werden. Dazu sei noch ergänzend bemerkt, daß die in diesem Sinne wirkende Verringerung von Überschwemmungsflächen sich auf die kanalisierte Stromstrecke beschränkt hat und daß die durch Vertiefung der Abflußquerschnitte bewirkte Vergrößerung der Wellenschnelligkeit der Hochwasserabflüsse sowohl eine Verkleinerung wie auch eine Vergrößerung des zeitlichen Abstandes der Scheitelabflüsse des Stromes und seiner Nebenflüsse zur Folge haben kann. Daher dürfte sich nur wenig an der am Rhein bestehenden günstigen Situation ändern, die darin zum Ausdruck kommt, daß nach den Tab. 1 und 3 der „Hydrographie des Modellgebietes" der bisher beobachtete größte Hochwasserabfluß am Pegel Worms nur das 4,1fache des mittleren Abflusses des 30jährigen Zeitraumes 1936/65 erreicht hat.

Wesentlich größer als im Rhein ist nach den genannten Tabellen das Verhältnis der größten bisher beobachteten Hochwasserabflüsse zu den mittleren Abflüssen in den im Modellgebiet mündenden Zuflüssen des Stromes. Daher wird das Wasserführungsvermögen ihrer natürlichen Bettquerschnitte entsprechend häufiger überschritten, so daß besonders in den Räumen der flachen Rheintalniederung oft große Flächen ihres Ufergeländes überflutet werden. Auf der Neckarstrecke des Modellgebietes hat man diese Gefahr durch Ausbau der Abflußquerschnitte weitgehend verringern können. Besonders ungünstige Bedingungen für die Bekämpfung der Hochwassergefahren bestanden von jeher im Gebiet der Weschnitz. Nähere Angaben darüber enthält der schon erwähnte Wasserwirtschaftliche Rahmenplan. Danach hat man dort schon vor langer Zeit versucht, die immer wieder auftretenden weiterräumigen Überschwemmungen der unterhalb von Weinheim liegenden Niederungsgebiete durch Ausbau der Abflußquerschnitte der Weschnitz und durch Verwallung ihrer Ufer zu begrenzen. Die Erfolge dieser Arbeiten blieben jedoch gering. Auch die auf Grund des „Generalplanes für das Hessische Ried" im Jahr 1930 durchgeführten Maßnahmen brachten noch keine wesentliche Verbesserung der Verhältnisse. Erst in den Jahren 1959 bis 1965 gelang es, und zwar vor allen Dingen durch den Bau von Hochwasserrückhaltebecken, die Hochwassergefahren weitgehend zu verringern.

Wenn auch im Niederungsgebiet der Weschnitz besonders umfangreiche Arbeiten zur Verringerung der Hochwasserschäden erforderlich waren, so hat man doch in den Gebieten vieler anderer kleiner und mittlerer Rheinzuflüsse nicht auf die Durchführung von Maßnahmen zur Bekämpfung von Hochwasserschäden verzichten können. Dazu wird man auch in Zukunft genötigt sein, da im Nahbereich der Siedlungen und vor allen Dingen der Großstädte der schnelle Abfluß des Niederschlagswassers durch die künstliche Befestigung immer größerer Flächen der Wohngebiete und Industrieanlagen gefördert wird. Oft wird man nur durch den Bau von Regenrückhaltebecken verhindern können, daß dadurch kleinere Vorfluter überlastet werden. Weniger groß ist die Gefahr, daß die Hochwasserabflüsse durch die Entwässerungseinrichtungen landwirtschaftlich genutzter, unter zu hohen Grundwasserständen leidender Böden verstärkt werden. Angenommen wird vielmehr, daß das dadurch erhöhte Wasserhaltevermögen der Böden dem schnelleren Abfluß des Niederschlagwassers durch Gräben und Dränstränge entgegenwirkt.

Nicht unerwähnt bleiben darf, daß starke Regenfälle auf geneigten Flächen erhebliche Schäden durch Abtragung des Mutterbodens bewirken können. Diese Gefahr besteht besonders in den Rebanlagen der Randschwellen des Rheintalgrabens. Dem hat man seit langem durch Terrassierung der Hänge mit gutem Erfolg vorgebeugt. In der Gegenwart wird jedoch von diesem Mittel kaum noch Gebrauch gemacht, da allein schon die Erhaltung der bestehenden Terrassenmauern sich oft als so kostspielig erweist, daß sie unterbleiben muß.

VI. Pflege der Gewässer

Es braucht kaum betont zu werden, daß ein befriedigender Zustand der Gewässer heute vor allen Dingen eine Frage ihrer Reinhaltung ist. Das betrifft nicht nur die Beschränkung ihrer Belastung mit Abwässern, sondern auch die Verhinderung ihrer Verwendung zur Beseitigung von Abfällen der verschiedensten Art durch Anwohner und Passanten. Nur dort, wo es gelingt, diese Aufgaben zu bewältigen, werden stehende und fließende Gewässer als wichtigste Elemente des Landschaftsbildes voll zur Wirkung kommen.

Zuweilen erhobene Forderungen, Gewässer in ihrem natürlichen Zustand zu belassen, werden in eng bevölkerten Gebieten, in denen eine intensive Raumnutzung zur Befriedigung der vielseitigen Ansprüche der Industriegesellschaft nicht zu vermeiden ist, auf Naturschutzgebiete beschränkt werden müssen. Außerhalb dieser begrenzten Räume wird man jedoch kaum irgendwo auf eine Pflege der Gewässer verzichten können, da in einer Kulturlandschaft selbst kleinste Wasserläufe und Teiche irgendwelchen Zwecken dienen, denen man sie schon in der Vergangenheit mit mehr oder weniger Erfolg angepaßt hat oder denen sie zukünftig angepaßt werden müssen.

Der wichtigste Zweck, den man beim Ausbau fließender Gewässer verfolgt hat und noch verfolgt, war und ist in der Regel die Verringerung von Hochwasserschäden, die durch Überschwemmungen und bei Uferabbrüchen durch Beschädigung oder Zerstörung von Gebäuden und Verkehrsanlagen entstehen. Das ist eine auch heute noch außerordentlich schwierige Aufgabe, da die wirksamsten Mittel, wie Laufverkürzungen und Vergrößerungen der Abflußquerschnitte, Veränderungen des Geschiebetriebes mit sich bringen, deren Folgen nur der mit diesem Problem vertraute Fachmann mit einiger Sicherheit beurteilen kann. In der Vergangenheit ist es daher, wie auch das Beispiel des Rheinausbaues gezeigt hat, schon oft vorgekommen, daß solche Maßnahmen zwar örtliche Erleichterungen brachten, aber flußabwärts durch Ablagerung von Geschiebe Schäden verursachten. Diese Nachteile verstärkten sich, wenn durch weitgehende Absenkung der Hochwasserstände der regulierten Laufstrecken größere Flächen der Überflutung entzogen wurden und daher nicht mehr als natürliche Hochwasserspeicherräume wirken konnten.

Um solche — zwar voraussehbaren, aber nicht ganz zu verhindernden — nachteiligen Folgen von Regulierungsmaßnahmen zu vermeiden, ist man heute bestrebt, Querschnittserweiterungen und Laufverkürzungen der Wasserläufe möglichst einzuschränken und die Hochwasserabflüsse soweit durch Speicherung in Hochwasserrückhaltebecken zu verringern, daß die verbleibenden „Regelabflüsse" innerhalb der Ufer ablaufen, ohne auszuufern. Wenn man von dieser Möglichkeit Gebrauch machen kann, wird man sich bei der Sicherung der Gewässerufer in der Regel weitgehend der Methoden des „natürlichen Wasserbaues", d. h. der Bepflanzung der Böschungen mit geeigneten Gewächsen, bedienen können, ohne genötigt zu sein, lange Uferstrecken durch Steinschüttungen oder Ufermauern zu schützen, die das Landschaftsbild beeinträchtigen. Unentbehrlich bleiben werden diese Mittel jedoch innerhalb von Ortschaften und an Uferstrecken, die unmittelbar an Straßen und Eisenbahnen grenzen.

Wie schon erwähnt wurde, hat man sich dieser Kombination des Baues von Hochwasserrückhaltebecken mit Regulierungsarbeiten im Gebiet der Weschnitz bedient. Zu hoffen ist, daß man zukünftig auch in anderen Räumen des Modellgebietes, in denen Maßnahmen zur Verringerung von Hochwasserschäden durchgeführt werden müssen, ebenso vorgehen wird. Dabei kann man, wie das auch im Weschnitzgebiet geschehen ist, von der Möglichkeit Gebrauch machen, in den Hochwasserrückhaltebecken durch „Dauerstaue", die in hochwasserfreien Zeiten gefüllt bleiben, Wasserflächen für die Volkserholung zu schaffen.

Als Hindernisse für die Pflege der Gewässer können sich die Staueinrichtungen der im Laufe der Zeit in den gefällsreichen Wasserläufen der Randschwellen der Tiefebene in großer Zahl entstandenen Wassertriebwerke erweisen. Die dadurch entstehenden Schwierigkeiten brauchen jedoch nicht überschätzt zu werden, da viele dieser überwiegend nur geringe Leistungen erzeugenden Anlagen nicht mehr genutzt werden und da die Mehrzahl der heute noch in Betrieb befindlichen Anlagen voraussichtlich schon nach Ablauf weniger Jahre stillgelegt sein wird. Daher dürfte sich die Beseitigung von Stauanlagen in der Regel durchsetzen lassen, wenn dadurch die volkswirtschaftlich wichtigeren Aufgaben der Verringerung von Hochwasserschäden und der Pflege der Gewässer erleichtert werden.

Etwas schwieriger wird es sein, die ständig dem Wellenschlag vorüberfahrender Schiffe ausgesetzten Ufer des Rheins und des Neckars trotz ihrer unvermeidbaren Sicherung durch Steinschüttungen so zu gestalten, daß sie den hohen „V-Wert" für die Beziehung Mensch— Landschaft erreichen, der ihnen von H. KIEMSTEDT (1969) zugesprochen wird. Günstiger sind die Voraussetzungen für die schon in vielen Fällen in Angriff genommene naturnahe Gestaltung der Ufer der Altarme des Stromes und der Kiesseen der Rheinarme, da bei ihrer Bepflanzung, wenn man den Verkehr von Motorbooten verhindert, eine Berücksichtigung des geringen Wellenschlages unnötig ist.

VII. Schlußbetrachtungen

Wie in der Einleitung hervorgehoben wurde, konnte in diesem Beitrag nur ein auf das Wesentliche abgestellter, durch repräsentative Beispiele ergänzter Überblick über die wichtigsten wasserwirtschaftlichen Probleme des Modellgebietes gegeben werden. Dabei wurde versucht, nicht nur das Wesen der verschiedenartigen Aufgaben zu verdeutlichen, die für die Ordnung der wasserwirtschaftlichen Verhältnisse entscheidend sind, sondern auch erkennen zu lassen, welche umfangreichen Unterlagen für ihre befriedigende Lösung benötigt werden. Dringend erwünscht erscheint danach die Aufstellung eines Wasserwirtschaftlichen Rahmenplanes für den Gesamtraum des Modellgebietes.

Literaturhinweise

CLODIUS, S.: Rahmenbericht zur Lage der Wasserwirtschaft in der Bundesrepublik Deutschland. Wasser. Berlin 1968, Festschrift.
FELKEL, K.: Hydraulische Probleme beim Rheinausbau. Deutsche Gewässerkundliche Mitt. Sonderheft. Koblenz 1969.
HARTH, H.: Der Einfluß der Land- und Forstwirtschaft auf den Grundwasserchemismus. Deutsche Gewässerkundliche Mitt. Sonderheft. Koblenz 1969.
HORST, H.: Beiträge zur Theorie des Grundwasserhaushaltes. Deutsche Gewässerkundliche Mitt., Jg. 2, Heft 6, Koblenz 1958.
HORST, H.: Theorie des Grundwasserhaushaltes und der Grundwassergewinnung. Koblenz 1965 (unveröffentlicht).
HORST, H.: Voraussetzungen der Kontaminierung des ober- und unterirdischen Wassers des Rheingebietes durch natürliche und künstliche Radioaktivität. Studie für die Euratom, Brüssel. Ing.-Büro H. Kalweit. Koblenz Dez. 1965.
KALWEIT, H.: Grundwassererneuerung der Kölner Scholle. Gutachten für den Regierungspräsidenten Köln und den Großen Erftverband. Koblenz 1968.
KIEMSTEDT, H.: Bewertung der natürlichen landschaftlichen Voraussetzungen für Freizeit und Erholung im Modellgebiet. (Vorläufiges Manuskript). Hannover, November 1969.
KLOTTER, H. E.: Beseitigung fester Abfallstoffe als wasserwirtschaftliches Problem. Wasser. Berlin 1968, Festschrift.
LILLINGER, R.: Die Beregnung der Vorderpfälzischen Rheinebene. Wasser. Berlin 1968, Festschrift.
MÜLLER-NEUHAUS, G.: Abwassereinigung in Gegenwart und Zukunft. Wasser. Berlin 1968, Kongreßvorträge.

Schrewe, H.: Entwicklungstendenzen der Wasserversorgung gewerblicher Betriebe. Wasser, Berlin 1968, Kongreßvorträge.
Waterkamp, R.: Futurologie und Zukunftsplanung. Stuttgart 1970.
Wasserwirtschaftlicher Rahmenplan Weschnitz. Hess. Ministerium für Landwirtschaft und Forsten. Wiesbaden 1964.
Wasserstatistik des Verbandes der Deutschen Gas- und Wasserwerke 1966/67.
Mitteilungen der Werksleitung der BASF im Jahr 1967.
Denkschrift der Arbeitsgemeinschaft der Länder zur Reinhaltung des Rheins. 1965.

Die Böden des Rhein-Neckar-Gebiets, ihre Veränderung durch Eingriffe des Menschen und ihre Erhaltung und Verbesserung*)

von

Ernst Schönhals, Gießen

Einleitung

Die Entstehung des Menschengeschlechts wäre ohne den Boden nicht möglich gewesen, denn sowohl feste als auch lockere Gesteine bilden keine Lebensgrundlage, weil sie — von wenigen Ausnahmen abgesehen — nicht jene Eigenschaften besitzen, die ein Wachstum höherer Pflanzen ermöglichen. Nur durch den an der Grenze von Atmosphäre und Lithosphäre durch physikalisch-chemische und biologische Prozesse entstandenen Boden war die Voraussetzung für die Entwicklung des Lebens zu seiner heutigen Form gegeben.

Zu allen Zeiten seiner Geschichte war der Mensch in Europa und anderen Teilen der Erde bestrebt, zur Sicherung des Lebens die dafür notwendige genutzte Fläche nicht nur zu erhalten, sondern zu vergrößern, besonders als er durch die Zunahme der Bevölkerung in bestimmten Räumen und durch die Änderung seiner Lebensgewohnheiten dazu gezwungen wurde. Als der Mensch in Europa an der Wende von der Mittel- zur Jungsteinzeit (um 6000 vor heute) begann, sich seßhaft zu machen und einfachen Ackerbau und Haustierzucht zu betreiben, bestand für ihn die Notwendigkeit, weitere Flächen mit leicht zu bearbeitenden, fruchtbaren Böden in Besitz zu nehmen.

Die Inbesitznahme von Bodenflächen und deren Nutzung ist in den siedlungswürdigen Gebieten der Erde in sehr verschiedenen Zeitabschnitten erfolgt, wofür sowohl die natürlichen Gegebenheiten als auch historische, ethnologische und wirtschaftliche Ursachen in Betracht kommen. In Mitteleuropa, wo größere, wenig bewaldete Räume mit wertvollen Böden und günstigem Klima schon eine frühe Besiedlung zuließen, war der Mensch immer wieder gezwungen, die genutzte Bodenfläche zu vergrößern, was schließlich nur noch durch die Rodung von Wald möglich war. Dieser Eingriff, der nicht nur zu einer Veränderung der Vegetation, sondern auch des Bodens führte, beschränkte sich zunächst auf die von Natur aus begünstigten Landschaften und die leichter zugänglichen Wälder entlang der Täler unserer Mittelgebirge.

Die Rodung von Wald war auch in einzelnen Landschaften des Untersuchungsgebiets (Vorderer Odenwald, Kraichgau) mit großen Verlusten wertvollen Bodens verbunden. Es entstanden im Laufe der Jahrhunderte durch die vollständige oder teilweise Zerstörung

---

*) Siehe auch die Bodenkarte am Schluß des Bandes. — Das Manuskript wurde im Juni 1972 abgeschlossen, einzelne Nachträge erfolgten im Juli 1973.

des Waldes Bodenschäden, die sich seit längerer Zeit nicht nur an geringeren Erträgen und höheren Aufwendungen bemerkbar machen, sondern die sich auf den gesamten Wasserhaushalt und Stoffumsatz dieser Landschaften sehr nachteilig auswirken.

Bei den Ansprüchen des Menschen der modernen Industriegesellschaft an die verschiedenen Naturräume ist daher zu berücksichtigen, daß das wichtigste und charakteristischste Element dieser Landschaften, nämlich der Boden, auf mehr oder weniger großen Flächen einschneidende und nachteilige Veränderungen erlitten hat. Es stellt sich daher die Frage, ob und wenn ja, unter welchen Bedingungen die einzelnen „Bodenlandschaften" die Ansprüche der modernen Industriegesellschaft noch erfüllen können. Diese Frage ist besonders für unser Untersuchungsgebiet berechtigt, weil es bereits primär sehr unterschiedliche Bodenverhältnisse aufwies, die durch Eingriffe des Menschen gebietsweise in einem erheblichen Umfang verändert worden sind. Berücksichtigt man weiterhin, daß die zukünftigen Ansprüche nicht nur vielfältiger, sondern infolge des Wandels unserer Gesellschaft auch ganz andere als in der Vergangenheit sein werden, so wird einem bewußt, daß von der Beantwortung der aufgeworfenen Frage sehr viel für kommende Generationen abhängt.

Aufgabe der vorliegenden Arbeit ist es daher, eine Antwort auf diese Frage zu geben. Zu diesem Zweck werden zunächst die in den einzelnen Naturräumen vorkommenden und auf der Karte 1 : 200 000 dargestellten Böden erläutert, um dann in weiteren Abschnitten auf Art und Auswirkung der anthropogenen Eingriffe einzugehen.

Anschließend werden Wege zur Minderung und Beseitigung von Bodenschäden, die durch Erosion und Nässe entstanden sind, aufgezeigt. Das letzte Kapitel beschäftigt sich mit der Bedeutung des Bodens für die Ökosysteme in den naturräumlichen Einheiten und die Umwelt des Menschen in der modernen Industriegesellschaft.

I. Allgemeines

1. Das Arbeitsgebiet

Das Untersuchungsgebiet stellt einen Ausschnitt aus dem nördlichen Oberrheintal-Graben und seinen teils steil ansteigenden Randzonen dar. Den nördlichen Ostrand bildet der aus granodioritischen und metamorphen Gesteinen aufgebaute Vordere (Kristalline) Odenwald und weiter nach Süden die Buntsandsteintafel des Hinteren Odenwalds, an die sich der tiefergelegene Kraichgau anschließt, wo alle Schichtglieder des Muschelkalks und Keupers in unterschiedlicher Verbreitung vorkommen.

Der Westrand besteht fast ausschließlich aus Buntsandstein; er erreicht in der Haardtscholle Höhen von fast 700 m. Ältere Gesteine, nämlich Sandsteine und Schiefertone des Rotliegenden sowie die gleichaltrigen Intrusiv- und Extrusivgesteine sind im Norden und Süden der Buntsandsteintafel des Pfälzer Waldes und der Haardt verbreitet. Als Gegenstück des Vorderen Odenwaldes sei der kleine Granitaufbruch von Albersweiler erwähnt, der bodenkundlich jedoch keine Bedeutung hat.

Im Rheintalgraben überwiegen quartäre Lockersedimente, während tertiärer Kalkstein, Mergel, Sand und Kies nur auf kleineren Flächen im Westteil des Grabens die Bodenausgangsgesteine bilden. Große Bedeutung hat der eiszeitliche Löß, der vor allem westlich der Rheinniederung und im Kraichgau weit verbreitet ist. Im Mittelgebirge nimmt der Löß meist nur kleine Areale ein; demgegenüber sind dort die unter periglazialem Klimaeinfluß entstandenen, meist schluffhaltigen Solifluktionsdecken, einschließlich des während der Jüngeren Tundrenzeit gebildeten Hangsediments (Decksediment), auf großen Flächen verbreitet. Flugsande spielen nur in der östlichen Rheinebene und auf der Niederterrasse zwischen Germersheim und Birkenheide eine Rolle.

Die spätglazialen und holozänen Sedimente des Rheins und Neckars sowie der zahlreichen Bäche und kleinen Flüsse sind meist durch einen hohen Sandanteil gekennzeichnet. Je nach dem Herkunftsgebiet der Ablagerungen wechselt auch der Kalkgehalt. So stehen z. B. den kalkfreien Talsedimenten der Buntsandstein- und Granodioritgebiete die kalkhaltigen und kalkreichen Ablagerungen des Rheins und des Neckars sowie der Lößgebiete gegenüber.

Wie aus dieser knappen Übersicht zu ersehen ist, sind in den einzelnen Naturräumen sehr verschiedenartige Gesteine verbreitet, aus denen durch den wechselnden Einfluß des Reliefs, des Klimas und der Vegetation ein stark differenziertes Bodenmosaik entstanden ist[1]). Gebietsweise erfuhren die Böden durch Eingriffe des Menschen noch weitere Veränderungen, so vor allem durch die Bodennutzung und wasserbauliche Maßnahmen (Eindeichung, Ent- und Bewässerung).

2. Die Bodenkarte und die Einteilung der Böden

Grundlage dieses Beitrags bildet die Bodenübersichtskarte 1 : 200 000. Bei ihrem Entwurf wurde bewußt auf eine allzu starke Differenzierung der Böden verzichtet, um zu erreichen, daß die Bodeneinheiten der einzelnen Naturräume noch genügend hervortreten.

Wie in neuerer Zeit allgemein üblich, stand bei der Klassifikation der Böden der Bodentyp im Vordergrund. Es ist jedoch nicht möglich, bei dem gewählten Maßstab die Verbreitung der einzelnen Bodentypen darzustellen. Aus diesem Grund erfolgte eine Zusammenfassung der für die einzelnen Teillandschaften charakteristischen Bodentypen zu 27 Bodengesellschaften bzw. Bodeneinheiten. Ihre Verbreitung ist auf der Karte mit verschiedenen Farben dargestellt. Zur besseren Übersicht und um die Verwandtschaft der Böden bzw. Bodengesellschaften zum Ausdruck zu bringen, wurden aus den 27 Bodengesellschaften folgende 8 Gruppen gebildet:

A. Bodengesellschaften mit vorwiegend Rendzinen bzw. Pararendzinen,
B. Bodengesellschaften mit Steppenböden aus Löß,
C. Bodengesellschaften mit vorwiegend Parabraunerden aus Löß,
D. Bodengesellschaften mit vorwiegend Braunerden und Parabraunerden aus äolischem und fluvialem Sand,
E. Bodengesellschaften mit vorwiegend Braunerden des Mittelgebirges,
F. Bodengesellschaften mit vorwiegend Rigosolen,
G. Bodengesellschaften mit Braunen Auenböden,
H. Bodengesellschaften mit hydromorphen Böden der Niederungen und Täler.

Zur Bezeichnung der Bodengesellschaften (Spalte 2 der Farbenerklärung) wurden Namen von Bodentypen (meist der Hauptbodentyp der Gesellschaft), Ausgangsgesteinen, geologischen Formationen und Landschaften verwendet.

Für die Reihenfolge der 8 Gruppen und der Bodengesellschaften innerhalb der Gruppen war das Bodenprofil, die lithologisch-genetische Verwandtschaft und die Vergesellschaf-

---

[1]) Auf das Klima, das einen wichtigen Bodenbildungsfaktor darstellt, kann an dieser Stelle nicht eingegangen werden. Es wird daher auf die Arbeiten von SCHIRMER (1967) und SCHNELLE (1967) in Band XXXIII der Forschungs- und Sitzungsberichte der Akademie für Raumforschung und Landesplanung verwiesen.

tung der Böden maßgebend. Es folgen daher auf die Böden mit A-C-Profil (Gruppe A und B) die Böden mit A-B-C-Profil (Gruppe C, D und E) und dann die aus diesen Böden durch anthropogene Maßnahmen entstandenen Rigosole (Gruppe F mit R-C-Profil). Die beiden letzten Gruppen G und H werden aus den Auenböden (A-M-G-Profil), Gleyen (A-G_o-G_r-Profil) und dem Niedermoor gebildet.

Um wichtige gemeinsame Eigenschaften der verschiedenen aus Löß hervorgegangenen Bodentypen hervorzuheben, schließen sich an die Steppenböden die Parabraunerden an und nicht — wie allgemein üblich — die Braunerden. Dann folgen die Böden aus äolischen Sanden der Ebene.

Als Beispiel für die Berücksichtigung der Vergesellschaftung der Bodentypen bei der Gliederung sei die Einfügung der Gesellschaft mit vorwiegend Kolluvisolen[2]) in die Gruppe B angeführt. Hauptgrund ist die große Verbreitung der Kolluvisole im Gebiet der Steppenböden, wo sie mit Pararendzinen und Lößrohböden vergesellschaftet sind.

Bei der Aufzählung der Bodentypen, die einer Bodengesellschaft angehören, wird je nach ihrem Flächenanteil zwischen Haupt- und Begleitbodentypen unterschieden (Spalte 3) und dies im Schriftbild berücksichtigt. Die Reihenfolge der Bodentypen richtet sich nicht nach genetischen Gesichtspunkten, sondern ebenfalls nach ihrem Flächenanteil. Die Anzahl der Haupt- und Begleitbodentypen ist bei den einzelnen Bodengesellschaften sehr unterschiedlich. So gibt es Bodengesellschaften, die nur durch 2 oder 3 und andere, die durch 5 und mehr Bodentypen gekennzeichnet sind. Das bedeutet, daß Bodengesellschaften mit wenigen Bodentypen im allgemeinen ein einheitlicheres Bodenmuster aufweisen als solche mit einer größeren Zahl von Bodentypen. Selbstverständlich spielen hierbei Flächenanzahl und -anteil der einzelnen Bodentypen eine entscheidende Rolle. Für solche Angaben sind großmaßstäbige Kartierungen notwendig, die jedoch nicht vorliegen.

Die Angaben in der 4. und 5. Spalte der Legende beschränken sich auf die wichtigsten Bodenarten und Ausgangsgesteine. Bei den Gesteinen werden auch stratigraphische und lithogenetische Angaben gemacht und insbesondere die quartären Umlagerungsvorgänge berücksichtigt.

Die 6. Spalte enthält Aussagen über wichtige Bodeneigenschaften. Hierzu gehören Gründigkeit, Carbonat- und Basengehalt, Humusgehalt, nutzbare Wasserkapazität und andere Eigenschaften, so z. B. besonders günstige oder ungünstige Wasser- und Nährstoffverhältnisse. Aus Platzmangel fehlen solche Hinweise für die Begleitbodentypen. Da diese aber fast alle bei anderen Bodengesellschaften als Hauptbodentypen auftreten, wird auf die entsprechenden Stellen verwiesen.

Eine qualitative Einstufung der Böden wurde nicht vorgenommen, da hierfür nicht nur die Bodeneigenschaften, sondern auch das Klima, die Geländeform und außerdem ökonomische Einflüsse (Markt), die Bodenbenutzung und evtl. durchzuführende Meliorationsmaßnahmen (Ent- und Bewässerung, Lockerung) berücksichtigt werden müssen. Es wurden nur die „sehr guten" Böden in der 6. Spalte erwähnt.

Die für den Entwurf der Karte herangezogenen Unterlagen sind im Schriften- und Kartenverzeichnis aufgeführt. Einige Teile des Arbeitsgebiets sind dem Verfasser von früheren Kartierungen her bekannt, so daß Übersichtsaufnahmen nur noch in den übrigen Landschaften notwendig waren. Benutzt wurden außerdem die Ergebnisse der in neuerer Zeit vom Institut für Bodenkunde und Bodenerhaltung der Justus-Liebig-Universität

---

[2]) Von colluvies (lat.) = Gemisch; Näheres vgl. Bodengesellschaft 7.

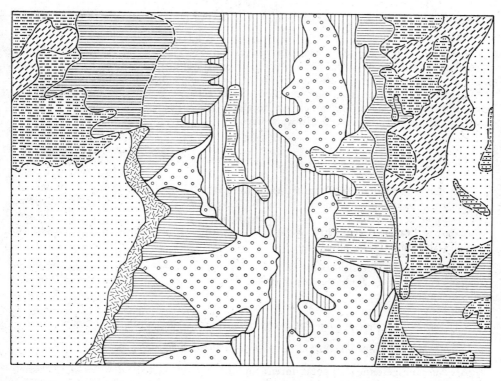

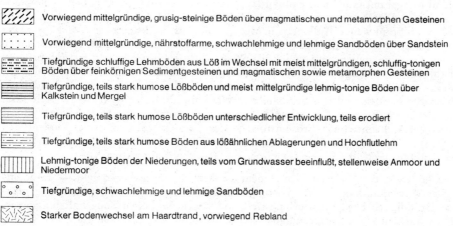

Vorwiegend mittelgründige, grusig-steinige Böden über magmatischen und metamorphen Gesteinen

Vorwiegend mittelgründige, nährstoffarme, schwachlehmige und lehmige Sandböden über Sandstein

Tiefgründige schluffige Lehmböden aus Löß im Wechsel mit meist mittelgründigen, schluffig-tonigen Böden über feinkörnigen Sedimentgesteinen und magmatischen sowie metamorphen Gesteinen

Tiefgründige, teils stark humose Lößböden und meist mittelgründige lehmig-tonige Böden über Kalkstein und Mergel

Tiefgründige, teils stark humose Lößböden unterschiedlicher Entwicklung, teils erodiert

Tiefgründige, teils stark humose Böden aus lößähnlichen Ablagerungen und Hochflutlehm

Lehmig-tonige Böden der Niederungen, teils vom Grundwasser beeinflußt, stellenweise Anmoor und Niedermoor

Tiefgründige, schwachlehmige und lehmige Sandböden

Starker Bodenwechsel am Haardtrand, vorwiegend Rebland

Abb. 1: Übersicht über die Böden mit besonderer Berücksichtigung der Bodenarten und der Gründigkeit (stark schematisiert). Entwurf: E. SCHÖNHALS

Gießen im Odenwald, Neckarried und in der Vorderpfalz durchgeführten Untersuchungen.

Bei den Geländearbeiten wurde ich von Herrn Prof. Dr. T. Harrach und Herrn Agrar-Ing. (grad.) G. Werner vom Institut für Bodenkunde und Bodenerhaltung in Gießen tatkräftig unterstützt, wofür ich an dieser Stelle meinen besten Dank ausspreche. Die Anfertigung der Farbenerklärung zur Bodenkarte erfolgte gemeinsam mit Herrn Prof. Dr. Harrach, für dessen Mitarbeit ich herzlich danke. Ferner schulde ich Herrn Prof. Dr. L. Jung Dank für wertvolle Hinweise über die Bodenerosion.

II. Beschreibung der Bodengesellschaften (Bodeneinheiten)

Aus den verschiedensten Gründen kann die folgende Beschreibung nur kurz sein. Es werden Erläuterungen zum Bodentyp, zur Bodenart und zum Ausgangsmaterial sowie zu pflanzenbaulich wichtigen Eigenschaften gegeben. Die Bodenerosion und der Bodenschutz sowie Fragen des Bodenwasserhaushalts werden in selbständigen Abschnitten behandelt (Abschnitt III, IV und V).

Eine allgemeine Übersicht über die Böden vermittelt die Abb. 1, auf der die mehr oder weniger einheitlichen Bodengebiete dargestellt sind. Ihre Kennzeichnung ist aus der Legende zu entnehmen.

A. Bodengesellschaften mit vorwiegend Rendzinen bzw. Pararendzinen

Bodeneinheit 1: Bodengesellschaft mit vorwiegend Rendzinen

Als Ausgangsgesteine sind anzuführen: Im Kraichgau Kalksteine des Unteren Muschelkalks und Mergel mit Gips- und Dolomitlagen des Mittleren Keupers; im Gebiet des Südrheinhessischen Plateaus um die mittlere Pfrimm und am Haardtrand zwischen Maikammer und Frankweiler Kalkmergel, Mergelkalk und Kalksteine des Miozäns sowie Sandmergel und Mergel des Oligozäns. Überlagert werden diese meist an Hängen zutage tretenden Gesteine stellenweise von Löß. Seine Mächtigkeit wechselt, was auf primäre Unterschiede der Mächtigkeit und auf Bodenabtrag zurückzuführen ist. Wo der Löß fehlt, sind flach- und mittelgründige, tonige Lehm- und Tonböden verbreitet, die als Rendzinen, Rendzina-Braunerden und bei weinbaulicher Nutzung als Kalkrigosole entwickelt sind. Sofern carbonathaltiger Löß erhalten ist, werden Pararendzinen aus lehmigem Schluff und schluffigem Lehm sowie Erosionsformen der ehemals vorkommenden Bodentypen (z. B. Steppenböden) angetroffen. In Hangdellen und an Unterhängen kommen carbonathaltige Kolluvisole (Kalkkolluvisole) mit unterschiedlicher Entwicklung vor.

Alle Böden sind — wie aus den Bodentypenbezeichnungen hervorgeht — carbonatreich. Der Wasserhaushalt der lehmig-tonigen Standorte ist aufgrund der Hanglage, mangelnder Gründigkeit bzw. Entwicklungstiefe und wegen des hohen Tongehalts ungünstig. Besonders auf den meist flachgründigen Kalksteinen und Mergelkalken gerät der Wachstumsfaktor Wasser während der Vegetationszeit häufig ins Minimum, zumal die Niederschläge gering sind. Ähnliches gilt auch für die Pararendzinen aus Löß, deren Eignung als Pflanzenstandort allein vom A_p-Horizont (Tiefe, Humus-, Ton- und Carbonatgehalt) abhängig ist. Demgegenüber stellen die tiefgründigen, schluffreichen Kolluvisole wesentlich bessere Standorte dar, besonders im Hinblick auf den Humus- und Nährstoffgehalt sowie den Wasserhaushalt.

Die Böden werden wegen der angeführten Eigenschaften und der oft ungünstigen Geländeformen häufig durch Wein- und Obstbau, aber auch durch Ackerbau genutzt. Grünland ist seltener anzutreffen, wofür auch in erster Linie klimatische und pedologische Ursachen in Betracht kommen. Im Kraichgau, wo die Hänge der asymmetrischen Täler Schwierigkeiten bei der Bearbeitung bereiten, liegen bereits größere Flächen brach.

Bodeneinheit 2: Bodengesellschaft mit vorwiegend Pararendzinen in den morphologisch stark gegliederten Lößgebieten

Bei dieser Bodengesellschaft überwiegen Pararendzinen aus Löß und Lößrohböden, denn an den Hängen sind die ehemaligen Böden vollständig oder unterschiedlich stark abgetragen. Es kommen daher neben schwach bis mäßig entwickelten Pararendzinen und Lößrohböden auch noch Erodierte Braune Steppenböden (Vorderpfalz und Südl. Rheinhessen) und Erodierte Parabraunerden vor (Kraichgau). An steileren Hängen treten als Folge des Bodenabtrags Untergrundgesteine (Kalkstein, Mergel, tonige Sedimentgesteine) an die Oberfläche, so daß auch Rendzinen und Pelosole vorkommen.

Es handelt sich also ganz überwiegend um Böden mit A_h-C-Profilen aus Löß, die in trockenen Jahren trotz Tiefgründigkeit während der Vegetationszeit nicht ausreichend mit Wasser versorgt sind, während die Kalkkolluvisole wegen ihrer günstigeren Lage noch ausreichend durchfeuchtet sind.

Sowohl die Pararendzinen als auch Kolluvisole werden fast ausschließlich ackerbaulich, in der Westhälfte auch durch Weinbau genutzt (Rigosole).

Bodeneinheit 3: Bodengesellschaft mit vorwiegend Pararendzinen aus Löß an der Bergstraße

Sie ist auf den steil ansteigenden Gebirgsrand beschränkt, wo ehemals unter Wald eine mächtigere Lößdecke mit Parabraunerden vorhanden war. Durch die Änderung der Bodennutzung (Wein-, Obst- und Ackerbau) wurden die Parabraunerden — die Waldflächen ausgenommen — vollständig und häufig die gesamte Lößdecke bis auf das Grundgestein abgetragen, so daß heute nicht nur Lößpararendzinen, Lößrohböden und Kalkrigosole, sondern neben kleinflächig auftretenden Rankern auch Braunerden aus pleistozänem Hangsediment über magmatischen und metamorphen Gesteinen vorkommen. An Unterhängen und in Dellen hat sich das abgetragene, meist carbonathaltige Bodenmaterial angesammelt, so daß an diesen Stellen fruchtbare Kalkkolluvisole anzutreffen sind. Ein starker Wechsel dieser Bodentypen, die sich hinsichtlich Gründigkeit, Bodenart und Carbonatgehalt erheblich voneinander unterscheiden, ist kennzeichnend für die Bergstraße, wo die Bodennutzung meist auch noch durch die Geländegestalt erschwert wird.

Bodeneinheit 4: Bodengesellschaft auf den Schwemmkegeln der Odenwaldbäche

Die Bodeneinheit 4 weist im Gegensatz zur Bodeneinheit 3 keine starken Geländeunterschiede auf. Sie schließt sich an den eigentlichen Gebirgsrand an und umfaßt das schwach geneigte, von Bächen zerschnittene Gelände, das bis zur ehemaligen Neckaraue reicht. Dieser meist wenige hundert Meter breite Streifen erreicht nur im Bereich der Schwemmfächer der größeren Gewässer, so z. B. der Weschnitz, eine Breite von etwa 1 bis 3 km. Da den Schwemmfächern carbonathaltiger Löß von den angrenzenden Höhen beigemischt ist, kommen Pararendzinen und Braunerde-Pararendzinen vor. Aus sandig-grusigen Substraten mit sehr geringem oder fehlendem Lößanteil sind Braunerden hervorgegangen. Alle Bodentypen sind infolge intensiver Bodennutzung, besonders in der Nähe der Bergstraße, teils rigolt und dadurch in ihrem Profilaufbau völlig verändert worden (Rigosole). Je nach der Textur des fluviatilen Ausgangsmaterials wechseln sandige Lehm- und Lehmböden mit lehmigen Sandböden. Der Carbonatgehalt hängt vom Anteil des abgespülten Lösses ab. Die tiefgründigen, teils fruchtbaren Böden dienen sowohl dem Ackerbau als auch dem Anbau von Sonderkulturen.

B. Bodengesellschaften mit Steppenböden aus Löß

Das Klima des westlichen Lößgebietes ist durch Niederschlagsmengen von 480—620 mm und eine Jahresmitteltemperatur von etwa 7,5—10° C gekennzeichnet. In der älteren Nacheiszeit (Holozän), und zwar vom Präboreal bis zum Beginn des Atlantikums (etwa 10 500 bis 7500 vor heute), war das Klima in Mitteleuropa kontinentaler und wärmer als heute, so daß günstigere Bedingungen für eine xerophytische Grasvegetation bestanden. Es ist daher als sehr wahrscheinlich anzunehmen, daß die in den Lößgebieten des nördlichen Oberrheintals vorkommenden Steppenböden während dieses Zeitraums entstanden sind. Im mittleren und jüngeren Holozän erlitten die Steppenböden unter dem Einfluß eines überwiegend ozeanischen Klimas und des dadurch bedingten Vegetationswechsels Veränderungen, die ihre heutigen Eigenschaften zum großen Teil mit bestimmen.

Auch der Mensch veränderte durch den Ackerbau die Böden in ihrem Aufbau sehr wesentlich. Denn wegen der leichten Erodierbarkeit der schluffreichen Lößböden und unter dem Einfluß der häufig als Starkregen fallenden Niederschläge vollzieht sich auf den zeitweise vegetationsfreien bzw. -armen Ackerflächen der Bodenabtrag bereits bei sehr geringer Hangneigung. Es kam daher zu mehr oder weniger starken Verlagerungen von Bodenmaterial, das sich an Unterhängen, in Hohlformen und Tälern ansammelte. Die ehemaligen Steppenböden sind infolgedessen gebietsweise in erheblichem Umfang abgetragen, und zwar entweder vollständig oder bis auf Reste des humosen oder bereits verbraunten Unterbodens. Die Bodenerosion dauert bis heute an, was aus den jungen Umlagerungsprodukten zu schließen ist (vgl. auch Abschnitt III).

Die Steppenböden des nördlichen Oberrheintals unterscheiden sich durch einen geringeren Humusgehalt (0,8—3 %) und einen bis in die Krume reichenden Carbonatgehalt sowie durch eine Entwicklungstiefe von 50—70 cm von den typischen Schwarzerden anderer Steppengebiete (z. B. Ukraine). Von ZAKOSEK (1962) wurde daher der Name „Rheintaltschernosem" vorgeschlagen und die folgenden 4 Subtypen unterschieden: Dunkelbrauner, Brauner, Degradierter Brauner und Degradierter Grauer Rheintaltschernosem. Von diesen 4 Subtypen, die im folgenden als Steppenböden bezeichnet werden, kommen nur die letzten 3 im Untersuchungsgebiet vor; ihre Verbreitung ist aus der Bodenkarte zu ersehen.

Bodeneinheit 5: Bodengesellschaft mit Braunen Steppenböden als Hauptbodentyp

Sie hat im niederschlagsarmen Nordteil des Lößgebiets ihre größte Verbreitung. Der Humusgehalt der Braunen Steppenböden beträgt weniger als 2 %, der Carbonatgehalt in den humosen Horizonten etwa 2 bis knapp 10 %. Die Böden besitzen infolge starker biologischer Tätigkeit ein krümeliges Gefüge, so daß das Porenvolumen über 50 % beträgt. Die Basensättigung erreicht fast immer 100 %, und die pH-Werte liegen wenig unter 8.

Vergesellschaftet mit den Braunen Steppenböden sind aus den bereits erläuterten Gründen Pararendzinen und Kalkkolluvisole. Diese Böden, die häufig sehr kleinflächig auftreten, nehmen recht ansehnliche Gesamtflächen ein. Sie sind daher als Hauptbodentypen zu betrachten.

Bodeneinheit 6: Bodengesellschaft mit Degradierten Braunen Steppenböden als Hauptbodentyp

Diese Bodeneinheit ist zwischen dem Eckbach im Norden und dem Modenbach im Süden verbreitet, also im Gebiet mit etwas höheren Niederschlägen (z. B. Haßloch 580 mm). Der Grad der Degradation der Braunen Steppenböden ist recht unterschiedlich. Er ist an der stärkeren Carbonatauswaschung, dem niedrigeren Basensättigungsgrad und pH-Wert, dem geringeren Humusgehalt sowie am Tongehalt der einzelnen Horizonte und deren Farbe zu erkennen. Es treten daher auch Braune Steppenböden mit Tonverlagerung und Parabraunerden auf, die sehr wahrscheinlich aus Steppenböden hervorgegangen sind. Die verstärkte Auswaschung macht sich vor allem an dem fehlenden oder sehr geringen Carbonatgehalt (bis etwa 1 %), einer Abnahme des Humusgehalts (meist wesentlich unter 2 %) und an einem braunen B_t-Horizont (Tonreicherungshorizont) zwischen dem A_h- und C-Horizont bemerkbar. Das Gefüge zeigt durch kantig-polyedrische Strukturkörper Veränderungen an, die auch zur Verlagerung von Huminstoffen entlang von Schwundrissen und Wurmröhren geführt haben. In der Humusqualität bestehen gegenüber den Braunen Steppenböden keine Unterschiede.

Wie bei den Braunen Steppenböden treten noch weitere Hauptbodentypen auf, und zwar Pararendzinen, Kalkkolluvisole, Kolluvisole und Kalkrigosole, während Braune Steppenböden und Parabraunerden wegen ihrer geringen Verbreitung als Begleitbodentypen anzusehen sind.

Die Steppenböden werden intensiv durch Acker-, Gemüse- und Obstbau genutzt. Sie gehören zu den besten Weizen- und Zuckerrübenstandorten und bilden die Grundlage für Saatgutvermehrung (Weizen und Gerste), so z. B. im Raum Grünstadt—Lautersheim—Rüssingen.

Bodeneinheit 7: Bodengesellschaft mit vorwiegend Kolluvisolen

Die Vielgestaltigkeit des Reliefs und die nur auf Karten sehr großen Maßstabs darstellbaren Kleinformen der Landoberfläche sind zusammen mit anthropogenen und klimatischen Einflüssen (Ackerbau und Sonderkulturen, Starkregen) die Ursachen der Umlagerung wertvoller Bodenbestandteile. So sammeln sich in Mulden und Dellen, an Unterhängen, am Hangfuß und in Tälern im Laufe der Zeit Bodensedimente, die wegen ihres geringen Alters und der meist noch im Gange befindlichen Akkumulation von Bodenfeinteilchen nur eine schwache Bodenentwicklung erkennen lassen. Sofern Grund- und Stauwassereinflüsse fehlen, haben solche Böden einen A_p-Horizont und einen braungefärbten M-Horizont. Dieser weist im allgemeinen keine oder nur sehr schwache Merkmale von Verlagerungsprozessen auf (z. B. Tondurchschlämmung).

Es wird vorgeschlagen, solche Böden nicht mehr wie bisher als Kolluvium, sondern als Kolluvisole zu bezeichnen, um zum Ausdruck zu bringen, daß es sich um einen Bodentyp und nicht um ein Sediment handelt. Außerdem ist bei Verwendung dieses Namens eine kürzere und treffendere Bezeichnung von Subtypen möglich. Der Name ist von colluvies (lat.) = Gemisch abgeleitet (vgl. SCHÖNHALS 1973).

Textur, Humus- und Nährstoffgehalt und andere Eigenschaften der Kolluvisole sind von den erodierten Böden des Herkunftsgebiets abhängig. Kolluvisole können daher gewisse Unterschiede aufweisen. Recht einheitlich und verbreitet sind die Kolluvisole in den Lößgebieten, wo es vor allem zur Ansammlung von nährstoffreichem Schluff, Ton und Humus kommt. Es bestehen daher günstige Voraussetzungen für ein reiches Bodenleben und damit für eine starke Durchmischung des Substrats. Der Carbonatgehalt kann sowohl räumlich als auch im Bodenprofil wechseln.

Der Wasser- und Lufthaushalt ist von der Textur, der allgemeinen Lage und dem Kleinrelief abhängig. Letztere beeinflussen nicht nur die Menge des Zuschußwassers (Oberflächenzufluß), sondern auch die häufig auftretende mehr oder weniger starke Durchfeuchtung bzw. Vernässung des Unterbodens (Staunässe oder Grundwasser). Es kommen daher Übergangsformen zu Gleyen und Pseudogleyen vor, so z. B. an Talrändern der Kolluvisol-Gley. Größere von Kolluvisolen eingenommene Flächen finden sich vor allem in den durch Ackerbau, Wein-, Obst- und Gemüsebau genutzten Lößgebieten, weil hier besonders günstige Bedingungen für die Umlagerungsvorgänge bestehen (leicht erodierbares Substrat, Hanglage, Mangel an Bodenschutz durch eine Pflanzendecke, Auftreten von Starkregen). Aus diesem Grund wurde diese Bodeneinheit in die Gruppe der Bodengesellschaften mit Steppenböden aus Löß aufgenommen, die auch als Begleitbodentypen vorkommen.

Im allgemeinen handelt es sich bei den Kolluvisolen um sehr gute Ackerböden, auf denen wegen ihres günstigeren Wasser- und Nährstoffhaushalts höhere Erträge erzielt werden als auf den leicht austrocknenden Pararendzinen aus Löß, die häufig in ihrer Nachbarschaft verbreitet sind.

Bodeneinheit 8: Bodengesellschaft mit vorwiegend Steppenböden aus Sandlöß und Löß

Der Hauptbodentyp dieser Einheit ist der Degradierte Graue Steppenboden. Das Ausgangssubstrat wird von ton- und schluff-(Grobschluff)haltigen, ungeschichteten Fein- und Mittelsanden gebildet, die in unterschiedlicher Mächtigkeit — meist 0,5 bis 1,5 m — jungpleistozäne, sehr schwach carbonathaltige Rheinsande überlagern. In Sandgruben nördlich Frankenthal ist diese Deckschicht, die sich in ihrem Erscheinungsbild deutlich von den darunter folgenden fluvialen Sanden unterscheidet, gut aufgeschlossen. — Es handelt sich bei der Deckschicht m. E. nicht um Hochflutlehm, wie ZAKOSEK (1962) und STÖHR (1970) in Anlehnung an ältere Autoren annehmen, sondern um sandlößartige Ablagerungen wie sie auch aus vergleichbaren Lagen anderer Flußgebiete bekannt sind. Für diese Annahme spricht die Körnung (hoher Feinsand- und Mittelsandgehalt) und der relativ geringe Wechsel der Korngrößen in vertikaler Richtung (vgl. Körnungsanalysen bei ZAKOSEK 1962, S. 26 u. 27). Auch der Übergang in schluffreichere lößartige Bildungen deutet auf eine äolische Entstehung hin. Die daraus hervorgegangenen Böden haben einen Sandgehalt (meist Feinst-, Fein- und Mittelsand) von 25—60 %, einen Schluffgehalt von 15 bis 25 % und einen Tongehalt von 12—25 %. Es handelt sich demnach um lehmigen Sand bis sandigen Lehm mit Carbonatgehalten von 2—8 % im Solum. — Verlagerungen von Carbonaten sind an einem Carbonatanreicherungshorizont, teils mit zahlreichen größeren Konkretionen, an der Grenze äolische Deckschicht / fluviale Sande festzustellen.

Wie die Braunen Steppenböden besitzen die Degradierten Grauen Steppenböden bei einem meist geringen Humusgehalt ein hohlraumreiches Krümelgefüge bis in Tiefen von 40—70 cm. Der beträchtliche Sandgehalt und der dadurch bedingte höhere Anteil an Grobporen ermöglicht eine stärkere Auswaschung, so daß trotz des trockenen Klimas eine Verbraunung und Tondurchschlämmung eingetreten sind. Zusammen mit den Degradierten Grauen Steppenböden kommen daher auch Braunerden und Parabraunerden vor. Alle Böden eignen sich besonders gut für Beregnung und ermöglichen dadurch einen intensiven Anbau von Gemüse und Frühkartoffeln.

Auch in der östlichen Rheinebene sind Steppenböden verbreitet, und zwar beiderseits des Neckars zwischen Wieblingen und Wallstadt. Nach STREMME (1953, 1966) sind diese als „Auenschwarzerden" bezeichneten Böden aus humosen Auenlehmen des Neckars hervorgegangen, die als „stark carbonathaltige lößartige Schwemmlehme" bezeichnet werden.

Die Ansicht von STREMME über ihre Entstehung kann wie folgt skizziert werden: Als der Neckar etwa um 9000 vor heute seinen Lauf nicht mehr entlang des Odenwalds nahm, weil bei Seckenheim—Ilvesheim der Durchbruch zum Rhein erfolgte und er sich in der Folgezeit ein mehr als 2 m tieferes Bett grub, hörte die Sedimentation der Auenlehme auf. Gleichzeitig sank der Grundwasserspiegel. In den Auenlehmen konnte daher wie in grundwasserfreien (terrestrischen) Böden eine Entwicklung beginnen, die in den folgenden Jahrtausenden zur Entstehung von Böden mit Steppenbodenmerkmalen und -eigenschaften führte. Aufgrund von Geländeuntersuchungen möchte ich demgegenüber annehmen, daß es sich nicht um Hochflutlehm, sondern, ähnlich wie am Westrand der Rheinniederung, um sandlößartige Ablagerungen handelt, aus denen ohne Einfluß von Grundwasser Steppenböden entstanden sind.

Nach SCHWARZ (1941) ist das Gebiet der Neckar-Steppenböden seit dem Neolithikum ununterbrochen besiedelt gewesen. Die humosen, carbonathaltigen Böden werden auch heute intensiv ackerbaulich genutzt. Außerdem stellen sie gute Standorte für den Obstbau dar.

C. Bodengesellschaften mit vorwiegend Parabraunerden aus Löß

Bodeneinheit 9: Bodengesellschaft mit vorwiegend Parabraunerden in der Vorderpfalz und am Westrand des Kraichgaues

In der Vorderpfalz nehmen die Niederschläge von Norden nach Süden von weniger als 500 mm bis auf über 700 mm zu, so daß die Böden in dieser Richtung einer stärkeren Durchfeuchtung und Auswaschung unterliegen. Hiermit verbunden ist eine größere Entwicklungstiefe der Bodenprofile, die meist mehr als 1 m beträgt, während sie bei den Braunen Steppenböden im Norden um 60 cm schwankt. Basenverarmung, Minderung der Humusqualität, Abnahme der Stabilität der Bodenaggregate und eine Verlagerung der Tonsubstanz aus dem Oberboden in den Unterboden sind die Folgen der stärkeren Durchfeuchtung. Die Lößböden am Südrand des Arbeitsgebiets haben daher Merkmale und Eigenschaften der Parabraunerde, die zwischen dem oberen Modenbach und dem Haardtrand flächenmäßig überwiegt. Es sind auch noch Merkmale vorhanden, die darauf hinweisen, daß die Parabraunerden aus Degradierten Braunen Steppenböden hervorgegangen sind. Diese finden sich zusammen mit Pararendzinen, Kolluvisolen und Rigosolen noch auf kleinen Flächen im Verbreitungsgebiet der Parabraunerde, und zwar an Stellen mit günstigen Bedingungen für ihre Erhaltung (keine Erosion, geringere Auswaschung, starke biologische Tätigkeit).

Wegen der nur schwachen Degradationsprozesse ist die Basensättigung der Parabraunerden noch mittel bis hoch und das Gefüge als Folge der noch starken biologischen Tätigkeit locker und hohlraumreich. Wasser kann daher ausreichend gespeichert werden, und die Wurzeln können ohne Hindernisse (Verdichtung) weit nach unten vordringen. Staunässe tritt stellenweise im Übergangsbereich zu den Kolluvisolen am Rand der Täler auf. Die gleichen Eigenschaften haben die Parabraunerden am Westrand des Kraichgaues, wo auch Sandlöß das Ausgangssubstrat bildet.

Die Parabraunerden der südlichen Vorderpfalz und am Westrand des Kraichgaues gehören noch zu den sehr guten Ackerböden. Infolge des günstigen Klimas können anspruchsvolle Kulturpflanzen angebaut werden. Einige Bedeutung hat auch der Weinbau, und zwar zwischen Edenkoben und Nußdorf.

Bodeneinheit 10: Bodengesellschaft mit vorwiegend Parabraunerden im Mittelgebirge

Während die bereits erläuterten Parabraunerden in der südlichen Vorderpfalz und am Westrand des Kraichgaues aus Löß und nur zu einem sehr geringen Teil aus quartärem

Hangsediment entstanden sind, dominiert letzteres im Mittelgebirge und in den angrenzenden Hügelländern als Bodenausgangssubstrat, weil in diesen Landschaften Verlagerungen auf großen Flächen infolge starker Reliefenergie vor sich gingen. Das schluffreiche Hangsediment, dem häufig gröbere Bestandteile beigemischt sind, erreicht im allgemeinen eine Mächtigkeit von 0,3 bis 0,8 m und überlagert carbonathaltigen Löß.

In 3 Landschaften ist die Bodeneinheit 10 mit der Parabraunerde als Hauptbodentyp verbreitet, nämlich im Kraichgau und an ihrem Nordrand, in der Weschnitzsenke des Vorderen Odenwalds und im Rotliegend-Hügelland der Oberen Pfrimm.

Im Kraichgau überlagern jungquartäre Deckschichten (vor allem Löß) Mergel und Kalksteine des Muschelkalks und Keupers und an seinem Nordrand sandig-tonige Sedimente des Buntsandsteins. In der Weschnitzsenke bilden granodioritische und metamorphe Gesteine und an der Oberen Pfrimm sandig-tonige Gesteine des Rotliegenden den Untergrund der quartären Hangbildungen.

Die in der oberen Weschnitzsenke zwischen Fürth und Mörlenbach verbreiteten Parabraunerden sind aus Hangsediment über Löß entstanden. Vorkommen und Mächtigkeit dieser Ablagerungen hängen weitgehend von der Geländeform der durch zahlreiche Bäche zerschnittenen Senke ab. In der wellig-hügeligen, fast waldfreien Landschaft sind die meist schwach geneigten Hänge und flachen Rücken noch zum großen Teil von Löß- und Hangsediment bedeckt, vor allem auf der südöstlichen Talseite. Stellenweise ist der Löß noch carbonathaltig. Dies hängt von seiner Mächtigkeit und dem Ausmaß der Umlagerung ab.

Die Tonverlagerung der Parabraunerden ist im allgemeinen als mäßig zu bezeichnen, so daß die Bodenprofile zwar eine deutliche Gliederung in einem A_l- und B_t-Horizont, aber noch keine stärkere Verdichtung des Unterbodens aufweisen. Allerdings sind vollständige Profile nur noch unter Wald und auf kleinen beackerten Flächen erhalten, weil in ackerbaulich genutzten Gebieten der Boden unterschiedlich stark abgetragen wurde. Infolgedessen treten auch Pararendzinen auf.

Die Basensättigung der Parabraunerden weist infolge stärkerer Durchfeuchtung (etwa 700—800 mm Niederschlag) nur mittlere Werte auf und liegt somit wesentlich unter den Werten der Parabraunerden der Vorderpfalz. Pseudovergleyte Parabraunerden und Kolluvisole sind im allgemeinen auf die zahlreichen flachen Hangtälchen beschränkt. Die Parabraunerden bilden in dieser noch günstigen Höhenlage (meist unter 230 m) und unter dem Einfluß des noch nicht zu niederschlagsreichen Klimas die Grundlage des Ackerbaus in der Weschnitzsenke. Wie in anderen vergleichbaren Gebieten Westdeutschlands bestehen somit die Voraussetzungen für eine Getreide-Futterbau-Wirtschaft.

In den 3 Landschaften tritt als Begeitbodentyp die Braunerde auf, und zwar dann, wenn der Löß fehlt und das geringmächtige Hangsediment einen größeren Anteil von Untergrundmaterial enthält. Meist handelt es sich um kleine, aber zahlreiche Braunerde-Flächen, vor allem in der Weschnitzsenke.

Die Tondurchschlämmung der Parabraunerden erreicht in allen Gebieten im allgemeinen ein mittleres Ausmaß. Die Böden sind daher noch mäßig mit Basen versorgt und haben saure Reaktion. Staunässeeinfluß tritt auf, wenn tonige Gesteine als Staukörper wirken, was stellenweise im Kraichgau und an der Oberen Pfrimm zu beobachten ist. Im Kraichgau sind die Parabraunerden fast nur noch unter Wald erhalten, während sie im ackerbaulich genutzten Gebiet mehr oder weniger stark erodiert sind. Kleine Reste von weitgehend erhaltenen Böden finden sich nur noch auf flachen Rücken.

D. Bodengesellschaften mit vorwiegend Braunerden und Parabraunerden aus äolischem und fluvialem Sand

Bodeneinheit 11: Bodengesellschaft der Dünen

Die ausgedehnten Vorkommen fluvialer Sedimente in der Rheinebene und auf den angrenzenden Terrassenflächen boten während des Hochstandes der letzten Eiszeit, im Spätglazial und zeitweise auch noch im Holozän infolge Fehlens einer schützenden Vegetation dem Wind große Angriffsmöglichkeiten, so daß Fein- und Mittelsand ($\emptyset$ 0,06—0,6 mm) verweht und entweder als Flugsand in unterschiedlicher Mächtigkeit oder in Form von Dünen abgelagert wurde.

Wie aus der Bodenkarte zu ersehen ist, wurden die in der Rheinebene und an ihren Rändern vorkommenden Dünen bzw. Dünenzüge besonders hervorgehoben, da sie ein charakteristisches Formenelement der Ebene darstellen und sich auch als Standort von den anderen Sandböden unterscheiden. Die größten Dünenkomplexe liegen im Verbreitungsgebiet der Niederterrasse des Rheins und erstrecken sich teilweise über viele Kilometer in Nord-Süd- und Nordwest-Südost-Richtung. Westlich des Rheins sind Dünen nur zwischen Speyer und Schifferstadt verbreitet.

Der Hauptbodentyp ist die Sandparabraunerde, die aus carbonatfreien Dünensanden durch Verlagerung von Ton und Eisenoxid entstanden ist. Die mobilisierten Stoffe wurden als braune, bis zu mehreren Zentimetern stark werdende Bänder wieder akkumuliert, und zwar nicht nur im braunen Unterboden, sondern auch im hellen unverwitterten Dünensand des Untergrunds. Die in Abständen von wenigen bis etwa 20 cm mehr oder weniger horizontal verlaufenden Bänder vermindern infolge ihres geringen Anteils an Grobporen die vertikale Wasserleitfähigkeit, so daß der Wasserhaushalt günstig beeinflußt wird (vgl. BECKER 1965, SCHÖNHALS 1954).

In würmzeitlichen, carbonathaltigen Dünensanden führten die Bodenbildungsprozesse zu einem anderen Profilbild. Ähnlich wie in Lößböden trat unter dem Schutz einer Vegetationsdecke eine tiefreichende Verlehmung und Tondurchschlämmung ein. Letztere führte zur Entstehung eines mehrere Dezimeter mächtigen B_t-Horizonts (im Volksmund als „Brandletten" bezeichnet), der wellen-, taschen- und zapfenförmig in den C-Horizont (carbonathaltiger Dünensand) hinabreicht. Diese Anreicherungszone und der durch eingewaschene Carbonate leicht verkittete Sand im oberen C-Horizont stellen — besonders im trockenen Zustand — Hindernisse für die Pflanzenwurzeln dar; allerdings hemmt der B_t-Horizont wie die schon erwähnten Ton-Eisen-Bänder die Versickerung.

Neben der Sandparabraunerde sind auf sehr jungen Dünen Ranker und schwach entwickelte Braunerden verbreitet. Nur stellenweise werden auch podsolige Braunerden beobachtet.

Wo carbonathaltige Dünensande infolge rezenter Sandverwehung an die Oberfläche treten, sind Pararendzinen entstanden, die wegen großer Trockenheit und der teilweise zu beobachtenden Carbonatverkittung (Osteokolle) als forstlicher Standort geringer bewertet werden müssen als die Braunerden und Sandparabraunerden.

Da sich die Dünen mehrere Meter über ihre Umgebung erheben, hat das Grundwasser für die Pflanzen nur noch selten Bedeutung. Die Dünen werden wegen ihrer ungenügenden Wasserversorgung forstlich genutzt, und zwar im allgemeinen durch Kieferanbau.

Bodeneinheit 12: Bodengesellschaft der Flugsande

Die Flugsande in der Rheinebene und den unmittelbar angrenzenden Gebieten überlagern auf großen Flächen pleistozäne fluviatile Bildungen, die sich petrographisch unterscheiden, da die Gewässer Material aus geologisch sehr unterschiedlichen Landschaften ablagerten. Sofern die Flugsande viel Rheinmaterial enthalten, sind sie schwach carbonat- und silikathaltig. Wurden die Flugsande aber aus den Schwemmfächern der aus dem Buntsandstein des Pfälzer Waldes nach Osten fließenden Gewässer ausgeweht, dann sind sie sehr silikat- und basenarm. Diese primären Unterschiede machen sich auch in den Bodenprofilen bemerkbar, vor allem am etwas höheren Tongehalt und der intensiveren Braunfärbung der Rheinmaterial enthaltenen Flugsande.

Im allgemeinen sind aus den Flugsanden basenarme Braunerden und Sandparabraunerden hervorgegangen; in Waldgebieten kommen aber auch podsolige Braunerden vor. Bei höherem Grundwasserstand sind entweder Gley-Braunerden oder Braunerde-Gleye ausgebildet. Folgen unter dem Flugsand tonige oder verdichtete Schichten, dann treten Braunerde-Pseudogleye und Pseudogleye auf. Diese Unterschiede machen sich auch deutlich in der Nutzung der Böden bemerkbar, die fast vollständig von dem meist ungünstigen Wasserhaushalt der Böden bestimmt wird (meist Wald mit Kiefern als Hauptholzart).

Bodeneinheit 13: Bodengesellschaft aus vorwiegend pleistozänen Flußablagerungen

Bei den lockeren Ausgangssubstraten dieser Einheit handelt es sich sowohl um tertiäre als auch um pleistozäne Bildungen, also um Sedimente, die unter sehr unterschiedlichem Klima entstanden sind. Darauf beruhen auch ihre lithologischen Unterschiede, die sich bei der Bodenentwicklung bemerkbar machen.

Die pliozänen Kies-, Sand- und Tonablagerungen, vor allem die Klebsande der sog. Freinsheimer Schichten, sind im Nordteil des Riedellandes an mehreren Stellen — meistens an lößfreien Talrändern — verbreitet. Aus den kaolinithaltigen, carbonatfreien und sehr basenarmen Sedimenten sind stark saure und sehr nährstoffarme Braunerden hervorgegangen. Der Wasser- und Lufthaushalt hängt im wesentlichen von der Körnung ab, und zwar vom Schluff- und Tongehalt. Die Sand- und Kiesböden haben eine sehr geringe nutzbare Wasserkapazität; sie trocknen daher leicht aus, während die tonreichen, sandig-kiesigen Böden häufig Staunässe aufweisen (Pseudogleye, Braunerden). Wertvollere Böden entstehen jedoch, wenn Löß den oberen Bodenhorizonten beigemischt ist oder eine geringmächtige Löß- bzw. Lößlehmdecke die Sande und Kiese überlagert, was häufig der Fall ist. Hierdurch wird in erster Linie der Wasserhaushalt verbessert. Die Böden aus tertiären Substraten werden je nach ihrer Beschaffenheit durch Weinbau und Ackerbau genutzt. Wald und Grünland sind nur auf kleinen Flächen verbreitet.

Mit der gleichen Farbe wurden auch die zwischen dem Haardtrand und der Rheinaue vorkommenden sandig-lehmigen Böden aus pleistozänen Ablagerungen des Rheins und seiner Zuflüsse auf der Bodenkarte dargestellt. Sie sind im Riedelland, besonders beiderseits des Speyerbachs und der Isenach, verbreitet. Größere Flächen finden sich außerdem in der Rheinebene. Die Eigenschaften dieser Böden hängen vom Alter und von der petrographischen Zusammnesetzung des Ausgangssubstrats ab (verschiedenaltrige Terrassen). Die westlichen Nebenflüsse des Rheins lieferten aus dem Sandsteingebiet des Pfälzer Waldes nur kalkfreie, quarzreiche Sande und Kiese. Aus ihnen gingen daher sehr basenarme, stark saure und sehr nährstoffarme Braunerden hervor, deren Wasserhaushalt ebenfalls von der Menge Schluff und Ton bestimmt wird. Diese Bestandteile sind meist auf Lößbeimischung zurückzuführen.

Wertvollere Standorte kommen im Bereich der Rhein-Terrassen am Ostrand des Riedellandes vor, da diese Ablagerungen carbonathaltig sind und einen höheren Anteil verwitterbarer Silikatminerale haben als die der Nebenflüsse. Die Braunerden aus lehmigem

Sand sind daher basen- und nährstoffreicher als die bereits erläuterten, und die Terrassensedimente werden stellenweise von Löß in unterschiedlicher Mächtigkeit überlagert. Es bestehen daher gute Voraussetzungen für eine ackerbauliche Nutzung, zumal diese Böden für Beregnung geeignet sind. Durch den Einsatz der Beregnung konnte der Anbau von Gemüse verschiedenster Art und von Frühkartoffeln ausgedehnt werden.

Bodeneinheit 14: Bodengesellschaft mit vorwiegend Braunerden aus sandlößartigen Ablagerungen

Diese Bodeneinheit ist nur in der östlichen Rhein-Neckar-Ebene verbreitet, und zwar im Süden und Norden der schon erläuterten Vorkommen von Steppenböden (Bodeneinheit 8). Hauptbodentyp ist die Braunerde, zu der die Parabraunerde und der Braune Auenboden als Begleitbodentypen hinzutreten. Das Ausgangsmaterial dieser Böden ist auf verschiedene Weise entstanden. Wie bereits bei den beiderseits des Neckars vorkommenden Steppenböden ausgeführt wurde, wird angenommen, daß sie aus sandlößartigen Ablagerungen entstanden sind. Das gleiche gilt sehr wahrscheinlich auch für den größten Teil der Braunerden und Parabraunerden der Bodeneinheit 14. Die lehmigen Sande und sandigen Lehme überlagern in einer Mächtigkeit von 0,5 bis 1,5 m entweder eine carbonathaltige lößartige Schicht oder pleistozänen Kies und Sand. Außer den äolisch entstandenen Ablagerungen hat auch Hochflutlehm und der daraus hervorgegangene Braune Auenboden (Vega) noch einige Bedeutung. Zwischen den äolischen und fluvialen Sedimenten besteht ein allmählicher Übergang, so daß die Braunerden und Parabraunerden häufig nicht eindeutig von den Braunen Auenböden abgegrenzt werden können.

Bei den 3 Bodentypen, die sich auch in der Textur wenig unterscheiden, handelt es sich um tiefgründige, basenreiche Böden mit mittlerer bis hoher Wasserkapazität. Wegen der günstigen Struktur sind sie tief durchwurzelbar.

Nach STREMME (1966) waren diese Böden im Gegensatz zu den Steppenböden nicht besiedelt, sondern bewaldet, teils bis in jüngste Zeit. Unter Wald vollzogen sich aber andere Bodenbildungsprozesse als unter dem Einfluß einer jahrtausendelangen Ackernutzung, so vor allem eine stärkere Carbonatauswaschung und Verbraunung sowie Tondurchschlämmung. Es kam daher in ehemaligen Waldgebieten auch zur Entstehung von sauren Parabraunerden. Durch die Ackernutzung und die damit verbundenen Bewirtschaftungsmaßnahmen (verstärkte Zufuhr organischer und mineralischer Stoffe durch Ernterückstände, Mist und Mineraldünger) haben sich die Eigenschaften dieser ehemaligen Waldböden günstig verändert, worauf unter anderem die neutrale bis schwach saure Reaktion und die schwach humose bis humose Ackerkrume zurückzuführen sind.

Die Braunerden, Parabraunerden und Braunen Auenböden sind je nach der Mächtigkeit des Ausgangssubstrats und der Bodenart als sehr gute, gute und mittlere Böden zu bezeichnen. Sie werden infolgedessen durch Ackerbau, aber auch durch Obstbau und Sonderkulturen intensiv genutzt.

E. Bodengesellschaften mit vorwiegend Braunerden des Mittelgebirges

Die Ausgangsgesteine der beiden Bodeneinheiten 15 und 16, die auf großen Flächen im Vorderen Odenwald und in kleinem Umfang im Massiv des Donnersbergs und weiter nördlich vorkommen, weisen in ihrer mineralogischen und chemischen Zusammensetzung sowie ihrer Struktur und Textur große Unterschiede auf. Eine Eigenschaft haben jedoch Granit, Diorit, Granodiorit, Quarzporphyr, Melaphyr und Porphyrit gemeinsam, nämlich die Härte. Sie beeinflußt vor allem die Gründigkeit und die Bodenart, einschließlich Grus-

und Steingehalt, und damit wichtige ökologische Eigenschaften, insbesondere die Durchwurzelungstiefe und die Fähigkeit der Böden, pflanzenverfügbares Wasser zu speichern (nutzbare Wasserkapazität). Die chemischen Unterschiede machen sich in der Basensättigung, der Bodenreaktion und unter Wald in der Humusform mehr oder weniger bemerkbar.

Hervorzuheben ist noch die Tatsache, daß nur ein sehr kleiner Teil der Böden an Ort und Stelle allein oder überwiegend aus dem Grundgestein entstanden ist (autochthon). Denn durch Verlagerungsvorgänge während der letzten Eiszeit (Solifluktion und andere frostdynamische Vorgänge) und durch die äolische Zufuhr von Löß sind Mischsubstrate mit unterschiedlicher Körnung und Mächtigkeit entstanden. Auf diese Weise bildeten sich an schwach bis mäßig geneigten, seltener an sehr stark geneigten Hängen Lehme und lehmige Schuttdecken mit wechselnden Anteilen von Grus, Steinen und Blöcken. Auch am Ende der letzten Eiszeit (in der Jüngeren Tundrenzeit, etwa zwischen 10 800 bis 10 200 vor heute) haben in unseren Mittelgebirgen und Hügelländern solche Umlagerungen noch einmal auf großen Flächen stattgefunden. Wir bezeichnen die dadurch entstandenen, meist 0,3—0,8 m mächtigen Bildungen als Hangsediment. Andere Bezeichnungen sind Decksediment oder Deckschutt. Das Hangsediment überlagert entweder würmzeitliches Hangmaterial und Löß oder auch unmittelbar das Grundgestein. Diese Umlagerungsvorgänge führten zu sehr verschiedenen Bodenausgangssubstraten, aus denen durch die Einwirkungen des Groß- und Kleinreliefs, des Klimas, der Vegetation und des Menschen sehr unterschiedliche Böden entstanden sind, die zu 2 Bodengesellschaften zusammengefaßt und auf der Karte abgegrenzt wurden. Dabei war der Flächenanteil der Parabraunerde, die aus Hangsediment über Löß entstanden ist, maßgebend.

Bodeneinheit 15: Bodengesellschaft mit vorwiegend Braunerden und Parabraunerden

Bei dieser Bodeneinheit haben die Braunerden den größten Flächenanteil, dann folgen die Parabraunerden. Die Braunerden sind aus Hangsediment über den schon erwähnten, mehr oder weniger zersetzten Untergrundgesteinen entstanden. Die Bodenart wechselt vom grusig-steinigen lehmigen Sand bis zum sandig-schluffigen Lehm. Blöcke unterschiedlicher Größe sind meist vorhanden. Diese verringern den durchwurzelbaren Raum der im allgemeinen mittel- und tiefgründigen Böden, deren Basengehalt mittel bis gering ist. Infolge des wechselnden Skelettgehalts und des Schluffanteils variiert auch die nutzbare Wasserkapazität zwischen mittel und gering.

Im Verbreitungsgebiet der Bodeneinheit 15 sind Löß und seine Umlagerungsprodukte auf zahlreichen nicht abgrenzbaren Flächen erhalten geblieben, was meist auf die geringere Reliefenergie zurückzuführen ist. Somit waren die Voraussetzungen für die Entstehung von Parabraunerden gegeben, die teils erodiert (Vorkommen von Pararendzina) und mitunter pseudovergleyt sind. Die z. T. grusigen schluffigen Lehmböden sind durchweg tiefgründig, und sie haben bei mittlerem Basengehalt eine mittlere und hohe nutzbare Wasserkapazität. Sie stellen daher noch recht gute Ackerböden dar.

Mit den Braunerden und Parabraunerden sind an zahlreichen Stellen Kolluvisole vergesellschaftet, vor allem im Bereich der Parabraunerden aus Löß. Das Mittelgebirgsrelief und die leichte Erodierbarkeit der Löß-Parabraunerden müssen in den Ackerbaugebieten als die wichtigsten Ursachen der Entstehung der Kolluvisole angesehen werden. Es sei noch erwähnt, daß auch Braunerden vorkommen, deren Ausgangssubstrat präpleistozänes tonreiches und damit plastisches Bodenmaterial aufweist.

Zur Nutzung der Böden der Bodeneinheit 15 sei noch folgendes ausgeführt: Die Voraussetzungen für eine ackerbauliche Nutzung sind noch recht günstig. Die Bodennutzung hängt jedoch nicht nur von der Eignung der Böden, sondern ebenso von der Geländeform, der Höhenlage und dem Klima ab, abgesehen von den wirtschaftlichen Faktoren. So wechseln im Bereich der Bodeneinheit 15 ausgedehnte und kleinere Waldgebiete mit Acker- und Grünlandflächen unterschiedlicher Größe ab.

Bodeneinheit 16: Bodengesellschaft mit vorwiegend Braunerden über magmatischen und metamorphen Gesteinen

Die Bodengesellschaft unterscheidet sich von der vorhergehenden durch den geringeren Flächenanteil der Parabraunerden. Es überwiegen daher die Braunerden aus Hangsediment über magmatischen und metamorphen Gesteinen, die allerdings in ihren mineralogischen und chemischen Eigenschaften große Unterschiede aufweisen. Dementsprechend wechselt der Basen- und Nährstoffgehalt. Die Bodenarten sind die gleichen wie bei den Braunerden der Bodeneinheit 15. Auch bei anderen Eigenschaften bestehen nur geringe Unterschiede. Doch kommen stellenweise sehr skelettreiche Braunerden und auch Ranker vor.

Die im Nordwesten des Untersuchungsgebiets vorkommenden Böden aus Rhyolith (Quarzporphyr, Felsitporphyr), Kuselit und Tholeyit (Instrusivgesteine des Rotliegenden) sowie aus Melaphyr und Porphyrit (Ergußgesteine des Rotliegenden) sind trotz chemisch-mineralogischer Unterschiede der Ausgangsgesteine mit der gleichen Farbe dargestellt worden wie die Bodengesellschaften mit Braunerden im Vorderen Odenwald. Maßgebend hierfür war, daß alle Braunerden wesentliche Eigenschaften gemeinsam haben und es sich nur um relativ kleine Flächen handelt. Erwähnt sei noch, daß sich die flach- bzw. mittelgründigen Ranker und Ranker-Braunerden aus Quarzporphyr durch hohen Steingehalt, sehr geringe Basensättigung und sehr starke Versauerung auszeichnen. Das gleiche gilt auch für die Böden aus Gehängelehm und -schutt im Bereich des Quarzporphyrs, die teils pseudovergleyt sind.

Basen- und nährstoffreicher sind demgegenüber die mittelgründigen Braunerden und flachgründigen Ranker aus Kuselit, Tholeyit, Melaphyr und Porphyrit. Die Braunerden werden daher im Gegensatz zu den bewaldeten Quarzporphyrböden des Donnersbergs und westlich Kirchheimbolanden häufig ackerbaulich genutzt.

Wichtigster Begleitbodentyp der Braunerde ist die Parabraunerde aus Hangsediment über Löß. Die von Parabraunerden eingenommenen Flächen sind zwar noch recht zahlreich, aber von geringerer Ausdehnung. Hinsichtlich der Eigenschaften und Nutzungsmöglichkeiten gilt das gleiche wie für die Parabraunerden der Bodeneinheit 15. Wegen der kleineren Lößverbreitung haben auch die Kolluvisole nur eine geringe Bedeutung.

Bodeneinheit 17: Bodengesellschaft mit vorwiegend Braunerden und Pelosolen über Gesteinen des Rotliegenden

Zu den Ausgangsgesteinen der aus dem Hangsediment entstandenen schluffig-sandigen und lehmig-tonigen Böden gehören Schieferton, Siltsteine und feinkörnig-tonige Sandsteine des Rotliegenden östlich des Donnersbergs. Der höhere Schluffgehalt ist daher zum größten Teil lithogen bedingt. Es besteht infolgedessen, ähnlich wie bei Lößböden, eine größere Erosionsgefahr als bei Böden aus Sandstein. Mittelgründige, basenhaltige Braunerden überwiegen: an steileren Hängen kommen Ranker-Braunerden und Braunerde-Ranker vor. Staunässeböden sind selten, Pelosole aus Schieferton-Hangsediment mit Übergängen zu Braunerden dagegen häufiger entwickelt.

Die ackerbauliche Nutzung, vorwiegend Getreidebau, ist auf die mittelgründigen Braunerden und Pelosol-Braunerden beschränkt, während die übrigen Böden forstlich genutzt werden (hoher Laubholzanteil, Buche und Eiche).

Bodeneinheit 18: Bodengesellschaft mit vorwiegend Braunerden über Gesteinen des Rotliegenden und Buntsandsteins

Im Gegensatz zum Mittleren Buntsandstein besteht der Untere Buntsandstein aus fein- und mittelkörnigen Sandsteinen mit tonigem Bindemittel sowie aus Schiefertonen und Siltsteinen. Ähnliche Gesteine sind am Aufbau des Rotliegenden beteiligt, das im Nordwesten und Südwesten des Arbeitsgebiets verbreitet ist. Diese für die Entstehung besserer Böden geeigneten Sedimentgesteine kommen als schmale Bänder am Süd- und Ostrand der Haardt, an der Grenze vom nördlichen Vorderen zum Hinteren Odenwald und im nördlichen Pfälzer Wald vor.

Fast immer sind diese Gesteine vom sandigen oder sandig-schluffigen Hangsediment bedeckt. Die aus dem Hangsediment unter dem Einfluß eines vielgestaltigen Reliefs hervorgegangenen Böden weisen in der Bodenart und Gründigkeit Unterschiede auf. Es überwiegen jedoch mittel- bis tiefgründige, lehmige Sand- bis sandig-schluffige Lehmböden. Solche Böden begleiten als mehr oder weniger schmale Bänder abschnittsweise die Unterhänge der Täler des Hinteren Odenwalds, und zwar auch im Bereich des Mittleren Buntsandsteins. Bei den Bodentypen dominieren Braunerden mit geringem bis mittlerem Basengehalt und Übergangsformen zum Ranker. Wo Schiefertone an die Oberfläche treten, kommen Pelosole und Braunerde-Pelosole vor. Als Folge der Reliefunterschiede und der dadurch hervorgerufenen Abspülvorgänge sind in ackerbaulich genutzten Gebieten Kolluvisole auf zahlreichen, jedoch meist begrenzten Flächen verbreitet, während Staunässeböden (Pseudogleye) nur unter besonderen morphologischen Bedingungen anzutreffen sind, so z. B. in Talschlüssen.

Die Nutzung der Böden hängt vor allem von der Gründigkeit und vom Wasser- und Lufthaushalt sowie vom Basengehalt ab. Da diese ökologisch wichtigen Eigenschaften wegen der Boden- und Reliefunterschiede wechseln, ist sowohl eine ackerbauliche als auch forstliche Nutzung möglich. Letztere überwiegt — mit hohem Laubholzanteil — am Nordrand des Pfälzer Waldes und in der südlichen Haardt, während im Odenwald die talnahen Unterhänge meist landwirtschaftlich genutzt werden.

Bodeneinheit 19: Bodengesellschaft der Bundsandsteingebiete mit überwiegend Braunerden

Die im Ost- und Westteil auf größeren Flächen verbreiteten Böden aus Sand-, schwach lehmigem und lehmigem Sand sind aus Hangsediment über mittel- und grobkörnigen Sandsteinen des Mittleren Buntsandsteins entstanden, die infolge des Verlusts von Bindemittel teils eine unterschiedliche Zersetzung aufweisen. Die lithologischen Unterschiede kommen auch in der starken Reliefenergie zum Ausdruck, die ihrerseits die Bodenbildung wesentlich bestimmt. Es ist ferner hervorzuheben, daß die Schichtenfolge tektonisch gestört ist und die einzelnen Lagen eine unterschiedliche Wasserdurchlässigkeit aufweisen (z. B. Sandsteine und eingelagerte Schiefertone). Dadurch kommt es stellenweise zum Austritt von Wasser und zur Vernässung (Pseudovergleyung).

Der dominierende Bodentyp ist die Braunerde aus schwach lehmigem und lehmigem Sand, die in beiden Gebieten sowohl im Profilaufbau als auch in ihren Eigenschaften nur geringe Unterschiede aufweist, wenn man von Steinen und Blöcken absieht, die selten fehlen. Dies trifft auch für die Gründigkeit zu (mittel- und tiefgründig); flachgründige, grusig-steinige Böden (Ranker) kommen wenig vor, wohl aber sehr blockreiche Böden.

Wegen der kieselsäurereichen Ausgangsgesteine sind die Braunerden sehr basenarm und sauer bis stark sauer. Dies macht sich auch an einer sehr schwachen Podsolierung unter Wald bemerkbar, die an blanken Quarzkörnern im A_h-Horizont zu erkennen ist. Ein dünner A_e-Horizont ist jedoch nur selten zu beobachten.

Infolge der hohen Sand- und Skelettanteile haben die immer lockeren Braunerden eine geringe nutzbare Wasserkapazität, die zusammen mit den schon erwähnten ungünstigen chemischen Eigenschaften die Bodennutzung in diesen Mittelgebirgslandschaften bestimmt. Abgesehen von einigen Talabschnitten und Rodungsinseln wird das gesamte Verbreitungsgebiet dieser Bodengesellschaft forstlich genutzt, und zwar durch den Anbau von Nadelholz (Kiefer), aber auch von Laubholz (Buche und Eiche). Wie im Buntsandstein-Spessart so gibt es auch im Hinteren Odenwald und im Pfälzer Wald an Hängen grundfrische und frische Standorte, die dem Anbau von Furniereichen dienen. Die günstige Durchfeuchtung ist auf das im Hangsediment (Hangschutt) sich talwärts bewegende Sickerwasser und über tonigen Schichten austretende Grundwasser zurückzuführen und somit weitgehend vom Niederschlag abhängig.

Bodeneinheit 20: Bodengesellschaft der Buntsandsteingebiete mit Podsol als Begleittyp

Die basenärmsten Böden des gesamten Gebiets sind in der Haardt zwischen Leistadt im Norden und Albersweiler im Süden verbreitet. Das meist steinige, teils blockreiche Hangsediment ist aus kieselsäurereichen, z. T. konglomeratischen Sandsteinen hervorgegangen. Die Sand- und schluffigen Sandböden sind durchweg mittel- und tiefgründig und sehr durchlässig, so daß für die Vegetation in dem meist stark hängigen Gelände nur geringe Wassermengen zur Verfügung stehen. Extreme Basenarmut, starke Auswaschung infolge hoher Niederschläge (über 800 mm), große Durchlässigkeit und schwer zersetzbare Pflanzenreste verursachen eine Podsolierung, die in den übrigen Buntsandsteingebieten des Pfälzer Waldes und des Odenwaldes selten zu beobachten ist. Die Braunerden der Bodeneinheit 20 sind infolgedessen mehr oder weniger podsoliert. Die größte Verbreitung haben die Podsol-Braunerden und der Braunerde-Podsol (Hauptbodentypen), während der Podsol als Begleitbodentyp auftritt. Auflagehumushorizonte aus Resten von Nadelhölzern (Kiefer, z. T. Fichte), Calluna und Vacciniumarten erreichen stellenweise mehr als 20 cm und die A_e-Horizonte 10—30 cm. Rötlichbraune B_s-Horizonte sind im allgemeinen schwach bis mäßig entwickelt. Orterde und Ortstein scheinen nicht vorzukommen. Nach STÖHR (1970) ist die Podsolierung in der Umgebung von Siedlungen häufig auch auf Streunutzung zurückzuführen.

Aufgrund der starken Hängigkeit und der ungünstigen chemischen und physikalischen Eigenschaften wird die Bodengesellschaft 20 ausschließlich forstlich genutzt, und zwar ganz überwiegend durch den Anbau von Kiefern; doch sind diesen Beständen häufig auch Laubhölzer, insbesondere Buchen, beigemischt.

F. Bodengesellschaften mit vorwiegend Rigosolen

Bodeneinheit 21: Bodengesellschaft über Gesteinen des Keupers

Die Ausgangsgesteine dieser Bodeneinheit, die nur am Letzenberg (244 m NN), der höchsten Erhebung am Westrand des Kraichgaues, vorkommt, bestehen überwiegend aus Schieferton, Mergel und Sandstein, denen festere Lagen carbonatischer Gesteine eingeschaltet sein können. Infolgedessen weist das Hangsediment bei schwachem bis mäßigem Steingehalt eine lehmig-tonige Textur auf. Die mittel- bis tiefgründigen Böden haben einen mittleren bis hohen Basengehalt (stellenweise carbonathaltig) und eine mittlere

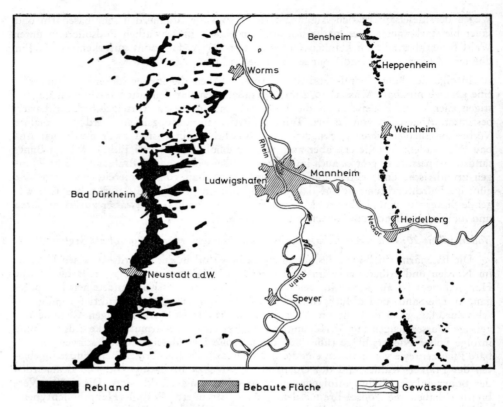

Abb. 2: Verbreitung der Rigosole, meist Weinbergsböden (n. d. Topogr. Karte 1 : 50 000)

nutzbare Wasserkapazität. Da Lehm und toniger Lehm als Bodenarten überwiegen, waren ursprünglich die Braunerde und der Braunerde-Pelosol am weitesten verbreitet. Diese sind jedoch durch die tiefe Bodenbearbeitung (Rigolen bis 100 cm), die der Weinbau turnusmäßig erfordert, im Profilaufbau weitgehend verändert worden. Rigosol und Braunerde-Pelosol stellen daher die Hauptbodentypen dar, die Braunerde tritt als Begleitbodentyp auf.

Bodeneinheit 22: Bodengesellschaft des Haardtrandes

Ein starker Bodenwechsel tritt am Haardtrand zwischen Battenberg im Norden und Frankweiler im Süden auf. Die Ursachen sind im wesentlichen in den großen Gesteins- und Reliefunterschieden zu sehen, die teils auf tektonische Vorgänge entlang der großen westlichen Randverwerfung des Rheintalgrabens und teils auf Verlagerungen an den Hängen der zahlreichen tief eingeschnittenen Täler zurückzuführen sind. Außer Gesteinen des Rotliegenden, des Unteren und Mittleren Buntsandsteins und Tertiärs bilden pleistozäne Ablagerungen sehr unterschiedlicher Zusammensetzung (Solifluktionsschutt, Löß und Gehängelehm) die wichtigsten Bodenausgangssubstrate. Die lehmigen, sandig-schluffigen und lehmig-tonigen Böden weisen große Unterschiede in der Gründigkeit, im

Grus- und Steingehalt und in der Basensättigung auf. Durch die tiefe Bodenbearbeitung (Rigolen) sind die Merkmale der ehemals vorkommenden Bodentypen nur noch bei tiefgründigen Standorten im unteren Profilabschnitt zu erkennen, so z. B. am B_t-Horizont der Parabraunerde. Eine Abgrenzung der einzelnen Böden war infolgedessen auf der Übersichtskarte nicht möglich, so daß eine Generalisierung im Bereich dieses schmalen Bandes vorgenommen wurde. Infolge der ungünstigen Relief- und Bodenverhältnisse wird das Gelände fast ausschließlich weinbaulich genutzt. Alle Böden sind infolgedessen rigolt worden, so daß als Hauptbodentyp der Rigosol ausgeschieden wurde (vgl. Abb. 2).

G. Bodengesellschaften mit Braunen Auenböden

Die in der Rheinniederung auf größeren Flächen verbreiteten Auenböden, Gleye und Naßgleye gliedern das Untersuchungsgebiet in zwei Teile, in denen diese Böden auf wesentlich kleineren Arealen vorkommen. Das Grundwasser bildet den Hauptfaktor der Bodenentwicklung und bestimmt je nach Flurabstand und Schwankungsamplitude die Nutzung dieser Böden.

Bodeneinheit 23: Bodengesellschaft mit vorwiegend Braunen Auenböden und tiefem Grundwasserstand und

Bodeneinheit 24: Bodengesellschaft mit Braunen Auenböden und Gleyen

Die Böden dieser beiden Einheiten sind — von den bei der Einheit 24 vorkommenden Gleyen abgesehen — durch tiefstehendes Grundwasser mit großer Schwankungsamplitude gekennzeichnet, vor allem in der Nachbarschaft des Rheins. Meist haben diese Böden mit A-M-G-Profil einen höheren Sandgehalt, so daß schwach lehmige und lehmige Sande sowie sandige und schluffige Lehme überwiegen. Tonige Böden treten stark zurück. Das Ausgangssubstrat ist — soweit es vom Rhein abgelagert wurde — carbonathaltig. Infolge des tiefstehenden Grundwassers und der sandigen Bodenarten sind die Braunen Auenböden gut belüftet und daher braun gefärbt. Da die Bodentiere und Wurzeln wie in anderen grundwasserfreien Böden in den Unterboden vordringen können, ist das Gefüge locker und hohlraumreich.

Die Braunen Auenböden (Vega) der Rheinniederung wurden vor der Eindeichung regelmäßig überflutet; dadurch kamen basen- und nährstoffreiche Bestandteile zur Ablagerung (daher das Symbol M, von lat. migrare = wandern). Wegen ihrer günstigen physikalischen und chemischen Eigenschaften sind die Braunen Auenböden zu den guten und sehr guten Böden zu rechnen. Fast alle Böden dieser Einheit sind beregnungswürdig, worauf die Ausdehnung und Intensivierung des Gemüsebaus zurückzuführen ist (vgl. Abschnitt V).

H. Bodengesellschaften mit hydromorphen Böden der Niederungen und Täler

Bodeneinheit 25: Bodengesellschaft mit vorwiegend Gleyen und

Bodeneinheit 26: Bodengesellschaft mit vorwiegend Naßgleyen und Anmoorgleyen

Diese Bodengesellschaften sind durch hochstehendes, wenig schwankendes Grundwasser und meist schluffig-tonige Bodenarten charakterisiert. Der Grundwasserspiegel befindet sich zwischen 0 und etwa 0,8 m unter Flur. Die Fließgeschwindigkeit ist mittel bis sehr gering, so daß die Pflanzenwurzeln in den Böden mit hochstehendem Grundwasser (Naßgley und Anmoorgley) auch durch das Grundwasser kaum Sauerstoff erhalten.

Bei den Gleyen wird zwischen Gley, Naßgley und Anmoorgley unterschieden. In dem Normalen Gley steht das Grundwasser etwa zwischen 0,4 und 0,8 m unter Flur. Das Grundwasser erfüllt infolgedessen die Kapillaren des unteren Profilabschnitts (G_r-Horizont), während die oberen Horizonte (A- und G_o-Horizont) besser durchlüftet und daher intensiver durchwurzelt werden können, was unter anderem an bräunlichen Bodenfarben und rostbraunen Flecken sowie dem günstigeren Aggregatgefüge zu erkennen ist.

Im Verbreitungsgebiet der Gleye aus spätglazialen und holozänen Sedimenten kommen stellenweise Böden vor, die im Übergangshorizont zwischen der Hochflutlehmdecke und den sandig-kiesigen Ablagerungen eine Carbonatanreicherung, das sog. „Rheinweiß", aufweisen (Abb. 20). Der hellgraue Horizont kann eine Mächtigkeit von einigen Dezimetern und einen Carbonatgehalt bis zu 50 % erreichen. Es handelt sich um Ausfällungen aus carbonatreichem Grundwasser, die sich — besonders im trockenen Zustand — auf die Durchwurzelung nachteilig auswirken (SCHÖNHALS 1954, BECKER 1965).

In den Naßgleyen und Anmoorgleyen steht das Grundwasser nahe der Oberfläche, und zwar oberhalb 0,4 m. Der Naßgley hat infolgedessen die Horizontfolgen A-G_r oder G_oA-G_r und der Anmoorgley A_a-G_r oder $G_o A_a$-G_r (a = anmoorig). Als Folge des unvollkommenen Abbaus der organischen Stoffe reichert sich die organische Substanz an; sie beträgt bei den Naßgleyen <15 % und bei den Anmoorgleyen 15—30 %. Es kommt daher auch häufig innerhalb des Verbreitungsgebiets der Naßgleye zur Entstehung von Niedermoor.

Wegen der Wasserverhältnisse sind die Böden der Einheiten 25 und 26 nur als Grünland zu nutzen. Die Qualität des Futters hängt von der Düngung und Pflege und zu einem wesentlichen Teil vom Grundwasserstand ab.

Durch Meliorationsmaßnahmen ist der Grundwasserspiegel der Gleye, Naßgleye und Anmoorgleye häufig abgesenkt worden. Trotzdem sind diese Böden je nach der Niederschlagshöhe der verschiedenen Jahreszeiten teilweise mehr oder weniger vernäßt, weil die Niederschläge wegen der grobporenarmen, schluffig-tonigen Horizonte des Oberbodens nicht oder nur in geringem Umfang versickern können. Staunässe ist die Folge. Solche Böden werden als Gley-Pseudogleye bezeichnet. Sie kommen z. B. im Neckarried vor, wo versucht wurde, durch Tiefumbruch eine Strukturverbesserung und eine größere Versickerungsrate zu erzielen (vgl. Abschnitt V).

Bodeneinheit 27: Bodengesellschaft mit vorwiegend Niedermoor

Niedermoore kommen an zahlreichen Stellen der Rheinniederung und des Neckarrieds vor, jedoch konnten nur die größeren auf der Karte dargestellt werden. Sie haben unterschiedliche Mächtigkeit; ebenso wechseln der Zersetzungsgrad und der Anteil an mineralischen Bestandteilen. Die in den Altwässern des Rheins und Bergstraßen-Neckars häufig anzutreffenden Moore sind oft von jungholozänen schluffig-tonigen Sedimenten bedeckt.

In den meist schmalen Tälern des Mittelgebirges und Hügellandes sind infolge des stärkeren Gefälles der Gewässer Niedermoore und Anmoore nur selten entstanden. Hier überwiegen Gleye und Naßgleye. Sofern der jetzige Grundwasserstand eine landwirtschaftliche Nutzung der Niedermoore zuläßt, ist nur Grünland möglich.

III. Ursachen und Auswirkungen der Bodenerosion

Die Bodenerosion durch Wasser, häufig auch als Bodenabtrag oder Bodenverlagerung bezeichnet, ist ein Vorgang, der durch Abspülung und Ablagerung von Bodenteilchen die Bodenentwicklung entscheidend bestimmt. An Hängen nimmt daher die Mächtigkeit des Bodens ab, und in tiefer gelegenen Dellen, Mulden und Senken wird der Boden mit dem abgespülten Substrat zugeschüttet. Das Ausmaß dieser beiden Teilvorgänge (Bodenabtrag und Ablagerung des transportierten Materials) hängt von einer Anzahl Faktoren ab, so vor allem von dem Makro- und Mikrorelief (Form und Neigung), den Eigenschaften des Bodens, der Bodennutzung (Vegetation) und den dadurch erforderlichen Maßnahmen des Menschen sowie vom Klima bzw. von der Witterung, insbesondere der Regenstruktur.

Beurteilt man diese Faktoren im Hinblick auf ihren Einfluß auf die Bodenerosion im Untersuchungsgebiet, dann ergibt sich, daß beträchtliche regionale Unterschiede bestehen, die im folgenden erläutert werden.

Wie bereits früher (Kap. IV/A) erwähnt wurde, ist in hängigem Gelände unserer Lößlandschaften der ehemalige Boden nur noch unter Wald und in Hohlformen unter jungen Bodensedimenten erhalten, während er in dem angrenzenden Ackerland unter gleichen orographischen Bedingungen weitgehend oder vollständig abgetragen worden ist. An der Grenze von Wald und Acker ist daher häufig ein Höhenunterschied vorhanden, der über 1 m betragen kann. Man bezeichnet einen solchen kleinen Geländeanstieg als Waldrandstufe (Abb. 16). Sie ist ein Beweis für den großen Bodenschutz, den der Wald leistet. Selbst bei starker Hangneigung schützt der Wald den Boden weitgehend vor der Verlagerung.

Eine ähnliche Schutzfunktion erfüllt das Dauergrünland; doch kann es hier häufiger — z. B. bei unsachgemäßer Beweidung — zu einer Verletzung oder Zerstörung der Vegetationsdecke kommen, wodurch dann je nach den Bodeneigenschaften und Reliefverhältnissen mehr oder weniger große Schäden entstehen können.

Aus den angeführten Gründen ist auf einer Übersichtskarte der Bodenerosionsgefahr (Abb. 3) auch die Gefährdung der Waldböden durch Wasser- und Winderosion dargestellt. Es wurde unterschieden zwischen Flächen mit potentieller Gefährdung und solchen ohne oder mit geringerer Gefährdung. Diese Zweiteilung beruht in erster Linie auf den Reliefunterschieden. So gehören die ausgedehnten Waldgebiete des Pfälzer Waldes, der Haardt, des Kuppigen Rotliegend-Hügel- und Berglandes sowie alle Waldflächen des Odenwaldes und Kraichgaues aufgrund der großen Reliefenergie zu den potentiell durch Wasser gefährdeten Arealen. Aber auch bestimmte Bodeneigenschaften, z. B. die Körnung (Textur) kommen nach der Beseitigung des Waldes als Ursachen des Bodenabtrags in Betracht. Aus diesem Grunde sind die Böden in den Waldgebieten im Bereich der Dünen und Flugsanddecken der Rheinebene als „potentiell gefährdet" dargestellt worden, und zwar handelt es sich um die Gefährdung durch Winderosion. Denn nach einer Entwaldung dieser Sandböden sind Verwehungen möglich, wie sie bei ackerbaulich genutzten Flugsandböden in trockenen Jahreszeiten zu beobachten sind. Bei den bewaldeten Sandböden aus fluvialen Ablagerungen besteht diese Gefährdung nicht. Diese Waldgebiete wurden daher als „potentiell nicht oder nur gering gefährdet" bezeichnet (STRIEGEL 1935).

Größere Grünlandflächen liegen in der Rheinniederung und im Neckarried zwischen Lorsch und Sulzbach. Langgestreckte, schmale Grünlandbänder sind an die zahlreichen Täler der Mittelgebirge, der Vorderpfalz und der Rheinebene gebunden. Da es sich um ebene Talböden und um meist schwach geneigte Talränder handelt, besteht keine Erosions-

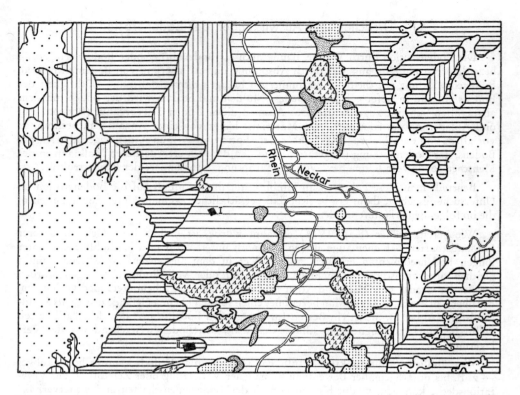

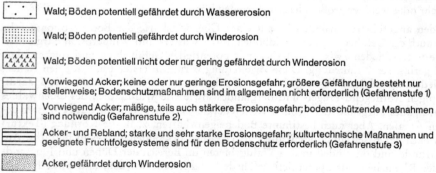

Abb. 3: Die Gefährdung der Böden durch Wasser- und Winderosion (stark schematisiert). Entwurf: E. SCHÖNHALS.

Die beiden mit I und II gekennzeichneten schwarzen Vierecke geben die Lage der bodenkundlichen Spezialkarten an, die in Abb. 4 (I = Schauernheim) und Abb. 5 (II = Freimersheim) wiedergegeben sind.

gefahr. Stellenweise können allerdings Vegetation und Boden durch Überflutung von Talabschnitten und anschließende Sedimentation von Schwebstoffen und gröberem Transportgut geschädigt werden.

Der Vollständigkeit halber sei noch erwähnt, daß auch die bebauten Flächen als „nicht gefährdet" zu bezeichnen sind. Sie wurden jedoch nicht gesondert dargestellt, da sie aus der Bodenkarte zu ersehen sind.

Der Abb. 3 ist zu entnehmen, daß die größte zusammenhängende Fläche mit landwirtschaftlicher Nutzung (Ackerbau, Wein- und Obstbau) zwischen dem geschlossenen Waldgebiet im Westen und dem Rhein liegt (horizontal und senkrecht schraffiert). Außerdem dehnen sich größere Ackerflächen in der östlichen Neckar-Ebene, westlich des Staatsforstes Viernheim—Lorsch—Bensheim und im Kraichgau aus. Demgegenüber ist der Vordere Odenwald durch einen kleinräumigen Wechsel von Wald und Ackerland gekennzeichnet.

Relief, Böden, Klima und Anbaustruktur dieser Gebiete weichen erheblich voneinander ab, so daß auch hinsichtlich des Erosionseffekts und der Gefährdung graduelle und regionale Unterschiede bestehen, die in Abb. 3 stark vereinfacht dargestellt sind.

Zu diesem Zweck wurden für das Ackerland die folgenden 3 Stufen der Erosionsgefahr unterschieden:

1. Keine oder nur geringe Erosionsgefahr; größere Gefährdung besteht nur stellenweise. Bodenschutzmaßnahmen sind im allgemeinen nicht erforderlich.
2. Mäßige, teils auch stärkere Erosionsgefahr, bodenschützende Maßnahmen sind notwendig.
3. Starke und sehr starke Erosionsgefahr; kulturtechnische Maßnahmen und geeignete Fruchtfolgesysteme sind für den Bodenschutz erforderlich[3]).

Zur ersten Stufe gehören die ebenen Ackerflächen in der östlichen Rhein-Neckar-Ebene und in der Rheinniederung sowie die zum großen Teil von Löß bedeckte Niederterrasse zwischen Germersheim und Worms. In dem zuletzt genannten Gebiet ist das Gelände eben oder sehr schwach geneigt, so daß — von kleinen Teilgebieten abgesehen — die Bodenerosion im allgemeinen gering ist. Bodenschutzmaßnahmen sind infolgedessen meist nicht erforderlich, doch sollte bei der Bearbeitung und Fruchtfolge die örtlich bestehende Gefährdung berücksichtigt werden.

Eine Spezialkartierung einer etwa 1 km² großen Ackerfläche im Nordwestteil der Gemarkung Schauernheim ergab, daß die Degradierten Braunen Steppenböden zwar noch den größten Teil der Fläche einnehmen, daß aber diese Böden bereits auf einem recht beträchtlichen Flächenanteil mehr oder weniger stark erodiert sind (Abb. 4 und auch Abb. 3, aus der die Lage der kartierten Fläche zu ersehen ist).

Die Stufe 2 ist im Riedelland des südöstlichen Rheinhessischen Tafel- und Hügellandes zwischen dem Seebach und Eckbach verbreitet. In diesem Gebiet kommen Braune Steppenböden und an den Hängen Pararendzinen in ziemlicher Ausdehnung vor. Sie sind mit Kolluvisolen vergesellschaftet. Nach Süden treten dann auf größeren Flächen noch Rigosole hinzu, die einem stärkeren Bodenabtrag unterliegen. Das Ackerland zwischen Kirchheimbolanden und dem Stumpfwald ist ebenfalls als Stufe 2 ausgeschieden worden.

---

[3]) Die Stufen sind — mit Ausnahme der ersten — nicht die gleichen wie die von KURON, JUNG u. a. verwendeten Gefahrenstufen I, II, IIIa, IIIb und IV. Der sehr kleine Maßstab der Abb. 3 erlaubt nur eine Einteilung der Gefährdung in 3 Stufen, wobei die 2. Stufe etwa den Stufen II und IIIa und die 3. den Stufen IIIb und IV entspricht (vgl. Fußnote der Tabelle 1, S. 161).

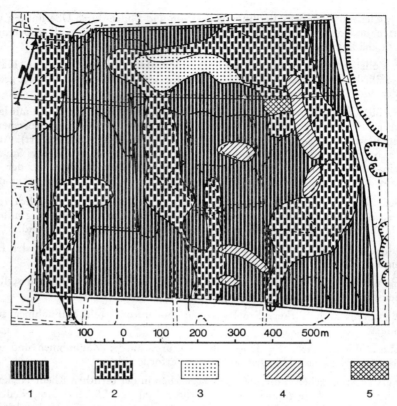

Abb. 4: Bodenkarte des Nordwestteils der Gemarkung Schauernheim

Aufnahme: G. WERNER, *Institut für Bodenkunde und Bodenerhaltung, Gießen.*

1 = Degradierter Brauner Steppenboden; 2 = Degradierter Brauner Steppenboden, erodiert; 3 = Pararendzina; 4 = Braunerde über Steppenboden oder Degradiertem Braunen Steppenboden; 5 = Künstlich aufgeschütteter Boden (ehem. Müllgrube).

Auf der Ostseite gehört nur das obere Weschnitztal zur Stufe 2, wo Parabraunerden erhalten sind, die mit Ranker-Braunerden und Braunerden aus granodioritischen Gesteinen wechseln. Auch die kleinen, nach Südosten schwach geneigten und mit Lößlehm bedeckten Ackerflächen im Gebiet des Oberen Buntsandsteins am Nordrand des Kraichgaues sind zusammen mit den Abhängen zur Rheinebene als Stufe 2 abgegrenzt worden.

Das gesamte übrige Acker- und Rebland gehört — von kleinen Flächen abgesehen — zur Stufe 3. Die Bodenzerstörung hat in diesen Gebieten bereits ein derart großes Ausmaß angenommen, daß nicht nur die Böden, sondern auch ihre lockeren Ausgangssubstrate (z. B. Löß und Gehängelehm) vollständig abgetragen wurden und der Untergrund zutage ansteht.

Stark und sehr stark gefährdet sind die flachwelligen Plateaus und die angrenzenden Hanglagen um die mittlere Pfrimm; denn an den Hängen treten oligozäne und miozäne

Kalksteine, Mergel und Mergelkalke zutage. Es wurde also nicht nur der ehemals vorhandene Boden, sondern zum großen Teil auch der Löß abgetragen, der daher nur noch in Resten erhalten ist. Ähnliche Verhältnisse bestehen am Haardtrand, der fast ausschließlich weinbaulich genutzt wird. Diese Nutzung bietet während des gesamten Jahres keinen Erosionsschutz; außerdem erfolgt die Bodenbearbeitung fast immer in Richtung des Gefälles. Unter diesen Bedingungen unterliegen die sehr humusarmen Böden einem starken Abtrag.

Starke Erosionsschäden sind auch in dem Verbreitungsgebiet der Degradierten Braunen Steppenböden und Parabraunerden in der südlichen Vorderpfalz zu beobachten, obgleich die Hangneigung der Ost-West orientierten flachen Lößzungen im allgemeinen nur sehr gering ist. Die starke Erosion dürfte zu einem großen Teil auf Starkregen zurückzuführen sein. Eine Spezialkartierung südöstlich von Freimersheim (Abb. 5) ergab, daß die Degradiertem Braunen Steppenböden nur noch auf kleinen Flächen — meist unter Kolluvisolen — erhalten sind. Auch die Parabraunerde ist im allgemeinen erodiert; in Hanglagen überwiegen daher Pararendzinen.

Beträchtiche Erosionsschäden sind auch auf den ackerbaulich genutzten Flächen des Vorderen Odenwaldes anzutreffen, wo die Abtragungskräfte in der morphologisch stark gegliederten Landschaft fast überall Angriffsflächen finden. Das große Ausmaß der Bodenerosion im Odenwald ist aus den Ergebnissen der Untersuchungen von NIESMANN (1963) zu ersehen. Die graphische Darstellung (Abb. 6) zeigt die Anteile der einzelnen Gefahrenstufen an der landwirtschaftlich genutzten Fläche der Gemeinden im Ostteil des Kreises Bergstraße. Als Beispiel für die etwas geringere Bodenerosion der Weschnitzsenke wird die von SCHEIBE (1960) aufgenommene Gefahrenstufenkarte der Gemarkung Krumbach in Abb. 7 wiedergegeben (vgl. auch KURON u. JUNG 1961). Der starke Bodenwechsel im Vorderen Odenwald ist also nicht nur auf die Gesteinsunterschiede, sondern auf die Bodenerosion zurückzuführen, die sich an der Bergstraße besonders stark ausgewirkt hat. Auch die am Odenwaldrand fallenden Starkregen tragen erheblich zur Bodenzerstörung bei (vgl. Kap. II/A).

Als letztes Teilgebiet der Stufe 3 sei noch auf die Verhältnisse im Kraichgau eingegangen. Wie bereits bei der Erläuterung der Böden ausgeführt wurde (Kap. II/A) und aus der Bodenkarte hervorgeht, wird das Ackerland fast nur von Lößpararendzinen, Lößrohböden und Rendzinen sowie auf kleinen Flächen von Pelosolen eingenommen. Die ursprünglichen Parabraunerden sind nur noch unter Wald und auf einigen kleinen ebenen Ackerflächen erhalten. Eine Bodenzerstörung großen Ausmaßes hat also stattgefunden, verursacht durch jahrhundertelangen Ackerbau in einer Landschaft, die zahlreiche Täler und stark gegliederte Hänge (Dellen, muldenförmige Hohlhänge) mit schwachem bis starkem Gefälle aufweist. Ebene Flächen fehlen. Unter solchen morphologischen Bedingungen mußte sich die Entwaldung der Lößböden zusammen mit einer die Erosion fördernden Flurgliederung und Anbaustruktur verheerend auswirken. Dies zeigen die Abb. 8 und 9 sehr deutlich. Man erkennt, wie zahlreich die Erosionsflächen an den Hängen der hügeligen Ackerlandschaft sind und daß die humosen, abgeschwemmten Feinteilchen als Bodensedimente in den tieferen Gebieten akkumuliert wurden (Kolluvisole). Diese Schäden wurden nicht nur durch die Schichterosion, sondern an vielen Stellen auch durch Grabenerosion verursacht (Abb. 10 u. 11). Sie entstehen innerhalb kurzer Zeit, häufig im Ablauf eines einzigen Starkregens. Plötzliche Intensitätsspritzen von über 1,5 mm/min und mehr lösen den Bodenfluß aus. Daß Schäden dieses Ausmaßes mit auf falsche Bewirtschaftung zurückzuführen sind, ist aus Abb. 12 zu ersehen, denn an diesem mäßig geneigten Hang erfolgt die Bearbeitung im Hanggefälle. Die dadurch entstehenden Radspuren oder auf

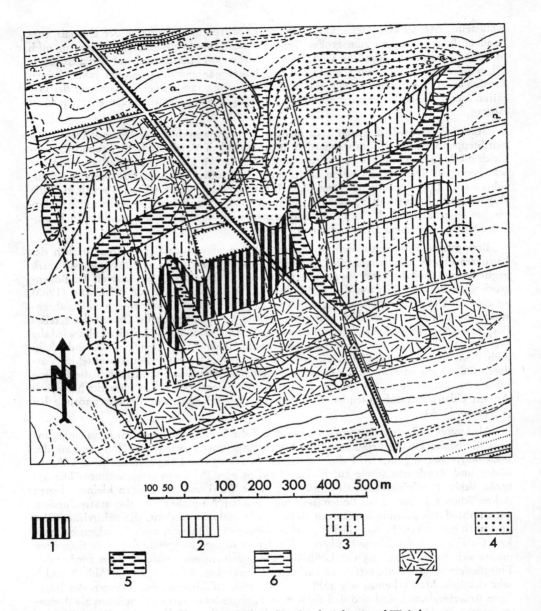

Abb. 5: Bodenkarte einer etwa 1 km² großen durch Acker- und Weinbau genutzten Fläche südöstlich Freimersheim mit starker Bodenerosion

Aufnahme: G. WERNER, *Institut für Bodenkunde und Bodenerhaltung, Gießen.*

1 = Parabraunerde-Tschernosem, örtlich von Kolluvisol überdeckt; 2 = Parabraunerde; 3 = Erodierte Parabraunerde und Erodierter Parabraunerde-Tschernosem; 4 = Pararendzina; 5 = Kolluvisol über Parabraunerde-Tschernosem, örtlich als Ackerberg ausgebildet; 6 = Kolluvisol.

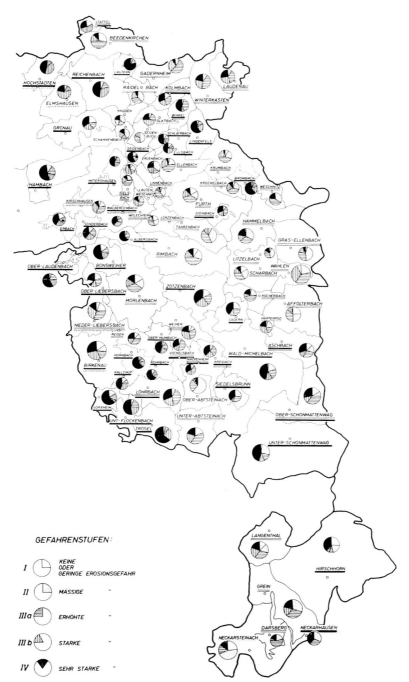

Abb. 6: Gefahrenstufen der Gemeinden des Kreises Bergstraße

Kennstufen der Gemarkungen: Langenthal = Unterstreichung der Gemeindenamen in der betreffenden Gefahrenstufe zeigt die Kennstufe an; Grein = Bei zusätzlicher Unterstreichung ist eine weitere Gefahrenstufe stark vertreten.

Bearbeiter: K. H. NIESMANN 1963.

Abb. 7: *Verbreitung der Gefahrenstufe in der Gemarkung Krumbach, Odenwald.*
Bearbeiter: L. Scheibe 1960.

I = keine oder nur geringe Erosionsgefahr; II = mäßige Erosionsgefahr; III a = erhöhte Erosionsgefahr; III b = starke Erosionsgefahr; IV = sehr starke Erosionsgefahr.

Abb. 8: *Blick von einer Anhöhe unmittelbar westlich Dühren (Kraichgau) nach Westen auf hügeliges Ackerland mit starker Bodenerosion. Der Hügel in der rechten Bildhälfte wird wegen des geringwertigen Bodens (schwach entwickelte Pararendzina und Lößrohboden) ackerbaulich nicht genutzt (Brachland).*

Abb. 9: Blick von einer Rebanlage am Ostrand von Eschelbach, Kraichgau, in südwestlicher Richtung. An den Hängen hinter dem neuerbauten Südteil des Dorfes ist der starke Bodenabtrag an den hellen Bodenfarben zu erkennen.

Abb. 10: Grabenerosion an einem mäßig geneigten Südhang im Lößgebiet westlich Oberhof, Kraichgau

Abb. 11: Blick von der Ablagerungsfläche zum Hang der Abb. 10. Der Unterschied zwischen der bewachsenen Pararendzina am Hang und dem rezenten Bodensediment ist an dem Farbunterschied deutlich zu sehen.

Abb. 12: Starker Bodenabtrag an einem mäßig geneigten Nordosthang unmittelbar nördlich von Unterhof, Kraichgau. Die Höhendifferenz zwischen dem grasbewachsenen, geschützten Grubenrand und dem Acker beträgt etwa 50 cm.

Abb. 13: Pararendzina am Grubenrand mit einem etwa 25 cm starken A_h-Horizont über stark carbonathaltigem Löß (C-Horizoznt). Die Äcker am Hang hinter der Straße lassen an den hellen Bodenfarben ebenfalls die starke Abtragung erkennen.

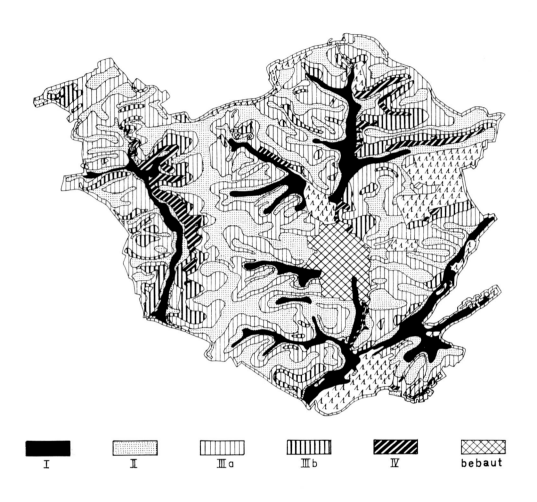

*Abb. 14: Verbreitung der Gefahrenstufen in der Gemarkung Menzingen, Kraichgau
Bearbeiter* K. H. NIESMANN *1966.*

andere Geräte zurückgehende Rillen ermöglichen einen schnelleren linearen Wasserabfluß und verursachen damit einen starken Erosionseffekt. Dies ist auch aus dem Höhenunterschied zwischen der Oberfläche des anschließenden grasbewachsenen Randes einer Lößgrube und der des Ackers zu schließen. Die Höhendifferenz beträgt etwa 50 cm. Auch an den Bodenprofilen am geschützten Grubenrand und auf dem Acker läßt sich die starke Erosion erkennen. Am Grubenrand ist eine mäßig entwickelte Pararendzina mit einem stark humosen, carbonathaltigen A_h-Horizont von etwa 25 cm ausgebildet (Abb. 13), während auf dem Acker nur ein sehr schwach humoser, stark carbonathaltiger A_p-Horizont von 15 cm den Rohlöß bedeckt. Es handelt sich also um eine sehr schwach entwickelte Pararendzina, die bereits viele Eigenschaften eines Lößrohbodens aufweist. Der Bodenabtrag ist so weit fortgeschritten, daß die Pflugfurche nunmehr in dem Rohlöß gezogen wird. Die beiden Beispiele und die große Verbreitung der Pararendzinen zeigen zur Genüge, daß das Hügelland des Kraichgaues zu den von der Bodenerosion am stärksten betroffenen Lößgebieten Deutschlands zu zählen ist. Das bestätigen auch die von NIESMANN (1966) durchgeführten Untersuchungen in den Kraichgau-Gemarkungen Menzingen und Münzesheim, die nur wenige km von der Südgrenze des Modellgebiets entfernt liegen. Die Gefahrenstufenkarte von Menzingen (Abb. 14) und die in Tab. 1 mitgeteilten Anteile der einzelnen Gefahrenstufen an der landwirtschaftlichen Nutzfläche der Gemeinden Menzingen und Münzesheim lassen das große Ausmaß der Bodenzerstörung erkennen.

Tab. 1

Anteile der einzelnen Gefahrenstufen an der landwirtschaftlichen Nutzfläche (LN) der Gemeinden Menzingen und Münzesheim

Gefahren-stufe[4]	Menzingen: 985 ha LN		Münzesheim: 821 ha LN	
	ha LN	v.H. LN	ha LN	v.H. LN
I	157,6	16,0	143,1	17,4
II	425,5	43,2	207,4	25,3
IIIa	193,9	19,7	322,6	39,3
IIIb	151,2	15,3	121,4	14,8
IV	56,8	5,8	26,5	3,2

(Nach den Gefahrenstufenkarten von NIESMANN 1966)

Wie stark die Ernteerträge durch Bodenerosion beeinflußt werden, zeigen Untersuchungen über Ernteertragsschäden von JUNG (1956), die auch auf erosionsgeschädigten Böden im nördlichen Kraichgau (Langenzell) durchgeführt wurden und daher in gleichem Umfang für unser Gebiet zutreffen.

Die vorhergehenden Ausführungen haben gezeigt, daß die durch den Menschen verursachte Bodenerosion in mehreren Landschaften des Modellgebiets zu Veränderungen geführt hat, die sich nicht nur auf die Leistungskraft des Bodens und damit auf seine Nutzung, sondern auch auf fast alle die Kulturlandschaft prägenden Elemente ausgewirkt hat. Diese Einflüsse werden von SCHOTTMÜLLER (1961) am Beispiel des Kraichgaues ausführlich behandelt.

---

[4]) Kurze Kennzeichnung der Gefahrenstufen: I = keine oder nur geringe Erosionsgefahr; II = mäßige Erosionsgefahr; IIIa = erhöhte Erosionsgefahr; IIIb = starke Erosionsgefahr und IV = sehr starke Erosionsgefahr.

IV. Bodenschutz in Vergangenheit und Zukunft

Der mit dem Naturgeschehen vertraute Ackerbauer erkannte schon frühzeitig, daß in manchen Landschaften ein Wechsel der Bodennutzung, so z. B. von Wald in Ackerland, mit dem Verlust wertvollen Bodens einherging, der auf dem verstärkten Abfluß von Niederschlags- und Schmelzwasser beruht. Es war daher notwendig, mit den dem Menschen zur Verfügung stehenden Mitteln die allmähliche Zerstörung des Bodens aufzuhalten oder zu verringern. Um dies zu erreichen, wurden Ackerterrassen unterschiedlicher Höhe errichtet, die je nach den geologischen Verhältnissen entweder aus Steinen und Blöcken oder aus lockerem Boden- und Gesteinsmaterial bestanden. Derartige Ackerterrassen findet man heute nicht nur in alten Ackerbaulandschaften, sondern als Hinweis auf ehemaligen Ackerbau auch in Wäldern unserer Mittelgebirge. Die Anlage von Ackerterrassen war für den Bauern sicher die wirtschaftlichste und wirksamste Bodenschutzmaßnahme (JUNG 1968).

Ackerterrassen sind auch im Untersuchungsgebiet an zahlreichen Stellen der hügeligen und kuppigen Landschaften erhalten (Abb. 15). Ihre Verbreitung hat eine deutliche Beziehung zur Geländeform und zur Erodierbarkeit des Bodens. Ein gutes Beispiel stellt der Kraichgau dar, wie ein Ausschnitt aus dieser Lößlandschaft erkennen läßt (Topogr. Karte 1:25 000, Bl. Wiesloch, Abb. 16). Die Übersicht zeigt, daß es sich um eine große Zahl von Ackerterrassen handelt und daß ihre Verteilung recht unterschiedlich ist. Erwartungsgemäß ist die Zahl der Terrassen an den steileren Talhängen am größten, so z. B. in der Gemarkung Östringen. Aber auch an den weiten, schwach bis mäßig geneigten, talferneren Hängen finden sich noch zahlreiche Terrassen. Die meisten liegen an Süd-, West- und Nordwesthängen. Nord- und Osthänge sind im allgemeinen wenig und nur bei stärkerem Hanggefälle terrassiert.

Zu erwähnen ist noch, daß an terrassierten Hängen nur selten tiefere Erosionsrisse vorkommen, wohl aber an weniger geschützten Stellen und im Abflußbereich von Hohlhängen mit größerem Einzugsgebiet. In den Wäldern sind dagegen häufig die obersten Abschnitte der kleinen Bäche unterschiedlich eingetieft, weil es unter ähnlichen morphologischen Bedingungen wie im Ackerland auch im Wald zu starken Abflüssen und zur linearen Erosion kommt. Stellenweise ist der größere Abfluß auch auf die unterschiedliche Durchlässigkeit der Keuperschichten zurückzuführen.

Außer Ackerterrassen sind als kennzeichnende Merkmale vieler Lößlandschaften, insbesondere der hügeligen, erodierten Lößgebiete die Hohlwege zu erwähnen, die im Kraichgau stellenweise mehr als 10 m in den standfesten Löß eingetieft sind und wie andere lineare Einschnitte Abflußbahnen des Niederschlagswassers darstellen. Eine ständige Tieferlegung der Hohlwegsohle ist die Folge.

In den Weinbergen ist die Zahl der Terrassen relativ gering. Nur wenige Steilhänge sind noch mehr oder weniger vollständig terrassiert, so z. B. bei Mühlhausen (Abb. 17). Sehr wahrscheinlich sind aus arbeitstechnischen Gründen, vor allem durch den Einsatz von größeren Bodenbearbeitungsgeräten, im Laufe der Zeit die Terrassen mehr und mehr verschwunden.

Auch im Odenwald und an der Bergstraße sowie am Haardtrand erfüllen Ackerterrassen in unterschiedlicher Zahl und Verbreitung noch ihre Funktion (Abb. 18). Im Odenwald ist ihre Zahl weit geringer als im Kraichgau, was zum großen Teil auf die geringere Erodierbarkeit der weit verbreiteten sandig-grusigen und steinigen Braunerden zurückzuführen ist.

Abb. 17: Terrassierung eines Südwesthanges des Angelbachtals bei Mühlhausen. Der Hang wurde bis vor einiger Zeit weinbaulich genutzt.

Abb. 18: Terrassierung an einem Mittel- und Unterhang am Haardtrand nordwestlich von Bad Dürkheim

Abb. 19: Eingeebnete Ackerterrassen an einem Nordwesthang des Angelbachtals. Das Gelände soll obstbaulich genutzt werden, wie an dem Aushub der Pflanzenlöcher zu erkennen ist.

Wie in den Weinbaulagen so erschweren auch manche Terrassen im Ackerland die Durchführung notwendig gewordener arbeitstechnischer Maßnahmen; zu erwähnen ist vor allem die stärkere Mechanisierung der Arbeitsabläufe. Es besteht daher häufig die Gefahr, daß Ackerterrassen beseitigt werden, so z. B. bei der Zusammenlegung kleinerer Schläge (Abb. 19). Aber man sollte solche Änderungen erst nach gründlicher Untersuchung und unter Berücksichtigung der Geländeformen und deren Bedeutung für den Abfluß des Niederschlagswassers unter den neu geschaffenen Bedingungen vornehmen. Die Erhaltung der Ackerterrassen muß in allen Fällen zusammen mit neuen Maßnahmen des Bodenschutzes betrachtet werden, wozu u. a. auch die Neuanlage von Terrassen in steilem Gelände gehört. Die Flurbereinigung bietet die beste Möglichkeit, die zu bereinigenden Flächen derart aufzuteilen, daß eine bodenschützende Bewirtschaftung gewährleistet ist und das Tagwasser unter Kontrolle gehalten werden kann. Die Neugliederung der landwirtschaftlichen Nutzfläche sollte so erfolgen, daß einerseits eine rationelle Bewirtschaftung möglich und andererseits der unbedingt notwendige Bodenschutz gewährleistet ist.

Für die früher schon erwähnte Kraichgau-Gemarkung Menzingen werden von NIESMANN (1966) folgende im Rahmen der Flurbereinigung durchzuführenden Bodenschutzmaßnahmen als notwendig erachtet:

Anordnung der Schläge parallel zu den Höhenschichtlinien, so daß die Bearbeitung horizontal erfolgt;

Anpassung der Schlagbreite an die Gefällerichtung und die anzubauenden Kulturpflanzen;

Unterteilung der Einzugsgebiete zwecks Verminderung des Abflusses;

Terrassen müssen zur Verringerung des Abflusses erhalten bleiben, ggf. neue errichtet werden;

Terrassenreste müssen planiert werden, damit sich hinter diesen kein Wasser sammeln und auf die Ackerflächen ausbrechen kann;

Bewirtschaftung von Hängen mit 14—18 % Gefälle ist nur durch die Beibehaltung oder Neuanlage von Terrassen möglich;

Bau von Gürtelwegen mit bergseitigen Gräben (befestigt oder berast);

Wege und Gräben sind insbesondere in Hohlhängen erforderlich, um die Sohlen vor allzu starkem Abfluß zu schützen;

Änderung der Kulturarten (z. B. Aufforstung oder Anlage von Dauergrünland);

Bepflanzung steiler Böschungen.

Darüber hinaus hat der Landwirt selbst eine Reihe von Möglichkeiten, die Bodenerosion in Grenzen zu halten. Als Beispiele seien aufgeführt:

Pflugbalken immer hangaufwärts stürzen, um eine bessere Versickerung des Wassers zu erreichen;

ein „Durchhängen" der Pflugfurchen ist zu vermeiden;

Anbau bodenschützender Pflanzen (z. B. Klee) im Wechsel mit weniger schützenden Pflanzen (sog. Streifenbau);

Ziehen von Konturfurchen innerhalb der Schläge, um Niederschlagswasser abzufangen und überschüssiges Wasser zum Vorfluter abzuleiten;

Vorsorge zur Sauberhaltung der Gräben.

Wie bereits früher erwähnt wurde, sind Weinbergsböden wegen ihres sehr geringen Humusgehalts, des meist stärkeren Gefälles und der im Hanggefälle erfolgenden Bearbeitung besonders erosionsgefährdet. Bei Starkregen mit einer Ergiebigkeit von 20 bis über 100 mm je Stunde kommt es nicht nur zu hohen flächenhaften Abspülverlusten, sondern auch zur Entstehung von Gräben in den Rebgassen bis zu 2 m Tiefe. Diese katastrophenartigen Erosionsvorgänge führen nicht nur zu großen Bodenverlusten, sondern in tieferen Lagen, auf Wegen und in Siedlungen auch zu mächtigen Aufschüttungen, deren Beseitigung erhebliche Kosten verursacht. Es sind daher in Weinbaugebieten Schutzmaßnahmen verschiedenster Art erprobt worden, die in neuerer Zeit vor allem eine Gefügeverbesserung des Bodens zum Ziele haben. Durch solche Maßnahmen, so z. B. die Einbringung von Müllkompost und von feinverteilten porösen Kunststoffen wird die Bodenstruktur verbessert und die Wasseraufnahmefähigkeit des Bodens vergrößert, wie durch Versuche nachgewiesen wurde (Homrighausen 1966, Peyer 1965). Bodenverdichtungen, die in den Rebgassen durch den Raddruck schwerer Geräte entstehen, verringern die Versickerung und verursachen infolgedessen einen höheren Abfluß. Nach Versuchen von Schrader (1959) hat die Lockerung der verdichteten Lagen mit entsprechenden Geräten und die Mischung des Bodens mit Müllkompost zusammen mit einer Gründüngung ebenfalls zu günstigen Ergebnissen geführt. Das gleiche gilt für Versuche mit einer Dauerbegrünung, die vom Institut für Bodenkunde und Bodenerhaltung der Justus-Liebig-Universität Gießen durchgeführt worden sind (Balzer et al 1970).

Eine wesentliche Verbesserung der physikalischen Bodeneigenschaften wird durch die Verwendung von Müllklärschlammkompost erreicht; denn in langjährigen Versuchen konnte nachgewiesen werden, daß das Porenvolumen, insbesondere der Grobporenanteil, erhöht wurde, so daß das Niederschlagswasser schneller versickert. Die Bodenverluste durch Erosion sanken daher auf den mit Müllklärschlammkompost behandelten Flächen gegenüber den nicht behandelten auf ein Drittel. Die Verbesserung des Wasser- und Lufthaushalts machte sich auch an einem Rückgang der Chlorose bemerkbar. Aufgrund der in Rheinland-Pfalz durchgeführten Versuche sind Gaben von 80—100 t Müllklärschlammkompost/ha alle 2—3 Jahre in der Lage, die Bodenfruchtbarkeit in den Weinbaugebieten zu erhalten (vgl. Buchmann 1972, hier weitere Literaturhinweise).

Als ein erfolgversprechendes Verfahren zur Verbesserung und Stabilisierung des Bodengefüges erweisen sich — wie Versuche in Gießen gezeigt haben — Bodenfestiger verschiedener Fabrikate (z. B. Curasol, Rohagit), die auf den Boden gesprüht werden. Es ist zu hoffen, daß ihre zukünftige Verwendung sowohl bei Weinberg- als auch bei Ackerböden nicht am Preis dieser Produkte scheitert (Harpach et al 1972).

Aus der kurzen Erläuterung der wichtigsten Bodenschutzmaßnahmen, deren Anwendung sich nach dem jeweiligen Grad der Gefährdung richten muß, ist zu ersehen, daß es Möglichkeiten gibt, die Bodenerosion zu bekämpfen. Die Wissenschaft hat in den letzten Jahrzehnten solche Maßnahmen erprobt und ist in der Fachpresse und durch Vorträge für ihre Realisierung eingetreten. Mehr als Anfangserfolge sind jedoch nicht erzielt worden, wofür Gründe verschiedenster Art verantwortlich zu machen sind. Bedenkt man jedoch, daß die durch Erosion verursachten Schäden an dem wertvollsten Besitz des Landwirts entstehen, dann sollte man doch von dieser Seite eine stärkere Initiative für Bodenschutzmaßnahmen erwarten als dies bisher der Fall war. Hierfür stehen dem Landwirt sowohl technische als auch betriebswirtschaftliche Mittel zur Verfügung. Diese können jedoch an dieser Stelle nicht erläutert werden. Es sei daher auf zwei Arbeiten von Jung (1971, 1971a) hingewiesen, in denen unter anderem auf die Wichtigkeit der Bodenpflege, der Fruchtfolge, des Zwischenfruchtbaus, der Untergrundlockerung, des Mulchens und der

Fruchtfolge, des Zwischenfruchtbaus, der Untergrundlockerung, des Mulchens und der Hang- oder Konturfurchen eingegangen wird.

Selbstverständlich können die in langen Zeiträumen entstandenen Schäden nicht kurzfristig beseitigt werden. Aber die Verlagerung von Feinteilchen nähme durch solche Maßnahmen allmählich ab und eine mit Humusanreicherung und Tonneubildung verbundene Bodenentwicklung käme in Gang. Daher ist es notwendig, mit Hilfe der angeführten Bodenschutzmaßnahmen auch die viel zu wenig beachtete schleichende Schichterosion zu verhindern, die nicht nur die Krume zerstört, sondern den Boden erosionsanfälliger für die Grabenerosion macht. Mit der Anwendung der erläuterten Maßnahmen wären wichtige Voraussetzungen für die Entstehung eines stabileren Bodengefüges gegeben. Größere Versickerung und geringerer Abfluß und damit verminderte Abspülung von Bodenbestandteilen würden den Wasserhaushalt des Bodens günstig beeinflussen und die Leistungsfähigkeit des Standortes erhöhen.

V. Bodenwasserhaushalt, seine Veränderungen durch den Menschen und deren Auswirkungen

Der Wasserhaushalt der Böden wird vom Klima, insbesondere von den Niederschlägen und der Lufttemperatur (Verdunstung), dem Boden, der Vegetation, vom Grundwasser und von den Eingriffen des Menschen bestimmt. Die vier zuerst genannten Faktoren weisen im Untersuchungsgebiet große Unterschiede auf. So stehen der trocken-warmen Vorderpfalz und Rheinebene mit Niederschlagssummen von weniger als 500 bis etwa 600 mm das feuchte Hügelland (bis etwa 700 mm) und die niederschlagsreichen, kühlen Mittelgebirgsanteile gegenüber (bis über 1100 mm).

Die Böden und ihre Eigenschaften wurden in Abschnitt II ausführlich erläutert und ihre Verbreitung auf der Bodenkarte dargestellt, so daß sich an dieser Stelle Ergänzungen erübrigen.

Die Vegetation bzw. Bodennutzung ist durch ausgedehnte Waldgebiete (Pfälzer Wald, Odenwald, Rheinebene), große, teils zusammenhängende Rebanlagen (Haardt, südl. Rheinhessen, Bergstraße) und umfangreiche Areale mit meist intensivem Ackerbau gekennzeichnet. Das Grünland ist auf die Niederungen und Täler beschränkt.

Beträchtliche Unterschiede bestehen in der Grundwasserführung und im Grundwasserflurabstand. Im Vorderen Odenwald, wo das Grundwasser im allgemeinen tief steht, versickert ein relativ großer Teil des Niederschlags in den meist durchlässigen Böden und in der vergrusten Verwitterungszone des Untergrunds, um teils als Quelle zutage zu treten. Das nicht an die Oberfläche gelangende Grundwasser bewegt sich zum Vorfluter, wo es in hohlraumreiche, lockere pleistozäne Ablagerungen eintritt und den Hauptvorfluter oder das Grundwasser der Rheinebene speist.

Ähnliche Verhältnisse bestehen in den Gebieten mit durchlässigen Sandböden, also im Hinteren Odenwald und im Pfälzer Wald. Je nach dem geologischen Bau tritt das Grundwasser als Schicht-, Schutt- und Verwerfungsquelle zutage oder es gelangt erst nach einem längeren Weg durch das poröse Gestein zum Vorfluter bzw. in einen tieferen Grundwasserleiter. Aus diesem hydrogeologischen Befund ist zu schließen, daß im Obst- und Westteil der Wasserhaushalt der Böden vom Grundwasser unabhängig ist, von den meist tief eingeschnittenen Tälern abgesehen. Das bedeutet, daß in diesen höhergelegenen Gebieten auch zukünftige Entnahmen von Grundwasser den Wasserhaushalt der Böden und damit auch die Vegetation nicht oder nur örtlich beeinflussen werden. Entscheidend für den Wasserhaushalt der Böden sind somit allein das Klima, die Vegetation bzw. Nutzungsart und die Eigenschaften des Bodens. Es fallen zwar in diesen Gebieten relativ hohe Niederschläge, aber wegen der großen Durchlässigkeit der grobporenreichen Böden verbleibt nur ein geringer Teil des zur Versickerung gelangenden Niederschlags im Boden. Die Vegetation bzw. Bodennutzung ist daher stärker auf die Niederschläge angewiesen, besonders während der Vegetationszeit, da die Speicherleistung der Böden begrenzt ist. Aus diesem Grund und wegen der großen Reliefunterschiede ist auf der weitaus größten Fläche der Randgebiete nur eine forstliche Nutzung möglich. Lediglich in den tieferen Lagen des Einzugsgebiets der Weschnitz und an den Unterhängen der zahlreichen Täler, wo Böden aus Löß- und Gehängelehm mit höherer nutzbarer Wasserkapazität vorkommen, bestehen Voraussetzungen für den Anbau von nicht allzu anspruchsvollen Kulturpflanzen (Getreide-, Hackfrucht- und Futterbau).

In den vorhergehenden Abschnitten III und IV wurde bereits auf die Wichtigkeit des Waldes für die Erhaltung der Böden hingewiesen. Die Böden unter Wald — ehemals gleiche oder ähnliche Böden vorausgesetzt — haben fast immer eine höhere nutzbare Wasserkapazität als bei Ackernutzung, weil nach der Inkulturnahme der mittel- und tiefgründigen Waldböden diese weitgehend durch die Erosion zerstört wurden und heute auf diesen Flächen mittel- und flachgründige Ackerböden mit geringerem Speichervermögen vorhanden sind. Infolgedessen werden in den Böden unter Wald, insgesamt gesehen, größere Wassermengen zurückgehalten oder zur Versickerung gebracht als in den Böden des Ackerlandes. Es ist daher verständlich, daß es trotz großer Infiltrationsraten der grusig-sandigen Böden im Niederschlagsgebiet der Weschnitz zu starken Abflüssen kommt. Die Ursache ist nicht nur in der Geländegestalt, sondern in erheblichem Umfang in dem geringen Wasserhaltevermögen der durch Erosion geschädigten Böden zu sehen (vgl. hierzu die Arbeiten von BRECHTEL 1971, 1971 a, 1971 b, 1971 c). Infolgedessen kam es im Weschnitztal und im Vorland zu großen Überschwemmungen (z. B. 1909). Sechs Hochwasserrückhaltebecken, teils bereits gebaut, sollen dies zukünftig verhindern (vgl. Weschnitzplan). Ähnliche Verhältnisse bestehen in den Einzugsgebieten der Gewässer, die weiter nördlich den Odenwald verlassen.

Die Ausführungen haben gezeigt, daß Bodenverluste durch Erosion Störungen im gesamten Wasserhaushalt einer Landschaft hervorrufen, zu deren Minderung oder Beseitigung heute umfangreiche wasserbauliche Maßnahmen erforderlich sind. Allein aus dieser Tatsache ergibt sich die Forderung, bei allen Veränderungen in unseren Naturräumen diesen Zusammenhang zu beachten. Das gilt für die bereits durch Erosion geschädigten und in besonderem Maße für die potentiell gefährdeten Gebiete (Abb. 3).

Während in den gebirgigen Randgebieten die höheren Niederschläge den gelände- und bodenbedingten Mangel an Wasser mit Ausnahme trockener Jahre mehr oder weniger auszugleichen vermögen, ist dies bei den Sand-, lehmigen Sand- und sandigen Lehmböden der Vorderpfalz und der Rheinebene in einem weit geringeren Umfang der Fall. Geringere Niederschläge, höhere Lufttemperaturen und damit höhere Verdunstungsraten sind die Ursachen des Wassermangels. Allerdings ist der Abfluß nur sehr gering oder gleich null. Daraus resultiert zwar eine große Infiltrationsrate, aber die Sandböden und die meist viele Meter mächtigen lockeren, sandig-kiesigen Sedimente können, ähnlich wie die sandig-grusigen Böden im Vorderen Odenwald und die Sandböden im Hinteren Odenwald und Pfälzer Wald, nur wenig nutzbares Wasser speichern. Außerdem steht das Grundwasser auf großen Flächen der Rheinebene und der Vorderpfalz tiefer als 2—3 m, so daß es für landwirtschaftliche Kulturpflanzen keine Bedeutung hat.

Für den Anbau anspruchsvollerer Kulturpflanzen sind auf den Sand- und lehmigen Sandböden die Voraussetzungen nicht oder nur beschränkt gegeben, so daß die forstliche Nutzung überwiegt (Unterwald westl. Speyer, Untere Lußhardt, Untere und Obere Haardt, Wald zwischen Mannheim und nordwestlich Bensheim). Darüber hinaus werden solche Böden aber auch landwirtschaftlich genutzt, teils auch durch Spargelanbau. Die wichtigste Voraussetzung für eine vielseitigere und intensivere landwirtschaftliche Nutzung ist die Zuleitung von Bewässerungswasser. Das geeignetste Bewässerungsverfahren ist die Beregnung, die dank staatlicher Förderung unter der Leitung von Beregnungsverbänden mehr und mehr zum Einsatz kommt.

Große Bedeutung hat die Beregnung bereits im Hessischen Ried, wo nicht nur Sand-, sondern auch lehmig-tonige Böden beregnet werden und dadurch vor allem die Anbaufläche von Gemüse ausgedehnt werden konnte. Welche Bedeutung die Beregnung für die zukünftige landwirtschaftliche Produktion haben wird, veranschaulichen die folgenden, dem Wasserwirtschaftlichen Rahmenplan Weschnitz entnommenen Angaben: Für das Niederschlagsgebiet der Weschnitz wird der Anteil der bewässerten Fläche an der landwirtschaftlichen Nutzfläche in den höheren Lagen auf mindestens 10 %, in den tieferen Lagen auf mindestens 20 % und im Rheintal auf mindestens 50 % geschätzt. Diese Zahlen gelten für trockene Jahre; der Anteil ändert sich mit den Niederschlägen und ihrer zeitlichen Verteilung.

Eine erhebliche Ausdehnung soll die Beregnungsfläche im Hessischen Ried in den nächsten 3 Jahrzehnten erfahren, wie der Tabelle 2 zu entnehmen ist (KALWEIT 1972).

Tabelle 2: *Beregnungsflächen und Wasserbedarf im Hessischen Ried*

Zeit	Beregnungsflächen (in Trockenjahren) ha	Wasserbedarf (hm³/a)			
		im Jahresdurchschnitt		in Trockenjahren	
		Grundwasser	Oberflächenwasser	Grundwasser	Oberflächenwasser
Mitte der 60er Jahre	9 500	3,9	1,3	9,1	3,0
Ende der 90er Jahre	26 000	9,5	4,5	22,8	9,7

Auch im Verbreitungsgebiet der wertvolleren sandig-lehmigen Böden der niederschlagsarmen Vorderpfalz (vgl. Kap II/B und II/D) nimmt die Beregnungsfläche ständig zu. Planung, Bau und Finanzierung der Beregnungsanlagen gehören zu den Aufgaben des 1965 gegründeten „Wasser- und Bodenverbandes zur Großberegnung der nördlichen Vorderpfalz" (Abb. 21)[5]. Bereits 1972 wurde als erste Anlage das Beregnungsprojekt des Wasser- und Bodenverbandes Waldsee-Otterstadt mit etwa 500 ha und im Juni 1973 die zweite Anlage des Abnehmerverbandes Schifferstadt-Limburgerhof mit etwa 750 ha

---

[5]) Die Vorlage für die Abb. 21 stellte freundlicherweise das Wasserwirtschaftsamt Neustadt a. d. Weinstraße zur Verfügung, dem auch für Auskünfte über den gegenwärtigen Stand der Arbeiten gedankt sei.

Beregnungsfläche in Betrieb genommen. Mit den Bauarbeiten für die Beregnung von etwa 3000 ha im Gebiet Dannstadt ist begonnen worden. — Das Bewässerungswasser wird durch das Hauptpumpwerk am Otterstädter Altrhein gefördert (vorläufige Leistung 3 m^3/s)[6].

Die Eingriffe des Menschen in den Wasserhaushalt der Böden haben sich am nachhaltigsten in der Rheinniederung und im Neckarried entlang der Bergstraße ausgewirkt. Diese tiefgelegenen Landschaften wiesen von Anfang an einen Wasserüberschuß auf, der entweder durch Überflutung oder hochstehendes Grundwasser oder beides verursacht wurde. Die Rheinniederung und das Neckarried waren daher siedlungsfeindlich. Auenwälder, Sümpfe, Grünland mit geringwertigen Pflanzenbeständen und offene Wasserflächen kennzeichneten diese Landschaften. Die Siedlungen lagen auf den überschwemmungsfreien, sandigen Böden, die dem Ackerbau dienten, nicht zuletzt wegen ihrer leichten Bearbeitbarkeit. Um die durch Überschwemmung des Rheins verursachten Schäden zu mindern und auch die wertvolleren lehmig-tonigen Böden der Niederungen ackerbaulich nutzen zu können, begann man schon im Mittelalter mit dem Bau von Hochwasserdeichen, die im Laufe mehrerer Jahrhunderte ständig vermehrt und verstärkt wurden (HERZBERG 1962). Erst zu Beginn des 19. Jahrhunderts war ein Dammsystem geschaffen, dessen „Winterdämme" (bis 6,5 m hoch), auch Landdeiche genannt, das landseitige Gelände vor jeglicher Überschwemmung schützten. Die niedrigeren „Sommerdämme" verhinderten bei kleineren Hochwässern die Überflutung des zwischen Sommer- und Winterdamm gelegenen Landes. War mit diesen Maßnahmen die Gefährdung von Boden, Ernte, Siedlung, Mensch und Tier gebannt, so brachte die Regulierung des Rheinstroms nach den Plänen des badischen Obersten und Oberbaudirektors JOHANN GOTTFRIED TULLA (1770—1828) in dem Zeitraum von 1817—1876 eine Verbesserung der so wichtigen Vorflut. Die Begradigungen, besonders in dem mäanderreichen Abschnitt zwischen der Mündung der Lauter und der Stadt Oppenheim, führten zu einer Verkürzung der ehemaligen Lauflänge von etwa 90 km. Außerdem führte der schnellere Abfluß zu einer Tieferlegung der Rheinsohle, die bis 1955 am Oberrhein 6—8 m und zwischen Speyer und Gernsheim 1,6—2,1 m betrug. Diese Veränderungen machen sich in einer Absenkung des Grundwasserspiegels bemerkbar. Der Absenkungsbetrag nimmt mit der Entfernung vom Strom ab und ist außerdem von dem Substratprofil der Böden abhängig.

Von Bedeutung waren die umfangreichen wasserbaulichen Maßnahmen am Rhein auch für die Entwässerung der Ländereien im Neckarried. Hier hatten die Bewohner schon seit Jahrhunderten versucht, durch Kanäle und Gräben den hohen Grundwasserstand zu senken, jedoch mit wechselndem Erfolg, der sowohl von der Witterung als auch von den Pflegearbeiten an den Gräben abhing. Eine das gesamte Hessische Ried umfassende Entwässerung entstand durch den Landgrafen Georg I. von Hessen-Darmstadt zwischen 1567 und 1596. Zwei große Grabensysteme (Landgräben genannt) wurden angelegt, und zwar im Grenzgebiet von Baden und Hessen und im nördlichen Hessischen Ried. Aber auch dieses für die damalige Zeit beachtliche landeskulturelle Werk erfüllte mangels ausreichender Pflege immer weniger seine Funktion. Außerdem trug die Aufhebung der Frondienste im Jahre 1819 und die damit verbundene Befreiung von der Unterhaltspflicht der Gräben zum Verfall der Anlage bei (HERZBERG 1962). Im weiteren Verlauf des 19. Jahrhunderts wurden nicht nur Gräben und Wasserläufe ausgebaut, sondern auch Dämme und Schleusen errichtet, um Schäden, die durch den Rückstau des Rheins bei Hochwasser entstanden, zu verhindern. Außerdem wurden mehrere Pumpwerke errichtet.

---

[6]) Nähere technische und wasserwirtschaftliche Angaben finden sich in der Zeitschrift „Wasser und Boden", H. 6/7, S. 205—206, Jg. 1972.

Neue Initiativen der Bevölkerung veranlaßten 1923 den Hessischen Landtag zur Verabschiedung eines Gesetzes, das die Melioration des nördlichen Hessischen Rieds zum Ziele hatte. In den folgenden Jahren entstanden dort Kanäle von 35 km Gesamtlänge und zahlreiche Gräben sowie Pumpwerke. Diese Entwässerungseinrichtungen sind heute noch in Betrieb.

Im Jahre 1929 wurde ein weiterer Plan zur Verbesserung der Wasserverhältnisse für das gesamte Hessische Ried vorgelegt, der ähnliche Maßnahmen vorsah wie das Gesetz von 1923. Aber dieser „Generalkulturplan für die Verbesserung der Wasser- und Bodenverhältnisse im Hessischen Ried" scheiterte an den hohen Kosten und nicht zuletzt an der Wirtschaftskrise Ende der 20er und Anfang der 30er Jahre (HEYL 1929).

Die verstärkte Durchführung von Flurbereinigungen im Rahmen eines „Meliorations- und Siedlungsprogramms" für das Land Hessen in den 30er Jahren wirkte sich auch auf das Hessische Ried aus, und zwar durch Entwässerungsmaßnahmen, Rodungen von Wald und die Anlage neuer bäuerlicher Siedlungen, so z. B. die im nördlichen Untersuchungsgebiet liegenden Siedlungen Riedrode und Rosengarten östlich bzw. westlich von Bürstadt.

Nach dem letzten Krieg unternahmen die Regierungen der am Modellgebiet beteiligten Länder große Anstrengungen zur Verbesserung der gesamten Wasserwirtschaft und zur Durchführung von Flurbereinigungen. Gefördert wurden vor allem größere Meliorationsvorhaben und die Siedlung (Aussiedlung). Als Grundlage der wasserwirtschaftlichen Maßnahmen diente der Wasserwirtschaftliche Rahmenplan des Niederschlagsgebiets der Weschnitz (Wiesbaden 1964), der die Ansprüche der Industriegesellschaft an den lebensnotwendigen Faktor Wasser aufzeigt und Vorschläge zu seiner Bewirtschaftung enthält.

Nach diesem kurzen geschichtlichen Überblick über die bisher unternommenen Versuche, den Bodenwasserhaushalt der Rheinniederung und des Neckarrieds zu verbessern, stellt sich die Frage nach dem Erfolg der durchgeführten Maßnahmen. Die Antwort wird in den folgenden Punkten zusammengefaßt:

1. Durch die Damm- und Wasserbaumaßnahmen am Rhein wurde die Überschwemmungsgefahr gebannt und die Stromsohle bis 1955 um 1,5—2,1 m eingetieft. Wertvolle, auf größeren Flächen verbreitete Böden wurden infolgedessen nicht mehr überflutet und konnten ackerbaulich genutzt werden. Der Rückstau des Rhein-Hochwassers in die Kanäle und Gewässer ist schwächer und wird durch Schleusen und Pumpwerke verhindert.

2. Die Entwässerungsmaßnahmen im Hessischen Ried haben zusammen mit dem Ausbau der Odenwald-Gewässer und der Errichtung von Hochwasserrückhaltebecken in den 60er Jahren die Überschwemmungsgefahr weitgehend gebannt.

3. Der Grundwasserstand wurde im wesentlichen nur auf einer Breite von wenigen km entlang des Rheins abgesenkt. Diese Absenkung schwächt sich mit Zunahme der Entfernung vom Strom ab und dürfte sich im Neckarried nicht mehr auswirken.

4. Durch die Entnahme der Wasserwerke treten Grundwasserabsenkungen ein, die auf den Umkreis der Gewinnungsorte beschränkt sind; die Größe der Absenkungstrichter wird vor allem von der geförderten Wassermenge bestimmt. Im Bereich des Absenkungstrichters können Schäden an der Vegetation entstehen, sofern das Grundwasser vor der Entnahme in einer für die Pflanzen erreichbaren Tiefe stand.

5. Die Entwässerungsmaßnahmen im Hessischen Ried haben sich — von wenigen Teilgebieten abgesehen — nicht oder nur unwesentlich auf den Grundwasserflurabstand

Abb. 20: Bodenprofil eines Gley-Pseudogleys südwestlich Heppenheim. Unter dem humosen A_h-Horizont (15 cm) folgt bis etwa 30 cm Tiefe ein stark marmorierter toniger Lehm mit Mangan-Konkretionen (S_{d1}). Der Lorizont ist sehr dicht und daher schwach durchwurzelt. Bis etwa 55 cm Tiefe schließt sich ein zweiter sehr dichter, schwach durchwurzelter, stark marmorierter Ton an (S_{d2}). Bis ca. 85 cm Tiefe reicht ein carbonathaltiger, sandiger Lehm („Rheinweiß" — II G_{oc}). Das Profil wird durch stark rostfleckigen, schwach carbonathaltigen, tonigen Sand (II G_o) und grauen carbonathaltigen Sand nach unten abgeschlossen (II G_r). Das Grundwasser steht in 1,40 m Tiefe (rechts vom Spaten).

Aufnahme: T. Harrach *1967.*

Abb. 21: Plan der Beregnung in der Nördlichen Vorderpfalz

Abb. 22: Tiefpflügen des Gley-Pseudogleys bei Heppenheim. Zugkraft: 3 Raupenschlepper mit insgesamt 450 PS. Aufnahme: T. HARRACH 1967.

Abb. 23: Profil des tiefgepflügten Bodens. Unter der neu geschaffenen mehr oder weniger homogenisierten Ackerkrume folgen — schräg gelagert — helle sandige und dunklere tonige Balken. Darin schließt sich der ehemalige humose A_h-Horizont an (von links betrachtet). Aufnahme: T. HARRACH 1967.

ausgewirkt, da die Sohle der Entwässerungsgräben über der Grundwasseroberfläche liegt, diese also nicht anschneidet. Der Grundwasserflurabstand beträgt daher heute noch fast im gesamten Neckarried weniger als 1 m, südlich der Straße Lorsch—Heppenheim bis Hemsbach weniger als 0,5 m. Da die Böden häufig durch Staunässe beeinflußt werden, ist im allgemeinen nur Grünlandnutzung möglich.

6. Im Neckarried sind auf größeren Flächen Gley-Pseudogleye verbreitet, die im oberen Abschnitt dichte, tonige Horizonte aufweisen. Das Niederschlagswasser kann infolgedessen nicht oder nur zu einem geringen Teil versickern, so daß Staunässe entsteht (vgl. Kap. II/H u. Abb. 20). Die offenen Gräber leiten das oberflächennah gestaute Niederschlagswasser nur teilweise ab; außerdem ist durch die Gräben die Ursache der Staunässebildung — die tonigen, grobporenarmen Horizonte — nicht beseitigt worden. Aus diesen Gründen wurde auf Veranlassung des Landeskulturamtes Wiesbaden in verschiedenen Gemarkungen des Hessischen Rieds eine Bodenmelioration durch Tiefpflügen durchgeführt.

Um die Wirkung des Tiefpflügens auf den Boden festzustellen, wurden vom Institut für Bodenkunde und Bodenerhaltung der Justus-Liebig-Universität in der Gemarkung Heppenheim, wo u. a. im Sommer 1967 eine 25 ha große Grünlandfläche 1,5—1,7 m tief gepflügt, anschließend eingeebnet, gedüngt und mit Getreide bestellt, mehrjährige Untersuchungen durchgeführt, die eine wesentliche Verbesserung verschiedener Bodeneigenschaften durch Melioration ergaben. Durch das Hochpflügen des carbonathaltigen Sandes des Untergrundes gelang es, die Bodenreaktion zu verbessern. Das Unterfahren der dichten Horizonte und die Umgestaltung des Bodenprofils führten zur Verbesserung der physikalischen Bodeneigenschaften (Abb. 22 u. 23). Der tiefgepflügte Boden zeichnet sich durch einen höheren Grobporenanteil und bessere Wasser- und Luftdurchlässigkeit aus. Außerdem wird er tiefer durchwurzelt, so daß auch die Wasserreserven des aufgelockerten Unterbodens genutzt werden können.

Nach dem Tiefumbruch konnte der meliorierte Boden mit Erfolg als Acker genutzt werden. Im ersten Jahr wurden Winterweizen-, Sommerweizen- und Haferträge erzielt, die denen auf besseren Mineralböden nicht nachstehen. Im zweiten und dritten Versuchsjahr gingen allerdings die Erträge im Vergleich zum ersten Jahr deutlich zurück. Diese Ertragsabnahme ist mit großer Wahrscheinlichkeit auf eine ungenügende Nährstoffversorgung des Bodens und eine unsachgemäß durchgeführte Bodenpflege zurückzuführen.

Die Untersuchungen, über die von Wourtsakis (1971), Harrach und Wourtsakis (1971) sowie Harrach, Werner und Wourtsakis (1971) berichtet wird, lassen den Schluß zu, daß bei solchen und ähnlichen Böden eine wesentliche Verbesserung des Wasser- und Lufthaushalts und damit eine intensivere landwirtschaftliche Nutzung möglich ist, ein Ergebnis, das die Anbaustruktur des Neckarrieds zukünftig stark verändern könnte, zumal an der Bergstraße jährlich relativ große Ackerflächen mit guten und sehr guten Böden durch Bebauung der landwirtschaftlichen Nutzung entzogen werden.

VI. Die Bedeutung des Bodens für die Ökosysteme in den naturräumlichen Einheiten und für die Umwelt des Menschen in der Industriegesellschaft

1. Böden als funktionale Bestandteile von Landschaften und Ökosystemen

Wie im zweiten Abschnitt ausgeführt wurde und die Bodenkarte an dem Wechsel der Flächenfarben erkennen läßt, kommen im Untersuchungsgebiet sehr unterschiedliche Böden vor. Ihre Verbreitung ist — wie vielleicht mancher zunächst annimmt — nicht regellos, denn eine nähere Betrachtung der Karte ergibt, daß in Landschaften mit gleichen oder ähnlichen Bodenbildungsfaktoren (vor allem Klima, Gestein und Relief) auch gleiche oder verwandte Böden verbreitet sind. Böden sind daher als charakteristische Elemente von Landschaften und Teillandschaften zu betrachten, wo sie durch bestimmte Entwicklungsprozesse entstanden sind und später je nach der Nutzungsart in ihrem Aufbau und ihren Eigenschaften Veränderungen erfahren haben (Bodenerosion, Bodenbearbeitung, besonders Rigolen, Melioration und Düngung). Sie erfüllen in der Landschaft — wie weiter unten noch näher ausgeführt wird — wichtige Funktionen, denn sie sind Bestandteile von Lebensräumen bzw. Ökosystemen, in denen sie die ablaufenden Vorgänge ermöglichen, beeinflussen oder sogar bestimmen.

In den zahlreichen sehr unterschiedlichen Ökosystemen unserer Landschaften, d. h. in dem „Wirkungsgefüge von Pflanzen, Tieren und Menschen sowie deren anorganischer Umwelt" (ELLENBERG 1972) kommt daher dem Boden eine vorrangige Bedeutung zu. Dabei ist noch hervorzuheben, daß Böden nicht nur die vielfältigen Vorgänge im eigenen Ökosystem, sondern auch in benachbarten und u. U. in entfernteren Ökosystemen zu beeinflussen vermögen, z. B. durch die stark sauren (pH — KCl — 2,5—3,5) Abflüsse aus Hochmooren oder durch das abgeschwemmte und in Dellen, Senken und Tälern abgelagerte nährstoffreiche Krumenmaterial von erodierten Ackerflächen. Böden sind zwar in der gemäßigten Klimazone — von sehr kleinen exponierten Flächen abgesehen — in der nicht bebauten Landschaft bzw. in den Ökosystemen immer vorhanden, aber es bestehen ganz erhebliche Unterschiede in ihrem Aufbau und ihren Eigenschaften. Infolgedessen kann sich der gleiche Eingriff in den einzelnen Ökosystemen sehr verschieden auswirken. Als Beispiele seien angeführt: Ent- und Bewässerungsmaßnahmen, Verwertung von Müllkompost und Klärschlamm sowie von Exkrementen aus der Massentierhaltung auf landwirtschaftlich genutzten Flächen. Eine Berücksichtigung des Bodens und seiner Eigenschaften ist daher bei der Beurteilung von Einflüssen und Eingriffen, die Landschaften und ihre Ökosysteme betreffen, unbedingt erforderlich.

2. Eigenschaften des Bodens und seine Funktionen

Aufgrund welcher Eigenschaften sind nun Böden in der Lage, die physikalisch-chemischen und biologischen Vorgänge in Ökosystemen zu beeinflussen?

Bevor dieser Frage beantwortet wird, sei darauf hingewiesen, daß der Boden als der für den Grenzbereich von Lithosphäre und Atmosphäre kennzeichnende und zur Bigsphäre gehörenden Naturkörper aus einer festen, flüssigen und gasförmigen Phase besteht, also ein mehrphasiges System darstellt, das eine Vielzahl von Funktionen zu erfüllen vermag, zumal dieses System sowohl aus mineralischen als auch aus organischen (lebende und tote) Stoffen aufgebaut ist (Pedosphäre). Zum Wesen des Bodens gehören ferner die in ihm ablaufenden Prozesse, die von den sich ändernden Entwicklungsfaktoren verursacht und gesteuert werden. Der Boden ist also kein statisches, sondern ein dynamisches System. Das bedeutet, daß er — im Gegensatz zu den allermeisten Gesteinen — natürliche und künstliche Umwelteinflüsse in einem weit größeren Maß dämpfen, aufnehmen und speichern kann (Wasser, Wärme, Luft und Gase. Die Böden üben daher eine Pufferwirkung aus, die im wesentlichen von Menge und Art der Ton-, Eisenoxid- und Aluminiumoxid-Mineralen sowie der Huminstoffe abhängt.

In der Pedosphäre werden in größerem Umfang anorganische und organische Stoffe (Minerale, Pflanzen- und Tierreste) meist unter Verlust ihrer Struktur verändert und in neue Substanzen umgewandelt, die sich in ihren Eigenschaften grundlegend von dem Ausgangsmaterial unterscheiden (Huminstoffe, tonige Bestandteile, insbesondere Tonminerale und Eisen- und Aluminiumoxide). Dieses sog. Transformationsvermögen wird zu einem wesentlichen Teil von der Bodenart, d. h. von dem Mischungsverhältnis der festen Bestandteile (Sand, Schluff und Ton), von der Menge und stofflichen Zusammensetzung der organischen Substanz, den Organismen, dem Gefüge (Struktur) und damit von der

Porosität sowie der chemischen Zusammensetzung der Mineralsubstanz bestimmt, besonders vom Carbonat- und Basengehalt. So wie die Umwandlung der organischen Substanz an verschiedenen Standorten in einem unterschiedlichen Ausmaß erfolgt, was unter Wald an der Humusform zu erkennen ist, reagieren z. B. auch Böden, denen mehr oder weniger große Mengen organischer Siedlungsabfälle zugeführt werden. Abbau und Umwandlung dieser Stoffe nehmen zu mit steigendem Anteil leicht zersetzbarer Abfälle und je größer das Transformationsvermögen des Bodens ist.

Auch andere Funktionen des Bodens hängen von den vorhin angeführten Eigenschaften ab. Als eine der wichtigsten sei die Filterwirkung gegenüber festen und gelösten Substanzen genannt. Die Filterleistung in bezug auf feste Bestandteile ist fast ausschließlich von der Porosität, d. h. von dem Anteil feiner, mittlerer und grober Poren abhängig. Böden mit großem Anteil an groben Poren ($\phi > 10\ \mu$), also Sand- und sandig-grusige Böden der Bodengesellschaften 11, 12, 13, 15, 16, 19 und 20, verfügen aus Mangel an Kolloiden über eine geringere Filterleistung im Gegensatz zu Böden mit höheren Anteilen mittlerer ($\phi\ 0{,}2-10\ \mu$) und feiner Poren ($\phi < 0{,}2\ \mu$). Zu letzteren gehören z. B. die Steppenböden und Parabraunerden aus Löß sowie die Braunen Auenböden (Bodengesellschaften 1—10, 14, 15 und 23). Aufgrund der hohen Anteile mittlerer und feiner Poren besteht aber bei diesen Böden die Gefahr, daß sie bei starker Belastung ihre Filterwirkung im Laufe der Zeit mehr und mehr einbüßen, weil in den Poren durch chemische, physikalische und biologische Vorgänge Stoffe abgelagert werden und dadurch die Wasserbewegung herabgesetzt wird.

Außer festen Bestandteilen werden auch Moleküle und Ionen in gasförmigen Zustand (z. B. N_2, O_2, NH_3, SO_2) und aus Lösungen adsorbiert, und zwar aufgrund der Oberflächenkräfte anorganischer und organischer Bodenkolloide (Tonminerale, Oxide und Huminstoffe). Fällungsreaktionen tragen ebenfalls zum Verbleib vieler Stoffe im Boden bei (Oxide des Eisens, Mangans und Aluminiums, Carbonate), die durch ihre starken Oberflächenkräfte das Speichervermögen des Bodens vergrößern. Auch Mikroorganismen (Bakterien, Strahlenpilze, Pilze usw.) werden je nach den im Boden vorhandenen Kolloiden und den chemischen, physikalischen und biologischen Eigenschaften des Bodens (Bodenreaktion, Porosität) mehr oder weniger beeinflußt.

In Sandböden finden aerobe Mikroorganismen wegen der starken Belüftung gute Lebensbedingungen, so daß organische Schmutzstoffe verschiedenster Art abgebaut werden, während pathogene Keime nicht abgetötet werden und dadurch eine gewisse Gefahr für das Grundwasser bestehen bleibt. Böden mit höheren Anteilen oberflächenaktiver Stoffe und starker biologischer Tätigkeit verfügen bei ausreichendem Luftaustausch über eine höhere Filterleistung, und zwar sowohl in bezug auf feste und gelöste Stoffe als auch Mikroorganismen. Diese Voraussetzungen sind z. B. bei den Steppenböden und Parabraunerden aus Löß sowie bei den meisten Braunen Auenböden gegeben (Bodengesellschaften 5—10 und 23).

An anorganischen und organischen Bodenkolloiden vollziehen sich aber nicht nur Adsorptions-, sondern auch Desorptionsvorgänge. Hierbei werden je nach dem Charakter der Austauscher und in Abhängigkeit von den chemischen Eigenschaften des Bodens — vor allem vom pH-Wert — sorbierte Kationen (Ca, Mg, K, H, Al) und in einem weit geringeren Umfang auch Anionen (PO_4, SO_4) gegen andere Ionen ausgetauscht, die dann mit dem Sickerwasser in tiefere Bodenhorizonte oder zum Grundwasser gelangen können (Ionenaustausch). Das bedeutet, daß durch verstärkten Ionenaustausch, wie er z. B. durch Anwendung größerer Mineraldüngermengen eintreten kann, die chemische Zusammensetzung des Grundwassers verändert und seine Qualität ungünstig beeinflußt werden kann.

Dies ist jedoch nicht nur von der Menge des Düngers und seiner Zusammensetzung, sondern auch vom Boden, der Entwicklung des Pflanzenbestandes und der Witterung abhängig. Nachteilige Wirkungen können wasserlösliche, saure Huminstoffe haben, weil sie Aluminium und Eisen als metallorganische Komplexe aus Bodenhorizonten entfernen und diese mit dem Sickerwasser u. U. das Grundwasser erreichen. Solche Bedingungen bestehen bei den podsolierten Braunerden und Podsolen der Buntsandsteingebiete (Bodengesellschaften 19 und 20).

Eng verbunden mit dem Ionenaustausch ist die Eutrophierung der Gewässer. Denn Böden, insbesondere die kolloidreicheren tragen durch Adsorption wesentlich zur Bindung von Ionen bei und schwächen damit die Tendenz zur Eutrophierung ab, sofern die heute viel diskutierte Eutrophierung der Oberflächengewässer überhaupt über den Boden erfolgt. So wird z. B. Phosphor im Boden festgelegt und gelangt dadurch in weit geringeren Mengen als von vielen Seiten behauptet wird in den Vorfluter. Nur mit den abgeschwemmten humosen und tonigen Bestandteilen erfolgt ein Phosphat-Austrag aus Landschaften bzw. Landschaftsteilen (vgl. zum Problem der Eutrophierung die Arbeiten von HHOFFMANN 1972, PREUSSE 1972, SIEGEL 1972 und SCHULZ 1973).

Eine ähnliche Funktion wie kolloidreichere Böden üben die in Geländevertiefungen akkumulierten Spülsedimente aus; denn es handelt sich zum größten Teil um nährstoffreiche humose Böden (Kolluvisole, Bodengesellschaft 7), in denen Stickstoff und Schwefel in organischer Form gespeichert werden und dadurch nur noch in geringen Mengen in den Vorfluter gelangen. Wie in den anderen Böden werden an den Ton- und Humuskolloiden Kationen (vorwiegend Ca und Schwermetalle), an Carbonaten und Eisenoxiden Anionen (PO_4, MoO_4) sorbiert (vgl. SCHLICHTING 1972).

3. Boden und Grundwasser

Von großer Bedeutung ist der Boden für die Neubildung des Grundwassers und seine Inhaltsstoffe. Denn von den physikalischen Eigenschaften des Bodens, insbesondere von der Porosität und der Beschaffenheit der Bodenoberfläche (verschlämmt, verkrustet oder krümelig) sowie von dem Pflanzenbestand hängen die Wasseraufnahme, die Abflußspende und die Menge des abgetragenen Materials sowie die zum Grundwasser gelangende Sickerwassermenge ab. Böden mit guter Durchlässigkeit und hoher Wasserkapazität können viel Wasser in kurzer Zeit aufnehmen, während Böden mit geringer Wasserkapazität (Sand- und skelettreiche bzw. flachgründige Böden) nur wenig Wasser speichern können. Schlecht durchlässige Böden nehmen das Wasser — besonders bei Niederschlägen mit großer Intensität und bei der Schneeschmelze — nicht schnell genug auf, so daß es zu Abflüssen kommt. Die Infiltrationsgeschwindigkeit wird auch sehr stark von der Vegetation bzw. der Art der Bodennutzung beeinflußt. Während Wald und Grünland die Wasseraufnahme begünstigen, sind Ackerböden mit schlechtem Strukturzustand und ohne Vegetation für den Wasserhaushalt der Landschaft von Nachteil; außerdem fördern sie die Bodenerosion.

In Landschaften, in denen die Wasserkapazität der Böden von Natur aus oder, anthropogen bedingt, nicht ausreichend oder die Infiltration ungenügend ist, muß der Mensch das mangelnde Puffervermögen der Bodendecke durch den Bau von Rückhalte- oder Speicherbecken ersetzen. Böden stellen daher zusammen mit der Vegetation wichtige Regulatoren des Wasserhaushalts von Landschaften dar. Eine Verbesserung des Gefüges trüge zur Erhöhung der Speicherleistung bei, so daß Starkregen, die häufig in den intensiv genutzten Agrarlandschaften des Rhein-Neckar-Gebiets niedergehen, geringere Schäden verursachten.

Die Grundwasserneubildung ist im Verbreitungsgebiet der sandigen bzw. grusigen, grobporenreichen Böden der Bodengesellschaften 11, 12, 13, 15, 16, 19 und 20 groß, zumal in den Mittelgebirgsanteilen relativ hohe Niederschläge fallen (bis über 1100 mm). Wie bereits ausgeführt wurde, besteht für die Verschmutzung des Grundwassers eine gewisse Gefahr, vor allem in der Rheinniederung und den angrenzenden Gebieten, wo das Grundwasser auf großen Flächen hoch steht und durch Gewinnung von Sand und Kies der Grundwasserkörper oft freigelegt wird. Daß unter solchen ungünstigen pedologischen und hydrologischen Verhältnissen auch eine Gefährdung des Grundwassers durch die mit der landwirtschaftlichen Nutzung verknüpfte und mitunter zu starke Düngung nicht ausgeschlossen werden kann, zeigen Untersuchungen von MATTHES (1958, 1958a). Er führt in dem Gebiet zwischen Speyer und Worms, wo sandige und lehmige Böden der Bodengesellschaften 7, 8, 11, 12, 13, 23, 24, 25 und 26 vorkommen, den höheren Cl- und NO_3-Gehalt sowie die beträchtliche Gesamthärte (Nichtcarbonathärte) des Grundwassers auf die Mineraldüngung zurück. Denn das Grundwasser in den angrenzenden Wäldern mit gleichen oder ähnlichen Böden weist nur geringe bis sehr geringe Cl- und NO_3-Gehalte auf. Aus diesem Ergebnis kann geschlossen werden, daß der Wald auf sandigen und anderen stark durchlässigen Böden eine große Sicherheit für konstante chemische Eigenschaften des Grundwassers bietet (Pfälzer Wald und Odenwald). Es wäre zu prüfen, ob für landwirtschaftlich genutzte Sandböden, die durch Umstrukturierungsmaßnahmen aufgegeben werden, zum Schutz des Grundwassers eine Aufforstung mit standortsgemäßen Holzarten in Betracht kommt. Solche Flächen könnten dann genauso wie bodenkundlich vergleichbare Waldgebiete in der Rheinebene zur Regeneration eines qualitativ guten Grundwassers beitragen (vgl. HARTH 1969 und SCHULZ 1973).

4. Erodierte Böden und Umwelteinflüsse

Die Ausführungen und Beispiele haben gezeigt, daß der Boden in gleichem Umfang wie Relief, Vegetation und Gewässer zu den prägenden und funktional wichtigen Landschaftselementen gehört. Seine Wirksamkeit gegenüber Umwelteinflüssen steht in engem Zusammenhang mit dem Bodentyp und der Bodenart sowie deren Vergesellschaftung. Auf Flächen, wo z. B. Steppenböden und Parabraunerden aus Löß ihre humosen, tonhaltigen Horizonte durch Bodenerosion verloren haben und daher heute Pararendzinen mit A—C-Profilen verbreitet sind, bestehen im allgemeinen ungünstigere Voraussetzungen für die Speicherung von Wasser und Nährstoffen sowie für den Abbau vieler künstlich zugeführter Stoffe (z. B. Immissionen, Abwässer, Siedlungsabfälle und Biozide). Solche anthropogen bedingten Bodenersatzgesellschaften verfügen im allgemeinen nur noch über einen Teil ihrer primären Leistungskapazität gegenüber Umwelteinflüssen, eine Tatsache, die Veranlassung sein sollte, nach Wegen zur Verbesserung dieser Böden zu suchen, wie sie für erodierte Lößböden (Pararendzinen) bereits in Abschnitt IV dargelegt wurden. Das Filter- und Puffervermögen erosionsgeschädigter Standorte (besonders Pararendzinen bei den Bodengesellschaften 1—10) und von Natur aus grobporenreicher Böden bei den Bodengesellschaften 11—20 kann durch Siedlungsabfälle (Müll, Kompost, Klärschlamm) erhöht werden, wobei jedoch in jedem Fall die chemisch-biologische Beschaffenheit dieser Stoffe, einschließlich Spurenelementen und Entseuchungsgrad, berücksichtigt werden muß (vgl. auch KNOLL 1972).

5. Der Naturhaushalt des Rhein-Neckar-Gebiets und zukünftige Umwelteinflüsse

Das Rhein-Neckar-Gebiet gliedert sich aufgrund des wechselvollen geologischen Baues und der Unterschiede des Reliefs und Klimas sowie der dadurch bedingten Boden- und Vegetationsverhältnisse in Landschaften mit jeweils eigenem Gepräge, die zum Teil die

Erholungs- und Freizeitansprüche des Menschen erfüllen. Zu diesen gehören an erster Stelle der Pfälzer Wald und der Odenwald einschließlich der klimatisch begünstigten Randlandschaften entlang des Rheintal-Grabens. Diese beiden Mittelgebirgslandschaften sind dank ausgedehnter Waldungen und einer meist sehr dünnen Besiedlung gebietsweise in einem noch als naturnah zu bezeichnenden Zustand. Der Mensch der Industriegesellschaft wird in der Zukunft an den bestehenden Verhältnissen wohl kaum etwas Wesentliches ändern. Es besteht daher für diese Landschaften mit großem Erholungswert bei Fortdauer der forstlichen und landwirtschaftlichen Nutzung keine größere Gefährdung durch Umwelteinflüsse. In den übrigen Gebieten, die Ballungszentren und große Industrieanlagen aufweisen, ist die Gefährdung ungleich größer, nicht zuletzt weil hier die verschiedenartigsten Einflüsse und Eingriffe die Landschaften des Rheintalgrabens zukünftig noch stärker belasten werden als bisher (große Mengen Siedlungsabfälle, starke Beanspruchung der Grundwasservorräte durch wachsende Städte und neue Industrieanlagen, Verarmung an Boden durch Bebauung verschiedenster Art, Gewinnung von Baustoffen, vor allem Sand und Kies, zunehmende Erholungs- und Freizeitansprüche, Intensivierung der Landwirtschaft durch Düngung und Beregnung). Aber gerade wegen der unterschiedlichen Ausstattung der Naturräume des Rhein-Neckar-Gebiets (Boden, Klima, Vegetation, Wasser) und den darauf beruhenden vielfältigen Nutzungsarten ist der Gefährdung durch Umwelteinflüsse leichter zu begegnen als in Landschaften von großer Einheitlichkeit. Die im allgemeinen günstigen bodenkundlichen Voraussetzungen für Schutzmaßnahmen spiegelt auch die Bodenkarte wider, die eine brauchbare Unterlage für die Landschaftsentwicklung und die Lösung von Umweltproblemen bildet.

Es gilt, bei der Planung und Ausführung von Sicherungsmaßnahmen für die belebte und unbelebte Umwelt alle natürlichen Hilfsquellen und technischen Möglichkeiten zu nutzen, damit die im Rhein-Neckar-Gebiet zu erwartenden größeren Belastungen nicht zu einer lebensbedrohenden Störung des Wirkungsgefüges seiner Landschaften führen.

Literaturhinweise

BALZER, H., SANDER, O., MENGEL, W., RHEINGAUS, K. H., BUDIG, M., und HOMRIGHAUSEN, E.: Empfehlungen für die Übergangsphase zur Dauerbegrünung im Weinbau. — Der Deutsche Weinbau, 25. Jg., Bd. 10, S. 360—363, Wiesbaden 1970.
BECKER, E.: Stratigraphische und bodenkundliche Untersuchungen an jungpleistozänen und holozänen Ablagerungen im nördlichen Oberrheintalgraben. — 156 S., Diss. Frankfurt 1965.
BRECHTEL, H. M.: Zur Bedeutung der gebietshydrologischen Forschung für die Landschaftsplanung. — Landschaft und Stadt, Bd. 3, S. 97—109, Stuttgart 1971.
BRECHTEL, H. M., u. KRECMER, V.: Die Bedeutung des Waldes als Hochwasserschutz. — Österreichische Wasserwirtschaft, Jg. 23, H. 7/8, S. 166—177, Wien 1971 (1971a).
BRECHTEL, H. M.: Die Bedeutung der forstlichen Bodennutzung bei der Erwirtschaftung eines optimalen Wasserertrages. — Z. dtsch. geol. Ges., Jg. 1970, Bd. 122, S. 57—70, Hannover 1971 (1971b).

Brechtel, H. M.: Wald und Wasser. — Bild der Wissenschaft, S. 1150—1158, 1971 (1971c).
Buchmann, I.: Müllklärschlammkompost zur Bodenverbesserung im Weinbau. — Mitteilungen Dtsch. Bodenkundl. Gesellsch., Bd. 15, S. 143—147, Göttingen 1972.
Büring, H.: Sozialbrache auf Äckern und Wiesen in pflanzensoziologischer und ökologischer Sicht. — Diss. d. Landwirtschaftl. Fak. d. Justus-Liebig-Univ. Gießen, 81 S., Gießen 1970.
Ellenberg, H.: Ökologische Forschung und Erziehung als gemeinsame Aufgabe. — Umschau, H. 2, S. 53—54, Frankfurt/M. 1972.
Harrach, T.: Bodenerhaltung als Aufgabe der Raumordnung. — Ergebnisse landw. Forsch. a. d. Justus-Liebig-Univ. Gießen, H. X, S. 23—33, Gießen 1968.
Harrach, T.: Für die landwirtschaftliche Nutzbarkeit relevante Bodeneigenschaften. — Ergebnisse landw. Forsch. a. d. Justus-Liebig-Univ. Gießen, H. XI, S. 63—71, Gießen 1970.
Harrach T., u. Wourtsakis, A.: Der Einfluß der Unterbodenmelioration auf die physikalischen Eigenschaften von Pseudogleyen. — Mitt. d. dtsch. Bodenkundl. Ges., Bd. 12, S. 176—178, 1971.
Harrach T., Werner, G., u. Wourtsakis, A.: Gley-Pseudogleye aus Hochflutlehm/Melioration durch Tiefpflügen (Heppenheim). — Mitt. dtsch. bodenkundl. Ges., Bd. 13, S. 449—466, 1971.
Harrach, T., Jachimsky, G. u. Preusse, H.-U.: Der Einfluß von CURASOL auf Gefügeeigenschaften von Böden. — Mitteilungen Dtsch. Bodenkundl. Gesellsch., Bd. 15, 259—264, Göttingen 1972.
Harth, H.: Der Einfluß von Land- und Forstwirtschaft auf den Grundwasserchemismus. — Deutsche Gewässerkundl. Mitt., Sonderheft 1969, S. 58—62, Koblenz 1969.
Haun, D.: Die forstliche Nutzung auf den Böden der Pfalz. In: Pfalzatlas — Textband, S. 573 bis 574, Speyer 1970.
Herzberg, A.: Ursachen und Auswirkungen der Veränderungen im Wasserhaushalt des Hessischen Rieds. — Diss. Frankfurt/M., 211 S., Frankfurt/M. 1962.
Hess. Min. f. Landwirtschaft u. Forsten, Abt. Wasserwirtschaft (Hrsg.): Wasserwirtschaftlicher Rahmenplan Weschnitz. Wiesbaden 1964.
Heyl, F.: Denkschrift über den Generalkulturplan für die Verbesserung der Wasser- und Bodenverhältnisse im gesamten Hessischen Ried. Darmstadt 1929.
Hoffmann, J.: Ursachen und Folgen der Eutrophierung von Gewässern. — Ergebnisse landwirtschaftl. Forschung a. d. Justus-Liebig-Universität, H. XII, S. 335—342, Gießen 1972.
Homrighausen, E.: Die Ursachen der Bodenverdichtungen in Rebanlagen und Möglichkeiten zu ihrer Behebung. — Die Wein-Wissenschaft, 21. Jg., S. 113—126, Wiesbaden 1966.
Homrighausen, E., u. Hochmuth, U.: Bodenabtragungsschäden auf Rebflächen im Sommer 1966. — Rebe und Wein, 20. Jg., 6, 4 S., Weinsberg 1967.
Jung, L.: Untersuchungen über den Einfluß der Bodenerosion auf die Erträge in hängigem Gelände. — Schriftenreihe f. Flurbereinigung, H. 9, 45 S., Stuttgart 1956.
Jung, L.: Bodenerosion durch Wasser und ihre Bekämpfung. — Handb. f. Landschaftspflege und Naturschutz, Bd. 2, S. 288—303, München 1968.
Jung, L.: Die Bodenerosion. — Mitt. d. DLG, H. 14, Jg. 86, S. 366—368, Frankfurt/M. 1971.
Jung, L.: Möglichkeiten des Bodenschutzes im landwirtschaftlichen Betrieb. — Mitt. d. DLG, H. 16, Jg. 86, S. 423—424, Frankfurt/M. 1971.
Jung, L., u. Rohmer, W.: Bodenerosion und Bodenschutz. In: Handbuch d. Landwirtschaft und Ernährung in den Entwicklungsländern, Bd. 2, S. 81—98, Stuttgart 1971.
Kalweit, H.: Gewässerkundliche Veränderungen durch die Wirtschaftsentwicklung im Hessischen Ried. — Wasser und Boden, H. 9, 274—278, Hamburg 1970.
Kiemstedt, H.: Bewertung der natürlichen Landschaftselemente für Freizeit und Erholung im Modellgeibet. — Veröffentlichungen der Akademie für Raumforschung und Landesplanung, Forschungs- und Sitzungsberichte, Bd. 74 (Raum und Natur 2), Hannover 1972, S. 105—119.
Knoll, K. H.: Umweltfreundliche Abfallbeseitigung. — Umschau 72. Jg., H. 2, S. 45—47, Frankfurt/M. 1972.
Kupfahl, H.-G., Meisl, S. u. Kümmerle, E.: Geologische Karte von Hessen 1 : 25 000. Bl. Nr. 6217 Zwingenberg a. d. Bergstraße, 2., neu bearb. Aufl. mit Erl., Wiesbaden 1972.
Kuron, H., u. Jung, L.: Untersuchungen über Bodenerosion und Bodenerhaltung im Mittelgebirge als Grundlage für Planungen bei Flurbereinigungsverfahren. — Z. f. Kulturtechnik, 2. Jg., H. 3, S. 129—145, Berlin-Hamburg 1961.
Matthess, G.: Das Grundwasser in der östlichen Vorderpfalz zwischen Worms und Speyer. — Mitt. Pollichia, Pfälz. Ver. Naturk. u. Naturschutz, (III), Bd. 5, 1958.
Matthess, G.: Geologische und hydrochemische Untersuchungen in der östlichen Vorderpfalz zwischen Worms und Speyer. — Notizbl. hess. L.-Amt Bodenforsch., Bd. 86, S. 335—378, Wiesbaden 1958.

Min. f. Wandwirtschaft, Weinbau und Umweltschutz Rheinland-Pfalz: Jahresbericht d. Abt. Wasserwirtschaft. — Wasser und Boden, H. 6/7, S. 203—207, Hamburg 1972.

MUSALL, H.: Die Entwicklung der Kulturlandschaft der Rheinniederung zwischen Karlsruhe und Speyer vom Ende des 16. bis zum Ende des 19. Jahrhunderts. — Heidelberger Geogr. Arbeiten, H. 22, Heidelberg 1969.

NIESMANN, K. H.: Die Gefährdung der landwirtschaftlich genutzten Flächen der Kreise Erbach und Bergstraße durch Bodenerosion (Wasser), 30 S., Wiesbaden 1963.

NIESMANN, K. H.: Untersuchungen über Bodenerosion und Bodenerhaltung in Verbindung mit Flurbereinigung. — Schriftenreihe f. Flurbereinigung, H. 40, 80 S., 14 Taf., Stuttgart 1966.

PEYER, E.: Richtlinien für die Anwendung von Müll- (Kehricht) und Müllklärschlammkomposten im Weinbau. — Sonderdruck, ohne Z. u. Jahr.

PEYER, E.: Anwendung und Produktion von Kehrichtkompost. — Schweiz. Z. f. Obst- und Weinbau, S. 27—29, 1965.

PREUSSE, H.-U.: Die Filterfunktion des Bodens. — Ergebnisse landwirtschaftl. Forschung a. d. Justus-Liebig-Universität, H. XII, S. 343—350, Gießen 1972.

RUPPRECHT, A.: Die landwirtschaftliche Nutzung auf den Böden der Pfalz. In: Pfalzatlas — Textband, S. 574—575, Speyer 1970.

SCHEIBE, L.: Die Bodenverhältnisse der Gemeinde Krumbach, Kreis Bergstraße, und ihre Beeinflussung durch Bodenabtrag. Diss. Gießen 1960.

SCHLICHTING, E.: Böden puffern Umwelteinflüsse ab. — Umschau 72, H. 2, S. 50—52, Frankfurt (M). 1972.

SCHOTTMÜLLER, H.: Der Löß als gestaltender Faktor in der Kulturlandschaft des Kraichgaus. — Forschungen zur deutschen Landeskunde, Bd. 130, Bad Godesberg 1961.

SCHÖNHALS, E.: Die Böden Hessens und ihre Nutzung. — Abh. hess. L.-Amt Bodenforsch., Bd. 2, 288 S., Wiesbaden 1954.

SCHÖNHALS, E.: Übersicht über die Landesnatur des südlichen Rhein-Main-Gebietes. — Mitteilgn. Dtsch. Bodenkundl. Gesellsch., Bd. 13, S. 421—44, Göttingen 1971.

SCHÖNHALS, E.: Zur Landesnatur Mittelhessens. — Mitteilungen Dtsch. Bodenkundl. Gesellsch., Bd. 17, S. 11—63, Göttingen 1973.

SCHRADER, Th.: Humusbedarf und Humusversorgung der Weinberge unter besonderer Berücksichtigung von Stadtmüll und Klärschlamm. — Weinberg und Keller, 1959.

SCHRADER, Th.: Untersuchungen über die Klärung bodenkundlich-technologischer Verfahren zur Verbesserung schwieriger Weinbergsböden. — Weinwissenschaft, 25, S. 249—276, 1970.

SCHULZ, H. D.: Einfluß der Düngung auf das Grundwasser. — Umschau, H. 14, S. 442—443, Frankfurt/M. 1973.

SCHWARZ, G.: Die natürlichen Pflanzengesellschaften des unteren Neckarlandes. — Beitr. naturkundl. Forsch. Oberrheingeb., Bd. 4, S. 5—14, 1941.

SIEGEL, O.: Düngung und Umweltschutz. — Mitt. d. DLG, H. 23, 1972.

STÖHR, W. Th.: Bödenübersichtskarte der Pfalz. In: Pfalzatlas — Textband, 15. H., S. 553—572, S. 575—588, Speyer 1970.

STREMME, H. E.: Bodenentstehung und Mineralbildung im Neckarschwemmlehm der Rheinebene. — Abh. hess. L.-Amt Bodenforsch., Bd. 11, Wiesbaden 1955.

STREMME, H. E.: Böden. In: Die Stadt- und die Landkreise Heidelberg und Mannheim, Bd. I, S. 82—89, mit einer Bodenkarte, Heidelberg und Mannheim 1966.

STREMME, H. E.: Zum Vorkommen brauner Steppenböden im Oberrheingebiet. — Z. PflErnähr. Düng., Bd. 60 (105), S. 273—278, Weinheim 1953.

STRIEGEL, A.: Zur Landschaftsgeschichte bei Mannheim (Junge Flugsandbewegungen in der nördlichen Rheinebene). — Mannheimer Geschichtsbl., Bd. 36, S. 159—175, Mannheim 1935.

WOURTSAKIS, A.: Der Einfluß des Tieflockerns und Tiefpflügens auf die physikalischen Eigenschaften und den Wasserhaushalt verschiedener Böden Hessens. — 148 S., Diss. Gießen 1971.

ZAKOSEK, H.: Zur Genese und Gliederung der Steppenböden im nördlichen Oberrheintal. — Abh. hess. L.-Amt Bodenforsch., Bd. 37, 46 S., Wiesbaden 1962.

ZUNDEL, R.: Die Ansprüche der modernen Industriegesellschaft an den Wald im Modellgebiet Rhein-Neckar. — Veröffentlichungen der Akademie für Raumforschung und Landesplanung, Forschungs- und Sitzungsberichte, Bd. 24 (Raum und Natur 2), Hannover 1972, S. 121—165.

Nach Abfassung des Manuskriptes erschienen zu den im Abschnitt VI behandelten Fragen des Umweltschutzes zahlreiche Veröffentlichungen. Auf die Vortragsberichte von 2 wissenschaftlichen Tagungen sei hingewiesen: Tagungsbericht der Kommissionen II und IV der Deutschen Bodenkundlichen Gesellschaft gemeinsam mit der Gesellschaft für Pflanzenernährung in Bonn vom 3. bis 5. 10. 1972 über das Thema „Filterfunktionen der Böden im Stoffkreislauf", erschienen in der Mitteilung der Deutschen Bodenkundlichen Gesellschaft, Bd. 16, S. 120—313, Göttingen 1972, und Tagungsbericht der Gesellschaft für Ökologie in Gießen, Herbst 1972, über das Thema „Belastung und Belastbarkeit von Ökosystemen", hrsg. von L. STEUBNG, C. KUNZE und J. JÄGER, Gießen.

In einer Aufsatzfolge in „Natur und Musium" behandelt W. SCHÄFER unter dem Thema „Der Oberrhein, sterbende Landschaft?" ökologische und ökotechnische Fragen, die auch das Modellgebiet betreffen. Bisher sind in den Heften 1, 3, 4, 5 und 9 des Bandes 103 (1973) Aufsätze erschienen.

Geologische und bodenkundliche Karten

ATZBACH, O.: Geologische Übersichtskarte der Pfalz 1 : 300 000. — Speyer 1969.
BARGON, E.: Bodenkarte des Niederschlagsgebiets der Weschnitz 1 : 100 000. In: Wasserwirtschaftlicher Rahmenplan Weschnitz, Wiesbaden 1964.
Ders.: Bodenkarte von Hessen 1 : 25 000, Bl. Nr. 6217 Zwingenberg a. d. Bergstraße, mit Erl., Wiesbaden 1969.
MÜLLER, S. OPITZ, R., WACKER, F. u. WERNER, J.: Bodenübersichtskarte von Baden-Württemberg 1 : 600 000. — Freiburg i. Br. 1965.
SCHÖNHALS, E.: Bodenkundliche Übersichtskarte von Hessen 1 : 300 000. — Wiesbaden 1951.
Ders.: Bodenübersichtskarte von Hessen 1 : 600 000. — Wiesbaden 1958.
STÖHR, W. TH.: Bodenübersichtskarte von Rheinland-Pfalz 1 : 500 000. — Deutscher Planungsatlas, Bd. VII, Hannover-Mainz 1965.
Ders.: Übersichtskarte der Bodentypen-Gesellschaften von Rheinland-Pfalz 1 : 250 000 (mit Erl.). — Hrsg. v. Geol. L.-Amt Rheinland-Pfalz, Mainz 1966.
Ders.: Bodenübersichtskarte der Pfalz 1 : 300 000. — Speyer 1969.

Forschungs- und Sitzungsberichte
der Akademie für Raumforschung und Landesplanung

Band 74: Raum und Natur 2

Die Ansprüche der modernen Industriegesellschaft an den Raum (2. Teil)

— dargestellt am Beispiel des Modellgebietes Rhein-Neckar —

Aus dem Inhalt:

		Seite
Friedrich Gunkel, Berlin	Fragen der grenzüberschreitenden Planung	1
Kurt Becker-Marx, Mannheim	Probleme der grenzüberschreitenden Planung	23
Klaus-Achim Boesler, Berlin	Wandlungen in der räumlichen Struktur der Standortqualitäten durch die öffentlichen Finanzen im Nordteil des Modellgebietes	31
Ernst Wolfgang Buchholz, Stuttgart-Hohenheim	Soziologische Bemerkungen zum Thema: „Die Ansprüche der modernen Industriegesellschaft an den Raum"	81
Karl-Josef Nick, Neustadt a. d. Weinstraße	Landschaftsplan für das Erholungsgebiet in den Rheinauen zwischen Mannheim—Ludwigshafen und Speyer	95
Hans Kiemstedt, Berlin	Bewertung der natürlichen Landschaftselemente für Freizeit und Erholung im Modellgebiet	105
Rolf Zundel, Freiburg i. Br.	Die Ansprüche der modernen Industriegesellschaft an den Wald im Modellgebiet Rhein—Neckar	121
Peter Loest, Düsseldorf	Zur Entwicklung der Kulturlandschaft Rhein—Neckar 1850/1961 — Rückblick und Ausblick aufgrund einer Karten-Studie	167

Der gesamte Band umfaßt 180 Seiten; Format DIN B 5; 1972; Preis 36,— DM

GEBRÜDER JÄNECKE VERLAG · HANNOVER

Forschungs- und Sitzungsberichte
der Akademie für Raumforschung und Landesplanung

Band 79: Raum und Natur 3

Die Ansprüche der modernen Industriegesellschaft an den Raum (3. Teil)
— dargestellt am Beispiel der Badischen Anilin- und Sodafabriken —

Aus dem Inhalt:

		Seite
Karl Christian Behrens und *Joachim H. Schultze*	Vorwort: Präzision und Disposition der Forschungsaufgabe	VII
Joachim Heinrich Schultze, Berlin	Genese und Wandlungen der BASF	1
Hans-Jürgen Geßner, Berlin	Wasserversorgung und Umweltschutz in der chemischen Industrie — dargestellt am Beispiel der Badischen Anilin- u. Soda-Fabrik AG, Ludwigshafen am Rhein	5
	1. Regionalwirtschaftliche Ausgangssituation	19
	2. Die Wasserversorgung des Chemiebetriebes	21
	3. Die Abwasserreinigung im Chemiebetrieb..	61
	4. Die Abfallstoffbeseitigung im Chemiebetrieb	105
	5. Die Luftreinhaltung im Chemiebetrieb	125
	6. Zusammenfassung	143

Der gesamte Band umfaßt 164 Seiten; Format DIN B 5; 1972; Preis 28,— DM

GEBRÜDER JÄNECKE VERLAG · HANNOVER